AUF EINEN BLICK
PHILOSOPHIE

Titel der Originalausgabe: *Instant Philosophy*

© 2023 Librero IBP (für die deutschsprachige Ausgabe)
www.librero-ibp.com

Ursprünglich herausgegeben 2021 von Welbeck, einem Imprint von Welbeck Non-Fiction Limited,
Teil der Welbeck Publishing Group.
Text und Design © Welbeck Non-Fiction Ltd 2021

Übersetzung aus dem Englischen:
Peter Simon, Wien
Redaktion und Satz der deutschen Ausgabe:
Print Company Verlagsges.m.b.H., Wien

Printed in China

ISBN: 978-94-6359-635-0

Alle Rechte vorbehalten. Nichts aus dieser Ausgabe darf ohne vorherige schriftliche Zustimmung des Verlags elektronisch oder mechanisch vervielfältigt, gespeichert, veröffentlicht, fotokopiert oder aufgenommen werden.

Der Richtigkeit und Vollständigkeit der Informationen in diesem Buch wurde größte Sorgfalt gewidmet. Sollte unabsichtlicher-weise dennoch ein Urheber nicht angegeben sein, werden wir dies nach Kenntnisnahme in der nächsten Ausgabe berichtigen.

Alle Bilder von thenounproject.com außer auf den folgenden Seiten: 13 Public Domain, 21 Lainspiratriz/Shutterstock, 22 Morphart Creation/Shutterstock, 23 Delcarmat/Shutterstock, 25 Macrovector/Shutterstock, 37 Matrioshka/Shutterstock, 44 Gabagool via Wikimedia Commons, 52 CRStocker/Shutterstock, 55 Proskurina Yuliya/Shutterstock, 84 Alexander_P/Shutterstock, 164 Artbesouro/Shutterstock

AUF EINEN BLICK
PHILOSOPHIE

DIE WICHTIGSTEN THEMEN AUF EINER SEITE ERKLÄRT

GARETH SOUTHWELL

Librero

INHALT

8   Einleitung

ANTIKE UND KLASSISCHE PHILOSOPHIE

12 Naturphilosophie
13 Daoismus
14 Zahlen
15 Leiden
16 Die goldene Regel
17 Universaler Wandel
18 Paradoxon
19 Sophismus
20 Atomismus
21 Die sokratische Methode
22 Euthanasie
23 Universalien
24 Moralischer Realismus
25 Der ideale Staat
26 Kunst und Lügen
27 Zynismus
28 Tugend
29 Teleologie
30 Bürgerbeteiligung
31 Katharis
32 Freundschaft
33 Illusion
34 Mäßigung
35 Tod
36 Das Problem des Bösen
37 Gerechter Krieg
38 Stoizismus
39 Die Irenäische Theodizee

PHILOSOPHIE DES MITTELALTERS UND DER RENAISSANCE

40 Erbsünde
41 Neoplatonismus
42 Christliche Philosophie
43 Zen
44 Islamische Philosophie
45 Das ontologische Argument
46 Scholastik
47 Das kosmologische Argument
48 Ockhams Rasiermesser
49 Humanismus
50 Realpolitik
51 Utopie
52 Skeptizismus

PHILOSOPHIE DER FRÜHEN NEUZEIT

- 53 Wissenschaftliche Methode
- 54 Naturzustand
- 55 Gewissheit
- 56 Rationalismus
- 57 Dualismus
- 58 Das Urheberargument
- 59 Pascals Wette
- 60 Monismus
- 61 Empirismus
- 62 Toleranz
- 63 Persönliche Identität
- 64 Der Satz vom zureichenden Grund
- 65 Mögliche Welten
- 66 Idealismus
- 67 Bushidō
- 68 Humes Gabel
- 69 Das Sein-Sollen-Problem
- 70 Das Problem der Induktion
- 71 Das teleologische Argument
- 72 Wunder
- 73 Romantik
- 74 Der freie Markt
- 75 Die *Philosophes*

PHILOSOPHIE DER NEUZEIT

- 76 Transzendentaler Idealismus
- 77 Deontologie
- 78 Rechte
- 79 Das Erhabene
- 80 Das Argument der Moral
- 81 Konservatismus
- 82 Revolution
- 83 Utilitarismus
- 84 Rechte der Tiere
- 85 Frauenrechte
- 86 Dialektik
- 87 Pessimismus
- 88 Anthropomorphismus
- 89 Ethischer Egoismus
- 90 Regelutilitarismus
- 91 Das Prinzip des Schadens
- 92 Demokratie
- 93 Evolution

94	Angst	**99**	Freier Wille
95	Ziviler Ungehorsam	**100**	Glaube
96	Entfremdung	**101**	Anarchismus
97	Überbau	**102**	Nihilismus
98	Pragmatismus	**103**	Wille zur Macht

ZEITGENÖSSISCHE PHILOSOPHIE

104	Intentionalität	**125**	Kategorische Fehler
105	Vitalismus	**126**	Authentizität
106	Unterbestimmung	**127**	Totalitarismus
107	Zeit	**128**	Der Andere
108	Mathematik	**129**	Naturalismus
109	Nicht-Existenz	**130**	Begriffsschemata
110	Mentale Zustände	**131**	Feminismus
111	Strukturalismus	**132**	Der Demiurg
112	Naturalistischer Fehlschluss	**133**	Falsifikation
113	Formalismus	**134**	Emotivismus
114	Sein	**135**	Künstliche Intelligenz
115	Expressionismus	**136**	Das Absurde
116	Sagen und zeigen	**137**	Freiheit
117	Private Sprache	**138**	Identitätstheorie
118	Das Paradoxon des Beweises	**139**	Hermeneutik
119	Das neue Rätsel der Induktion	**140**	Situationismus
120	Konsumismus	**141**	Wissen
121	Spontane Ordnung	**142**	Der Tod des Autors
122	Behaviorismus	**143**	Das Gehirn im Tank
123	Verifikationismus	**144**	Funktionalismus
124	Die offene Gesellschaft	**145**	Der Schleier der Unwissenheit

146	Paradigmenwechsel	**159**	Zombies
147	Macht und Kontrolle	**160**	Hyperrealität
148	Sex	**161**	Der Teletransporter
149	Abtreibung	**162**	Das Problem der Nichtidentität
150	Religiöse Sprache	**163**	Eliminativer Materialismus
151	Dekonstruktion	**164**	Pornografie
152	Antirealismus	**165**	Speziesismus
153	Glaube	**166**	Effektiver Altruismus
154	Das chinesische Zimmer	**167**	Panpsychismus
155	Patriarchat	**168**	Das Trolley-Problem
156	*Qualia*	**169**	Ephiphänomenalismus
157	Libertarismus	**170**	Geschlecht
158	Die Lustmaschine	**171**	Transhumanismus

172	Glossar	**175**	Danksagung
174	Weiterführende Lektüre		

EINLEITUNG

Philosophie ist schwer zu definieren – wir können uns vielleicht höchstens darauf einigen, dass sie vor etwa zweieinhalb Jahrtausenden im antiken Griechenland entstand. In dieser Zeit hat sie sich aus zahlreichen anderen Bereichen und Disziplinen entwickelt oder ist mit ihnen einhergegangen und hat sich dennoch von ihnen unterschieden. Wenn Sie sich also morgen für einen Philosophiekurs anmelden, werden Sie, obwohl Sie vielleicht über die Existenz Gottes, die Natur des Geistes oder das perfekte Regierungssystem diskutieren, streng genommen keine Theologie, Psychologie oder Politik betreiben.

Was Philosophie zu einer eigenständigen Disziplin macht, auch wenn sie Themen berührt, die zu anderen Bereichen gehören, ist die Art der Antworten, die sie sucht. Einfach ausgedrückt, je tiefer und tiefgründiger wir diese Fragen stellen, desto wahrscheinlicher ist es, dass wir Philosophie betreiben. Ein Physiker fragt, *wie* das Universum begann, aber wahrscheinlich nicht *warum*, oder gar welche Bedeutung das für die menschliche Existenz hat. Ein Psychologe versucht zu verstehen, *wie* unser Geist funktioniert, aber es ist unwahrscheinlich, dass er Forschungsstipendien erhält, um die Frage zu untersuchen, wie wir wissen können, ob der Geist von anderen so ist wie unserer (vorausgesetzt, ein Experiment könnte diese Frage überhaupt klären). Natürlich gibt es Überschneidungen zwischen Philosophie und anderen Disziplinen, und ich will nicht behaupten, dass es feste Grenzen gibt, die beachtet werden sollten (oder könnten). Tatsächlich enthält die Geschichte der Philosophie zahlreiche Punkte, an denen Fragestellungen der Philosophen von anderen Disziplinen übernommen wurden (Physik und Psychologie sind gute Beispiele dafür). Ich möchte aber unterstreichen, dass die Fragestellungen und Ziele der Philosophie andere sind.

Der beste Weg, diesen Unterschied zu verstehen, ist natürlich, darin einzutauchen – und hier kommt dieses Buch ins Spiel. Natürlich ist mir bewusst, dass ein Buch wie dieses weder die ganze Tiefe noch die Details vermitteln kann, die erforderlich sind, um zu einem guten Verständnis der Philosophie zu kommen – aber welches einzelne Buch könnte das? Vielmehr versucht es, einen verständlichen, interessanten und manchmal humorvollen Überblick über einige der zentralen Theorien, Konzepte, Bewegungen und Denker der Philosophie zu geben. Daher hoffe ich, dass Sie Dinge finden werden, die Ihr Interesse wecken und Sie so faszinieren, dass Sie ihnen weiter nachgehen (zu diesem Zweck gibt es am Ende einen Abschnitt Weitere Lektüre zusammen mit einem kurzen Glossar). Auf dem Weg sollten Sie nicht nur die Themen kennenlernen, über die Philosophen gestritten haben (und in vielen Fällen immer noch tun), sondern auch ein Gefühl dafür bekommen, was Philosophie ist – besser, als ich es in dieser kurzen Einleitung vermitteln kann.

  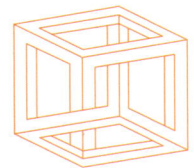

Das Buch bietet einen breiten historischen Ansatz – vom antiken Griechenland bis in die Gegenwart –, eine Übersicht, die durch die wichtigsten Regionen der Philosophie führt: Metaphysik (die grundlegende Natur der Realität und was existiert), Erkenntnistheorie (die Theorie des Wissens – was wir wissen können und wie; die Rolle der Gewissheit), politische Philosophie (die beste Regierungsform; Freiheit des Individuums; Legitimität der Autorität), Ethik (das Wesen der Güte; warum wir gut sein sollten; unser Handeln rechtfertigen), Ästhetik (die Philosophie der Kunst – die Natur der Schönheit; Kunst und Wahrheit), die Philosophie des Geistes (die Beziehung des Geistes zum Körper; die Natur des Bewusstseins), Philosophie der Religion (Argumente für die Existenz Gottes; das Problem des Bösen) und Philosophie der Wissenschaft (das Wesen der wissenschaftlichen Theorie; wie wir wissenschaftliche Wahrheit garantieren können). Dies ist keine strikte Trennung – oft werden Themen Grenzen überschreiten oder könnten besser unter einer anderen Überschrift kategorisiert werden, die hier nicht enthalten ist –, aber ich habe aus Gründen der Einfachheit Kategorien auf ein Minimum reduziert. Dasselbe gilt für die Assoziation von Philosophen mit bestimmten »Schulen«, die lediglich als Zeichen des allgemeinen Ansatzes des Philosophen gedacht sind, nicht als Hinweis auf eine enge Mitgliedschaft in einem Club.

Man beachte auch, dass das, was hier behandelt wird – mit einigen offensichtlichen Ausnahmen –, vor allem westliche Philosophie ist. Dies nicht, um die Bedeutung anderer Traditionen herunterzuspielen, sondern um den Themen Raum zu geben, die die meisten als »Philosophie« betrachten würden (und es vielleicht seltsam fänden, wenn sie nicht vorkämen). Das mag nicht jedem gefallen, aber die hier behandelten Themen und Denker sollen ja nicht endgültig, sondern lediglich ein Ausgangspunkt für weitere Studien sein. Und ausreichende Vielfalt soll zumindest Hinweise geben, wo konkurrierende Vorstellungen darüber gefunden werden können, was Philosophie ist und tut.

Gareth Southwell

Φ

NATURPHILOSOPHIE

Die westliche philosophische Tradition begann im und um das antike Griechenland im 6. bis 5. Jahrhundert v. Chr. und wird oft auf Thales zurückgeführt.

DER GEBURTSORT DER PHILOSOPHIE

Thales war der erste einer Gruppe von **Naturphilosophen** deren Forschungen den Punkt markieren, von dem an **Erklärungen der Welt und für alles darin** eher unter **menschlichen** oder **natürlichen Aspekten**, durch **Logik und Mathematik** als durch **Religion oder Mythologie** gesucht wurden. Diese Pioniere befassten sich vor allem mit der *Arché* (dem **ersten Prinzip oder Element der natürlichen Welt**) deshalb nannte man ihr Forschungsgebiet »**Naturphilosophie**«, ein Begriff, der die nächsten beiden Jahrtausende lang das bezeichnete, was wir heute schlicht »**Wissenschaft**« nennen.

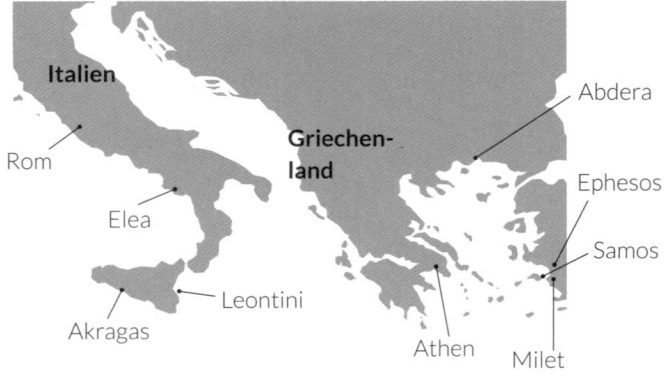

DIE VORSOKRATIKER

Diese frühen Philosophen sind heute allgemein als **Vorsokratiker** bekannt, weil sie entweder vor dem **griechischen Philosophen Sokrates** lebten oder einer von ihm nicht beeinflussten Tradition folgten, die sich mehr für die **physische Welt** als für Ethik oder andere philosophische Fragen interessierte.

Bekannte Vorsokratiker

Thales (Milet), ca.624–ca.548 v. Chr.
Anaximander (Milet), ca.610–ca.546 v. Chr.
Anaximenes (Milet), ca.586–ca.526 v. Chr.
Pythagoras (Samos), ca.570–ca.495 v. Chr.
Xenophanes (Ephesos), ca.570–ca.475 v. Chr.
Heraklit (Ephesos), ca.535–ca.475 v. Chr.
Parmenides (Elea), ca.515–ca.440 v. Chr.
Protagoras (Abdera), ca.490–ca.420 v. Chr.
Zeno (Elea), ca.490–ca.430 v. Chr.
Gorgias (Leontini), ca.483–ca.375 v. Chr.
Empedokles (Akragas), ca.494–ca.434 v. Chr.
Demokrit (Abdera), ca.460–ca.370 v. Chr.

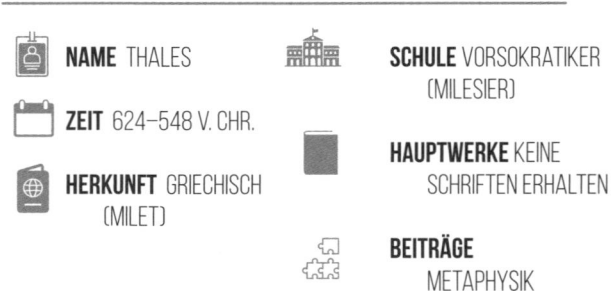

NAME THALES
ZEIT 624–548 V. CHR.
HERKUNFT GRIECHISCH (MILET)
SCHULE VORSOKRATIKER (MILESIER)
HAUPTWERKE KEINE SCHRIFTEN ERHALTEN
BEITRÄGE METAPHYSIK

THALES

Thales dachte, dass die *Arché* das **Wasser** sei, da seine Form **fest**, **flüssig** oder **gasförmig** sein kann. Sein Schüler **Anaximander** meinte, dass es etwas **unbestimmteres**, **abstrakteres** sein müsse, das er *Apeiron* (»**undefinierbar**« oder »**unbegrenzt**«) nannte. Sein Schüler **Anaximenes** dachte, dass die *Arché* die **Luft** sei, da gleich ihr **alles in der Welt** in **ständiger Bewegung** sei. **Heraclit** dachte, dass es das **Feuer** sei, weil dessen **grundlegende Natur die Veränderung** sei. Erst **Empedokles** verdanken wir die Idee, die jahrhundertelang **Philosophie und Wissenschaft beherrschen** sollte und die wie eine **Synthese der älteren Theorien** scheint: Diese **Materie** besteht aus **vier Elementen**: **Erde**, **Luft**, **Feuer** und **Wasser**.

DAOISMUS

Laozi war ein alter chinesischer Weiser, der predigte, dass die wahre Natur der Realität nicht durch Worte und Bezeichnungen verstanden werden könne, sondern nur durch achtsames Sein.

 NAME LAOZI

 ZEIT BL. CA. 6. JH. V. CHR.

 HERKUNFT CHINA

 SCHULE DAOISMUS

 HAUPTWERKE *DAS DAODEJING*

 BEITRÄGE ERKENNTNISTHEORIE, METAPHYSIK, ETHIK

DAS DAO

Von Laozi ist wenig bekannt, und man vermutet, dass sein einziges Werk – das *Daodejing* (**Das Buch des Weges und der Tugend**) – eine **Zusammenfassung der Sprüche verschiedener chinesischer Weiser** sein könnte. Sein Hauptthema ist das **Dao** (**der Weg**). Das ist kein einfach zu beschreibendes Konzept, denn es ist zugleich eine **Kraft, die die Natur durchdringt**, der **Fluss der Ereignisse** und ein **idealer Zustand des Seins**.

INTELLEKTUALISIERUNG

Das **Ziel** des Daoismus besteht nicht nur darin, zu **mystifizieren**, sondern zu versuchen, sich vom Einfluss, den rationale Konzepte auf unsere Erfahrung der Realität haben, zu **befreien**. Der Daoismus beschäftigt sich also mehr mit der **Verwirklichung eines Seinszustandes** als mit dem Erwerb intellektuellen Wissens. Nur durch das Aufgeben des Wunsches zu definieren und zu »wissen« (was in der westlichen Philosophie zentral ist) und durch eine **Haltung der spontanen Achtsamkeit im Einklang mit der Natur** können wir die Realität im vollsten Sinne »verstehen«.

UNSAGBAR

Es ist die **Qualität des Unsagbaren**, die einen Hinweis auf die Natur des Dao gibt und wie es verkörpert werden kann. Dao ist eine **ultimative Realität**, die sich Etikettierung und Konzeptualisierung widersetzt. Wie das *Daodejing* sagt, wenn wir das Dao beschreiben könnten, dann wäre das nicht das wahre Dao. In diesem **Widerstand gegen Definitionen** hat der Daoismus viel gemeinsam mit dem **Zen-Buddhismus** und im Westen mit **Heraklit** und **Derrida** (beide weiter unten besprochen).

ZAHLEN

Die fast mystische Zahlenverehrung des Pythagoras legte den Grundstein für die moderne wissenschaftlichen Ansicht, dass Mathematik der Schlüssel zum Verständnis des Universums ist.

 NAME PYTHAGORAS   **SCHULE** VORSOKRATIKER (PYTHAGORÄER)

 ZEIT CA. 570–CA. 495 V. CHR.   **HAUPTWERKE** KEINE SCHRIFTEN ERHALTEN

 HERKUNFT GRIECHENLAND (SAMOS)   **BEITRÄGE** MATHEMATIK, METAPHYSIK

DAS RATIONALE UNIVERSUM

Pythagoras ist natürlich durch den **mathematischen Satz** bekannt, der seinen Namen trägt und sich auf **rechtwinklige Dreiecke** bezieht.

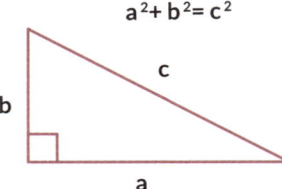

$a^2 + b^2 = c^2$

UNIVERSELLE HARMONIE

Pythagoras war von der Kraft und Harmonie der **Zahlen** und ihrer Fähigkeit, die Realität zu beschreiben so beeindruckt, dass er glaubte, dass sie die **Grundlage der Struktur des Universums** bildeten und dass die Planeten selbst verschiedene musikalische Töne ausstrahlten. So entsprach der Abstand der Planeten von der Erde bis zur letzten Sphäre der Fixsterne musikalischen Intervallen (eine Theorie, die im Ausdruck **Sphärenklänge** weiterlebt).

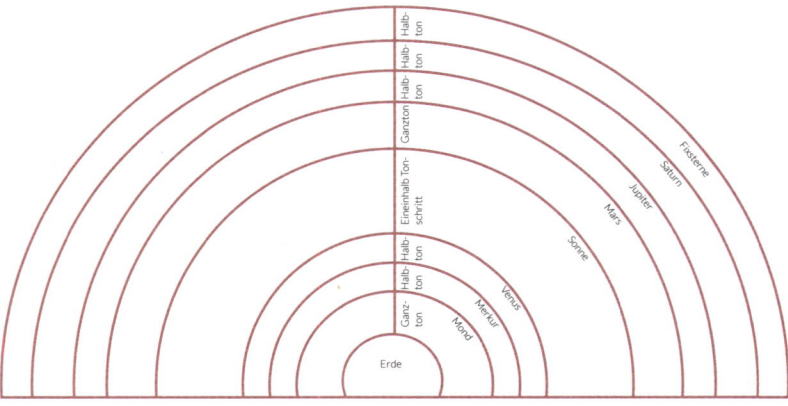

DAS IRRATIONALE

Einer von Pythagoras' Anhängern, **Hippasus von Metapontum** (ca. 530–ca. 450 v. Chr.), soll entdeckt haben, dass **nicht alle Zahlen rational** sind (also als das Verhältnis zweier ganzer Zahlen ausgedrückt werden können). Während z.B. 8 als 8/1 oder 16/2 usw. ausgedrückt werden kann, kann die Quadratwurzel von 8 (8 oder jene Zahl, die, mit sich selbst multipliziert, 8 ergibt) nicht auf diese Weise ausgedrückt werden, sondern ergibt 2,82842712474619... eine Sequenz, die immer weiter geht, nie endet oder sich wiederholt – wie natürlich die **berühmteste irrationale Zahl pi** (π), das Verhältnis des Umfangs eines Kreises zu seinem Durchmesser. Vielleicht ist das Universum doch nicht so rational.

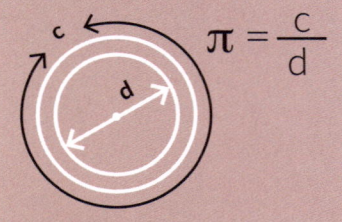

$\pi = \dfrac{c}{d}$

LEIDEN

Siddhartha Gautama lehrte, dass menschliches Verlangen unweigerlich zu Leiden führe, die einzige Lösung sei, ein Leben in achtsamer und mitfühlender Loslösung von irdischen Begierden zu praktizieren.

 NAME SIDDHARTHA GAUTAMA (DER BUDDHA)

 ZEIT CA. 563–CA. 483 V. CHR.

 HERKUNFT INDIEN (NEPAL)

 SCHULE BUDDHISMUS

 HAUPTWERKE SPÄTER VERSCHRIFTLICHTE MÜNDLICHE LEHREN

 BEITRÄGE ETHIK, METAPHYSIK, ERKENNTNISTHEORIE

DER BUDDHA

Gautama – meist einfach als **Buddha** (»Erleuchteter«) bekannt – soll ein **Prinz** im heutigen Nepal gewesen sein, der seinen Reichtum und seine Privilegien aufgab, um **Wandermönch** oder heiliger Mann zu werden. Nach vielen Jahren der Erforschung verschiedener Philosophien und Traditionen gründete er seinen eigenen Weg, den er den **Mittleren Weg** nannte.

DUKKHA

Buddha lehrte **vier edle Wahrheiten**,. Die erste lautet, dass das Leben *dukkha* (**Leiden**) ist. Alles, was lebt, stirbt, und wir können letztlich den Schmerz, der durch Krankheit und Verfall verursacht wird, nicht vermeiden. Das Verlangen wird nie gestillt, Lust und Schönheit sind von kurzer Dauer und weichen Sehnsucht und Verlust.

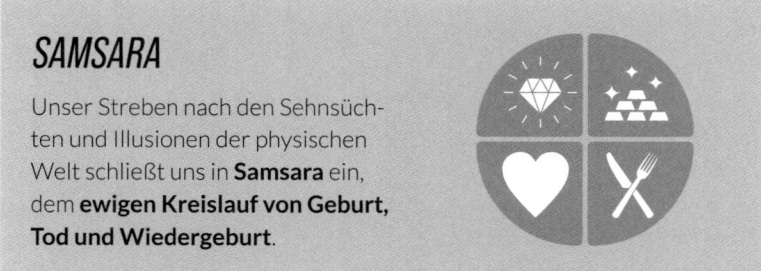

SAMSARA

Unser Streben nach den Sehnsüchten und Illusionen der physischen Welt schließt uns in **Samsara** ein, dem **ewigen Kreislauf von Geburt, Tod und Wiedergeburt.**

DER ACHTFACHE PFAD

Um diesem Kreislauf zu entkommen, müssen wir den Mittleren Weg zwischen den Extremen der asketischen Selbstverleugnung und dem sinnlichen Übermaß praktizieren und dem edlen achtfachen Pfad folgen. Das beinhaltete den Verzicht auf hedonistische und unmoralische Praktiken, Meditation um den Geist und die Emotionen zu beruhigen, sich vom Verlangen zu lösen und so endlich Einsicht in die wahre Natur der Existenz zu erlangen.

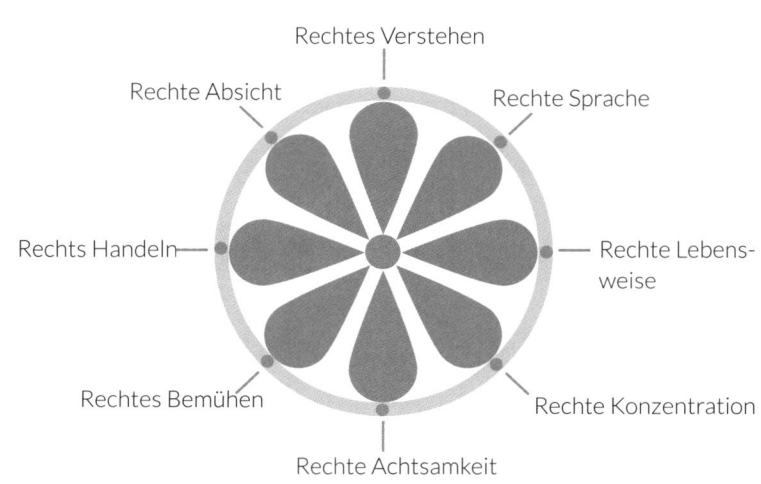

DIE GOLDENE REGEL

Konfuzius lehrte, dass der Schlüssel zur Aufrechterhaltung der gesellschaftlichen Ordnung, der politischer Harmonie und der persönlichen moralischer Integrität die Beachtung definierter sozialer Rollen und die Achtung der Autorität sei.

 NAME KONFUZIUS (KONGFUZI)

 ZEIT CA. 551 V. CHR. BIS CA. 479 V. CHR.

 HERKUNFT CHINA

 SCHULE KONFUZIANISMUS

 HAUPTWERKE ANALEKTE (GESPRÄCHE)

 BEITRÄGE ETHIK, POLITISCHE PHILOSOPHIE

ANTIKE UND KLASSISCHE PHILOSOPHIE

DER ÜBERLEGENE MENSCH

Kongfuzi (im Westen besser bekannt als **Konfuzius**) war ein chinesischer Philosoph, der unter anderem als Verwaltungsbeamter, Lehrer und politischer Berater tätig war. Im Mittelpunkt seines Denkens stand das **korrekte Verhalten** und die **Einstellung des »überlegenen Menschen«**, einer idealen ethischen Figur, die wir alle verkörpern sollten. Konfuzius ging es weniger darum, spezifische ethische Regeln für bestimmte Situationen festzulegen, als um die **Kultivierung tugendhafter Qualitäten**, die es dem Individuum ermöglichen würden, sich in jedem Kontext ethisch zu verhalten.

REN

Ein wichtiges Konzept ist Ren, das unterschiedlich als »Empathie«, »Liebe« oder »Wohlwollen« übersetzt werden kann, aber hauptsächlich unser **rechtes Verhalten** anderen gegenüber betrifft. Beginnend mit denen, die uns am nächsten stehen, lehrte Konfuzius, dass eine solche Haltung über unsere Familie und unmittelbaren Freunde hinaus in die Gemeinschaft, die Provinz und die Nation reichen sollte. In all unseren Handlungen sollten wir **andere so behandeln, wie wir selbst behandelt werden möchten** – ein Gebot, das vielen moralischen und religiösen Systemen gemeinsam ist und daher als die **Goldene Regel der Ethik** bekannt ist.

HIMMEL

Neben der Verinnerlichung des Ren passt der **überlegene Mensch** sein Handeln dem **Diktat des Himmels** an, was für Konfuzius den göttlichen Willen bedeutete, wie er sich in der moralischen, sozialen und natürlichen Ordnung widerspiegelt. Das wird durch die Einhaltung der Gesetze, das angemessene Verhalten in Bezug auf Sitten und soziale Normen und die genaue Durchführung religiöser Rituale erreicht.

UNIVERSALER WANDEL

Heraklit war eine obskure Figur, die die menschliche Fähigkeit, die Realität zu verstehen, in Frage stellte, die er für einen konstanten Zustand des Wandels hielt.

 NAME HERAKLIT

 **ZEIT** BL. CA. 500 V. CHR.

 HERKUNFT GRIECHENLAND (EPHESOS)

 SCHULE VORSOKRATIKER

 HAUPTWERKE NUR FRAGMENTE ERHALTEN

 BEITRÄGE ERKENNTNISTHEORIE, METAPHYSIK

FEUER UND FLUSS

Heraklit wird oft zusammen mit den vorsokratischen **Naturphilosophen** genannt, weil er einen anderen Kandidaten für das ultimative Prinzip der Realität präferierte, nämlich das **Feuer**. Er verglich die Wirklichkeit auch mit einem ständig fließenden **Fluss**, einem Zustand **ständiger Veränderung**, in dem kein Augenblick einem anderen gleicht.

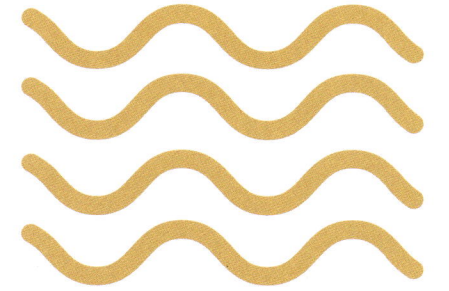

SKEPTISCH UND OBSKUR

Offensichtlich bringt dieser Fluss Probleme für das Wissen mit sich, und Heraklit war sehr **skeptisch gegenüber der menschlichen Fähigkeit, Erkenntnis zu erlangen**. Er schien hatte eine niedrige Meinung über die Menschheit im Allgemeinen. Er dürfte nur ein einziges Buch geschrieben haben, von dem nur Fragmente erhalten sind; es ähnelt eher einem Gedicht als einem philosophischen Text, und (zu Recht) dachte er, die meisten Leser würden es nicht verstehen. Er war auch generell **kritisch gegenüber Philosophen** und sagte, dass das, was oft für Wissen und Weisheit gehalten wurde, nur oberflächlich war und kein wahres Verständnis zeigte.

LOGOS

Trotz seiner ziemlich pessimistischen Sichtweise **gibt Heraklit Hoffnung**. Es gibt, sagt er, eine Bedeutung für die Welt, die jeder erfassen kann. Er bezeichnet das als Logos (»Wort«, »Botschaft«). Sein Ansatz ist also nicht, dass **Erkenntnis** für den Menschen unmöglich ist, sondern dass die meisten Menschen – auch Philosophen – es nur falsch angehen.

PARADOX

Logische Paradoxien werden seit langem verwendet, um Fehler in philosophischen Argumenten zu veranschaulichen. Zeno verwendete, um zu zeigen, dass unser herkömmliches Verständnis von Zeit und Raum falsch ist.

 NAME ZENO

 ZEIT CA. 490–CA. 430 V. CHR.

 HERKUNFT GRIECHENLAND (ELEA)

 SCHULE VORSOKRATIKER (ELEATEN)

 HAUPTWERKE KEINE SCHRIFTEN ERHALTEN

 BEITRÄGE METAPHYSIK

PARMENIDES

Zeno war ein Anhänger des griechischen Philosophen Parmenides (ca. 515–ca. 440 v. Chr.), der eine Position vertrat, die als **Monismus** bekannt ist: Obwohl die Welt aus vielen verschiedenen Dingen zu bestehen scheint, ist sie in Wirklichkeit eine **Einheit**.

TEILBARKEIT

Zeno argumentiert mit dem Paradoxon auch gegen die Vorstellung, dass die **Welt aus vielen Einheiten** besteht (wie Demokrits Atome, zu denen wir später kommen werden). Wenn wir uns einen Raum vorstellen, der aus mehreren Einheiten (z. B. Zoll) besteht, sagt er, dann kann jede dieser Einheiten geteilt werden, um kleinere Einheiten zu produzieren, und das **unendlich** weiter. Das bedeutet jedoch, dass es keine letztlich unteilbaren Einheiten geben kann, aus denen wir andere Dinge bauen können, denn entweder haben solche Einheiten keine zu teilende Länge, oder alles ist unendlich teilbar, **ein bloßes Kontinuum**.

ACHILLES UND DIE SCHILDKRÖTE

Zenos berühmtestes **Paradoxon** beschreibt ein Wettrennen zwischen dem Krieger Achilles und einer Schildkröte. Wenn die **Schildkröte** einen Vorsprung bekommt, kann sie **niemals überholt** werden, denn bevor Achilles sie fängt, muss er die Hälfte der Strecke zurücklegen; dann wieder die hälfte der übrigen Strecke; und so weiter (Ähnlich lautet **Xenos Pfeil-Paradoxon** – nur steht statt Schildkröte das Ziel und statt Achilles ein Pfeil). Wenn wir uns vorstellen, dass die Welt in getrennte Einheiten von Zeit und Raum aufgeteilt wird, wird Achilles die Schildkröte niemals überholen (und der Pfeil niemals sein Ziel erreichen).

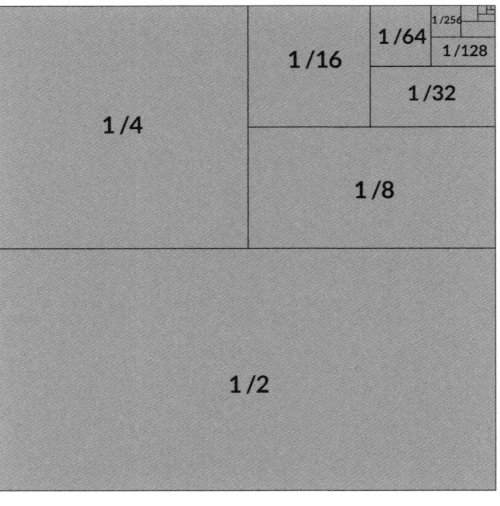

SOPHISMUS

Sophisten waren professionelle Lehrer, deren Fähigkeiten im Lehren von Logik und Argumentation die Grundlage für die Ansicht legten, dass Wahrheit einfach eine Frage des besten Arguments war.

 NAME PROTAGORAS

 ZEIT CA. 490–CA. 420 V. CHR.

HERKUNFT GRIECHENLAND

 SCHULE VORSOKRATIKER (SOPHISTEN)

 HAUPTWERKE NUR FRAGMENTE ERHALTEN

 BEITRÄGE ERKENNTNISTHEORIE, ETHIK

UNMORALISCHE LEHREN

Protagoras war einer der frühesten Sophisten und teilte mit Gorgias die zweifelhafte Ehre, ein Ziel von **Platons Unmut** zu sein. Platons Hauptsorge war, dass Sophisten durch die Vermittlung von **Argumentationstechniken** auf Kosten eines echten Ethikverständnisses dazu beitrugen, Unmoral zu fördern.

VERDERBER DER JUGEND

Von Protagoras' Werken ist wenig erhalten geblieben Ironischerweise wissen wir am meisten über ihn durch den Dialog von Platon, der seinen Namen trägt – was ein bisschen so ist, als würde man seinen Ruf **in die Hände seines größten Kritikers** legen. So ist es nicht verwunderlich, dass unser heutiges Bild der Sophisten das **unmoralischer Opportunisten und wahrer Verderber der Jugend** ist (etwas, was Platons Mentor Sokrates später fälschlicherweise zur Last gelegt wurde).

RELATIVISMUS

Ob der Ruf der Sophisten verdient war oder nicht, ist schwer zu sagen. Sie ließen sich zweifellos bezahlen – aber was ist daran falsch? Das Schlimmste, was wir über Protagoras selbst sagen können, ist, dass er ein **Skeptiker und Relativist** war. Er behauptete, dass wir **nichts mit Sicherheit wissen können** und dass (nach Platons Interpretation) alle unsere Konzepte und Werte relativ sind, von unserem notwendigerweise **menschlichen Standpunkt** geformt und verzerrt sind – dass **»der Mensch das Maß aller Dinge ist«**, wie Protagoras selbst es ausdrückte. In diesem Sinne scheint Protagoras jedoch nicht ein Verderber der Jugend, sondern lediglich ein Vorläufer bestimmter Stränge der modernen Philosophie zu sein, in denen solche Skepsis und Relativismus heute **gar nicht so radikal** erscheinen.

ATOMISMUS

Die Anfänge der wissenschaftlichen Vorstellung, dass das Universum aus winzigen Materieteilchen besteht, lassen sich letztlich auf die vorsokratischen griechischen Philosophen zurückführen.

 NAME DEMOKRIT

 ZEIT CA. 460–CA. 370 V. CHR.

 HERKUNFT GRIECHISCH

 SCHULE VORSOKRATIKER

 HAUPTWERKE NUR FRAGMENTE ERHALTEN

 BEITRÄGE METAPHYSIK, ETHIK

FRÜHE ATOMISTEN

Während angenommen wird, dass die Idee zuerst von **Leukipp** (5. Jahrhundert v. Chr.) vorgeschlagen wurde, wird der Atomismus heute am häufigsten mit seinem Schüler **Demokrit** in Verbindung gebracht. Es wurde auch später von **Epikur** und dem römischen Philosophen **Lucretius** (ca. 94–ca. 55 v. Chr.) entwickelt. Wie andere vorsokratische Philosophen befasste sich Demokrit mit der **grundlegenden Natur der physischen Welt**, lehnte aber die Idee ab, dass der letzte Bestandteil Luft, Feuer, Wasser oder ein anderes wahrnehmbares Element sei.

UNTEILBARE TEILCHEN

Stattdessen argumentierte Demokrit, dass das Universum aus einer **unendlichen Anzahl von Atomen** bestand, aus winzigen Teilchen, die nicht geteilt werden konnten (*átomos* bedeutet »unteilbar«), **aus demselben Material bestehen, von unterschiedlicher Größe und Form sind und im leeren Raum existieren**. Die unterschiedlichen Formen der Atome erklären die unterschiedlichen Eigenschaften und das Verhalten der von ihnen gebildeten Substanzen. Eine feste Substanz wie Metall oder Stein könnte aus Atomen bestehen, deren Formen enge Verbindungen wie **Puzzleteile** ermöglichen, während Wasser- oder Feueratome eine Form besitzen könnten, die es ihnen ermöglicht, sich **zu bewegen oder zu fließen**.

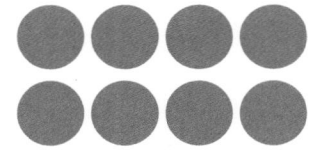

Wasseratome

Steinatome

DER LEERE RAUM

In all dem war der Begriff des leeren Raums wichtig, denn ohne Raum, sich zu verbinden oder auseinander zu bewegen, konnte es **keine Veränderung, kein Wachstum, keinen Verfall** geben. Die Art und Weise, wie die Natur während solcher Prozesse Dinge zu zerlegen und wieder zusammenzusetzen schien, deutete auf die **Existenz dieser kleineren »Teile«** hin.

DIE SOKRATISCHE METHODE

Der griechische Philosoph Sokrates wurde vom delphischen Orakel als der weiseste Mann in Athen angesehen, aber was bedeutete das eigentlich?

 NAME SOKRATES

 ZEIT CA. 469–399 V. CHR.

 HERKUNFT GRIECHENLAND (ATHEN)

 SCHULE KLASSISCHE GRIECHISCHE PHILOSOPHIE

 HAUPTWERKE KEINE SCHRIFTEN ERHALTEN

 BEITRÄGE ETHIK, ERKENNTNISTHEORIE

ANTIKE UND KLASSISCHE PHILOSOPHIE

SOKRATES

Sokrates, der **Diskussion und Debatte** bevorzugte, hinterließ keine schriftlichen Lehren. Sein größtes Vergnügen schien darin zu bestehen, durch Athen zu wandern, die Bevölkerung mit seinen ständigen Fragen zu nerven und diejenigen zu quälen, die behaupteten, mehr zu wissen als er. Aus diesem Grund betrachtete er sich selbst als eine Art **moralische »Viehfliege«**. Das Motiv hinter all dem scheint gewesen zu sein, die Wahrheit der Sprüche des Orakels zu testen.

NICHTWISSEN

Da Sokrates sich für alles andere als weise hielt, argumentierte er, dass seine Weisheit in der Tatsache liegen müsse, dass er **der einzige war, der wusste, dass er nichts wusste**. Das ist natürlich eine gerissene Strategie: Es ist effektiver, seinem Gegner zu erlauben, sich auf der **Suche nach ultimativen Rechtfertigungen** zu verstricken, denn wie jeder Elternteil weiß, muss es einen Punkt geben, an dem das **»Warum«** aufhört.

ORAKEL VON DELPHI

Die Pythia, Priesterin des Apollotempels in Delphi, war das **berühmteste Orakel der antiken Welt**, das von den Berühmten und Mächtigen aber auch von einfachen Leuten konsultiert wurde. Sie saß in einem perforierten Kessel auf einem Dreibein und atmete Dämpfe ein, die sie in **Trance** versetzten. Die davon beeinflussten Aussagen waren oft **rätselhaft und mehrdeutig**.

SOKRATISCHE METHODE

Die »Sokratische Methode« ist immer noch eine sehr beliebte **pädagogische Technik**, die es den Schülern ermöglicht, ein Thema sicherer zu erfassen, indem sie ihren eigenen Weg zur **Schlussfolgerung** finden. Sokrates' Schüler Platon benutzte diese Methode später, um zu zeigen, dass wir alle eine **Form von angeborenem Wissen** besitzen, das von Geburt an vorhanden ist. Da Sokrates keine schriftlichen Aufzeichnungen seiner Lehren hinterließ, sind Platons Schriften die einzigen Aufzeichnungen, die wir über die Ansichten seines Mentors haben.

EUTHANASIE

Vor die Wahl zwischen Hinrichtung oder Exil gestellt entschied sich Sokrates für den »guten Tod«, der einem ungewissen Leben vorzuziehen sei.

SOKRATES' ENTSCHEIDUNG

Wie man sich vorstellen kann, kommt es nicht immer gut an, wenn man anderen Menschen ihre **Unwissenheit** vorhält. Es ist daher wenig überraschend, dass Sokrates wegen der zweifelhaften Vorwürfe der **Gottlosigkeit und der Verführung der Jugend vor Gericht** gestellt wurde. Schuldig befunden und angesichts der Wahl zwischen Exils oder Tod, entschied er sich für Letzteres, mit der Begründung, dass er es vorziehen würde, sich dem Gericht zu stellen, das ihn im **Jenseits** erwartete, als das zu erdulden, was ihm von irdischen Richtern auferlegt würde. In seinen eigenen Augen hatte er nichts Falsches getan, und das Exil verbannte ihn nicht nur aus dem Athen, das er liebte, sondern auch aus dem Leben der Forschung, das er dort geführt hatte. Ein solches Leben, so glaubte er, wäre **nicht lebenswert**.

EIN GUTER TOD

Sokrates' **Wahl eines »guten Todes«** (die wörtliche Bedeutung von Euthanasie) ist der Anspruch, dass wir angesichts extremer Schmerzen oder psychischen Leidens **berechtigterweise** entscheiden könnten, unsere Existenz zu beenden. Während einige Philosophen diese Ansicht jedoch billigten, haben andere sie abgelehnt und Selbstmord als feige, unmoralisch oder sogar als Zeichen einer psychischen Erkrankung angesehen.

FORMEN DER EUTHANASIE

Euthanasie gibt es in drei Hauptformen: **freiwillig** (auf Wunsch der Person), **unfreiwillig** (gegen den Willen der Person) und **nicht freiwillig** (wenn die Person nicht in der Lage ist, ihren Willen auszudrücken). Jede Art kann durch verschiedene Mittel erreicht werden: **aktiv** (z. B. Drogenüberdosis) oder **passiv** (z. B. Vorenthalten einer Behandlung).

TOD DURCH SCHIERLING

Sokrates nahm sich das Leben, indem er einen Tee trank, der aus giftigem Schierling hergestellt wurde, einer **Droge**, die früher häufig zur Hinrichtung von Gefangenen verwendet wurde und die zu einem allmählichen Verlust der Empfindung, **zu Lähmung und schließlich zu Atemversagen** führt.

UNIVERSALIEN

Platon lehrte, dass alles Wissen von unabhängig existierenden universellen Ideen oder Formen abhängt, eine Lehre, die er durch sein berühmtes Höhlengleichnis illustrierte.

 NAME PLATO

 ZEIT CA. 428–CA. 347 V. CHR.

 HERKUNFT GRIECHENLAND (ATHEN)

 SCHULE KLASSISCHE GRIECHISCHE PHILOSOPHIE

 HAUPTWERKE APOLOGIE; POLITEIA; GORGIAS; SYMPOSION; MENON

 BEITRÄGE ETHIK, ERKENNTNISTHEORIE, METAPHYSIK, ÄSTHETIK, POLITISCHE PHILOSOPHIE

UNWISSEN

Du bist gefesselt in einer dunklen Höhle. An der Wand erahnst du merkwürdige **bewegte Schatten**. Dann wirst du freigelassen, drehst dich um und siehst, dass die Schatten von Figuren geworfen werden, die vor einem Feuer stehen. Du **verlässt die Höhle, gehst nach draußen und siehst die Sonne.**

DIE ZWEI WELTEN

Platons eigentümliches Gleichnis – das ich hier vereinfacht wiedergegeben habe – soll die **Reise des Philosophen** illustrieren. Die beiden Welten – innerhalb und außerhalb der Höhle – repräsentieren die **sichtbaren und verständlichen Welten**. Die Schatten in der Höhle repräsentieren physische Erscheinungen, die trügerischen Illusionen, die uns von den Sinnen präsentiert werden. Allmählich beginnen wir, diese (die Objekte vor dem Feuer) zu verstehen, aber erst wenn wir in die **Welt des reinen Denkens** eintreten (die Höhle verlassen) und eine rationale Analyse der Ideen vornehmen (die Objekte draußen im Tageslicht betrachten), erlangen wir **wahres Wissen und Gewissheit durch das Licht der Wahrheit und Güte** (die Sonne).

DIE FORMEN

Weil die **Sinne** uns immer **in die Irre führen** werden, können nur rationale Ideen uns helfen, die Welt wirklich zu verstehen. Nehmen wir zum Beispiel die Aussage »Hunde haben vier Beine.« Katzen haben auch vier Beine, ebenso wie Pferde. Was macht einen Hund zu einem Hund, nicht zu einer Katze oder einem Pferd, und was bedeutet, dass Spaniels, Terrier, Rottweiler etc. alle etwas gemeinsam haben? Es ist die **universelle Idee oder Form** des Hundes, ohne die wir die Aussage nicht verstehen könnten – oder die Welt.

»Alle Hunde spiegeln die perfekte Idee eines Hundes wider.«

MORALISCHER REALISMUS

So wie unser Verständnis der physischen Welt die unabhängige Existenz universeller Ideen erfordert, so erfordert unser moralisches Handeln für Platon einen universellen Maßstab des Guten.

DIE DIALOGE

Der größte Teil von Platons Werk wird in Form eines dramatischen Dialogs präsentiert, in der Regel mit einem **fiktionalen Sokrates**, der Gegner zu verschiedenen Themen befragt. Einige davon drehen sich um **Ethik**, wo Sokrates mit jenen debattiert, die argumentieren, dass (zum Beispiel) Moral nur eine Frage der Konvention ist oder dass »Macht richtig ist«. Im Gegensatz dazu argumentiert Sokrates – vielleicht als Platons Sprachrohr –, dass das moralisch Gute eine echte, unabhängige Eigenschaft ist, die sich von Eigeninteresse und sozialer Konvention unterscheidet, und dass **gut zu sein so ähnlich ist, wie gesund zu sein**.

DER RING DES GYGES

Um dies zu veranschaulichen, beruft sich Platon in der *Politeia* auf den Ring des Gyges, ein mythisches Objekt, von dem gesagt wurde, dass es den Träger **unsichtbar** macht und dieser daher **frei** ist, jede Handlung ohne Angst vor Gefangennahme oder Strafe auszuführen. Wäre jemand, der einen solchen Ring trug, »glücklich«? Platon sagt nein, denn **glücklich zu sein, erfordert, gut zu sein**, und unsere eigenen schlechten Handlungen fügen uns selbst Schaden zu.

WAHRER SCHADEN

In *Gorgias* argumentiert Sokrates, dass es für einen guten Menschen unmöglich ist, Schaden zu erleiden, denn wahrer »Schaden« bedeutet Schaden für die Seele (Schaffung von moralisch schlechten Gewohnheiten und geistigem Ungleichgewicht). Im Vergleich dazu ist körperliches Leiden oder sogar Folter gar nichts. Den scheinbar beneidenswerten allmächtigen **König Gyges**, der sich jeden Wunsch erfüllen kann, sieht er jedoch als **Sklaven seiner eigenen Leidenschaften**.

DER IDEALE STAAT

Die Struktur von Platons perfekter Gesellschaft spiegelte die moralische und körperliche Gesundheit des idealen Individuums wider, denn was das Gute in der Person fördert, erzeugt Gerechtigkeit im Staat.

DIE DREIGETEILTE SEELE

Platon teilte die Seele in drei Aspekte: **Geist, Emotion und Verlangen**. Im Idealfall lenkte der rationale Geist die Emotionen, um das Verlangen in Schach zu halten. Wenn der Geist jedoch nicht genug entwickelt ist oder das Individuum Emotionen oder Verlangen über die Vernunft stellt, kann diese Person ungesunde und unmoralische Gewohnheiten entwickeln.

DIE WÄCHTER

So wie der Geist über den Körper herrschen sollte, so sollten, meinte Platon, diejenigen mit den am besten entwickelten mentalen Fähigkeiten den Staat regieren (was ihn zu einer Form von Aristokratie macht – wörtlich »**Herrschaft durch die Besten**«). Dementsprechend plante er ein **Bildungsprogramm**, in dem die vielversprechendsten Kinder eine spezielle **körperliche und geistige Ausbildung** erhielten und als Wächter vorgesehen waren – ein Reservoir, aus dem Herrscher (Wächter selbst) und Hilfspersonen (weniger talentierte Wächter, die zu Soldaten und Ministern werden) rekrutiert werden sollten. Der Rest der Gesellschaft – das einfache Volk – würde sich hauptsächlich mit der Herstellung von Waren befassen – Landwirtschaft, Fischerei, Weberei, Schmieden und so weiter.

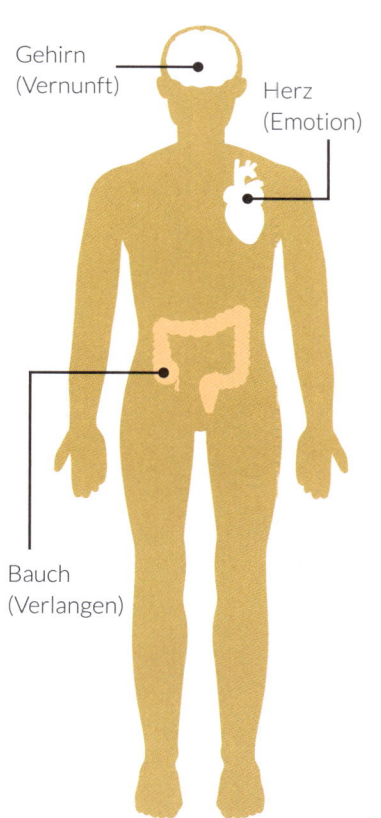

Gehirn (Vernunft)
Herz (Emotion)
Bauch (Verlangen)

UNGERECHTE STAATEN

So wie das ideale Individuum den vollkommenen Zustand (Utopie) widerspiegelt, so reflektieren unausgewogene oder unmoralische Individuen die Art und Weise, wie Staaten versagen können (ungerechte Staaten). In der Reihenfolge der zunehmenden Entfernung von seiner idealen Gesellschaft, listete Plato vier andere Formen der Regierung auf: **Timokratie** (Herrschaft durch die Kriegerklasse), **Oligarchie** (Herrschaft durch die Reichen), **Demokratie** (Herrschaft durch das Volk) und **Tyrannei** (Herrschaft durch ein einzelnes Individuum). Bemerkenswert ist, dass die Demokratie fast am schlechtesten wegkommt, weil sie die Herrschaft durch das körperlichen Verlangen repräsentiert (und das kennzeichnet in Platons Schema den Pöbel).

TIMOKRATIE

OLIGARCHIE

DEMOKRATIE

TYRANNEI

KUNST UND LÜGEN

Bekanntlich verbannte Platon die Poesie aus seinem idealen Staat mit der Begründung, dass sie Unwahrheiten kolportiere und vor allem Emotionen anspreche.

DAS PERFEKTE BETT

Für Platon waren alle Formen der Kunst entfernter Verwandte der Wahrheit. Was meinte er damit? Wenn Sie sich an sein **Höhlengleichnis** erinnern, gab es verschiedene Schritte von der Unwissenheit zur Erkenntnis; von den Schatten an der Wand (Sinneseindrücke) zu den Dingen außerhalb der Höhle (die wahren Ideen). Platon verwendet das Beispiel eines Bettes: Ein **physisches Bett** ist nicht die wahre Sache, sondern nur eine **Kopie der perfekten Idee oder Form eines Bettes**. Und was ist also ein Gedicht über ein Bett? Nur eine Kopie einer Kopie. Dichter und Maler sind daher noch weiter von der Wahrheit entfernt als Handwerker.

PROPAGANDA

Aber Platons idealer Staat ist nicht frei von Kunst. Er liebt besonders die **Musik** und schreibt über die verschiedenen Möglichkeiten, wie sie eingesetzt werden kann, um Menschen zu bilden und zu disziplinieren. Der Punkt ist also nicht, dass Poesie an sich schlecht ist, sondern dass schlechte Dichter schlecht für den Staat sind. Wenn Künstler und Dichter dazu gebracht werden könnten, die **richtigen Arten von Kunst** zu produzieren (Propaganda, die politischen Zwecken dient), wären sie vermutlich willkommen. Was Platon hier effektiv erfunden hat, ist die **Zensur**, die Idee, dass nur bestimmte Formen der Kreativität erlaubt sind.

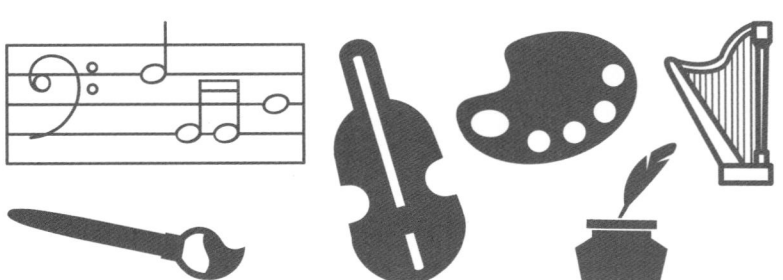

DIE GOLDENE LÜGE

Es ist eine Ironie, dass Platon, der gegen die Poesie wegen ihres Mangels an Wahrhaftigkeit wettert, seine eigene, subtil ausgearbeitete **Lüge im Dienste des Staates** einsetzt. Er gibt zu, dass Menschen nicht wirklich in **Rollen** (Herrscher, Soldaten, Produzenten) hineingeboren werden, argumentiert jedoch, dass das Wohl des Staates es erfordert, dass die Menschen das glauben. Er erfindet daher eine »goldene Lüge«, um die **soziale Spaltung** zu rechtfertigen. Lügen im Dienst der Wahrheit sind scheinbar in Ordnung.

ZYNISMUS

Diogenes verdeutlichte mit seinem einfachen Leben die Oberflächlichkeit und moralische Heuchelei seiner Zeitgenossen, die ihm zufolge den Kontakt zu den grundlegenden Wahrheiten der menschlichen Existenz verloren hatten.

 NAME DIOGENES VON SINOPE

 ZEIT CA. 412 V. CHR.–323 V. CHR.

 HERKUNFT GRIECHENLAND

 SCHULE ZYNISMUS

 HAUPTWERKE KEINE WERKE ERHALTEN

 BEITRÄGE ETHIK, ERKENNTNISTHEORIE, METAPHYSIK, ÄSTHETIK, POLITISCHE PHILOSOPHIE

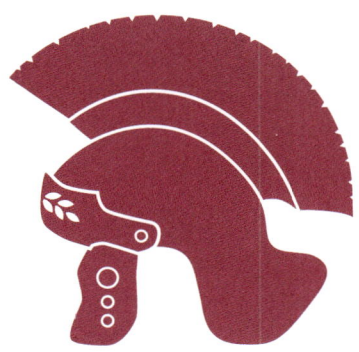

ALEXANDER DER GROSSE

Zwar ist keine von Diogenes' Schriften erhalten, doch gilt er als Beispiel von Einfachheit, Integrität und furchtloser Ehrlichkeit. Er soll auf der Straße in einem großen Fass von Almosen gelebt und kaum etwas besessen haben. Freimütig urteilte er über alle Vorbeigehenden. Eine Geschichte erzählt, wie Diogenes von **Alexander dem Großen** gefragt wurde, ob es etwas gäbe, was der große Herrscher für ihn tun könnte, worauf dieser sagte, dass er das schöne warme **Sonnenlicht** versperrte und es schön wäre, wenn er zur Seite ginge.

DIE HARTE WIRKLICHKEIT

Obwohl diese Geschichte apokryph ist, bildet sie ein Schlüsselelement von Diogenes' Lehren ab: **Sozialer Status spielt keine Rolle**. Egal, ob du ein König oder ein Sklave, ein gefeierter Krieger oder ein Bettler bist, du bist immer noch ein Mensch und als solcher jemand, der essen und trinken muss, sexuelle Bedürfnisse hat, auf die Toilette gehen und schließlich alt werden und sterben muss. Warum schämen wir uns dann unseres Menschseins? Warum versuchen wir, es mit **falschen Allüren und Prunk** zu verschleiern und **künstliche Unterscheidungen** zwischen unseren Mitmenschen zu schaffen?

HUNDE

Diogenes war eine Schlüsselfigur der Bewegung, die als Zynismus bekannt geworden ist, aus dem griechischen **Kynikos**, was »**hundeähnlich**« bedeutet. Dies rührt von der Bewunderung der Anhänger für das **ehrliche, natürliche, unkomplizierte Leben des Tieres** her, das die Zyniker nachahmten und als gutes Beispiel für eine Gesellschaft betrachteten, die den Kontakt zu diesen Qualitäten verloren hatte und deren oberflächliche Existenz diese Philosophen »zynisch« hinterfragt und entlarvt.

TUGEND

Aristoteles lehnte Platons Vorstellung von ethischem Verhalten ab, das ausschließlich auf intellektuellem Wissen über das Gute basierte, er sah es als erfolgreiche Entwicklung des Charakters.

 NAME ARISTOTELES

 ZEIT 384–322 V. CHR.

 HERKUNFT GRIECHENLAND (ATHEN)

 SCHULE KLASSISCHE GRIECHISCHE PHILOSOPHIE

 HAUPTWERKE *ETHIK; POLITIK; PHYSIK; ÜBER DIE SEELE; POETIK*

 BEITRÄGE ETHIK, POLITISCHE PHILOSOPHIE, ÄSTHETIK, METAPHYSIK, LOGIK, PHILOSOPHIE DES GEISTES

MORALISCHE IGNORANZ

Platon war der Ansicht, dass die Menschen nicht absichtlich Unrecht tun, sondern nur durch Unwissenheit. Sobald sie ihre Fehleinschätzung erkennen, werden sie den richtigen Weg wählen. **Aristoteles** dachte jedoch, dass Fehlverhalten komplexer sei und dass **moralisches Handeln mehr als bloße intellektuelle Erziehung** beinhalte.

DIE GOLDENE MITTE

Das Richtige zu tun, erfordert Erfahrung, lehrte Aristoteles. Viele Qualitäten können in zwei Extremen ausgedrückt werden. Zu viel oder zu wenig kann zu schlechten Ergebnissen führen, aber das richtige Tun – die goldene Mitte – ist oft der Punkt **zwischen diesen Extremen**. Ein tapferer Mann ist weder voreilig noch feige, sondern irgendwie dazwischen; die richtige Einstellung zum Geld besteht darin, es weder zu horten noch alles zu verschleudern; die richtige Einstellung zum Essen ist weder zu völlern noch zu hungern.

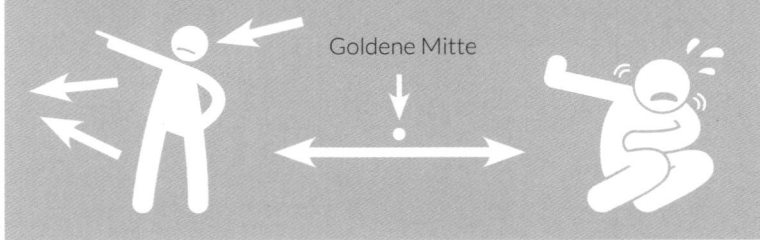

Goldene Mitte

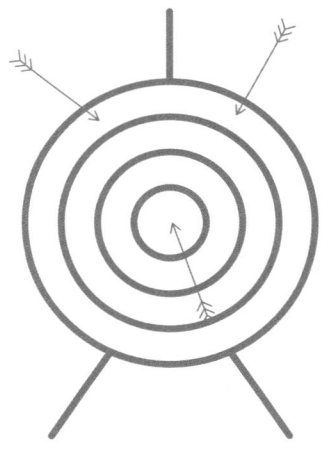

TREFFSICHERHEIT

Aber die Dinge sind nicht ganz so einfach. Wir müssen lernen, diese Eigenschaften unter den gegebenen Umständen richtig anzuwenden. Daher ist die Entwicklung der Tugend keine exakte Wissenschaft, sondern erfordert **Zeit und Erfahrung**, um das richtige Ziel zu erreichen. Dieser Ansatz wird als **Tugendethik** bezeichnet.

AKRASIA

Um seinen Charakter zu entwickeln, muss man auch üben, seine **Leidenschaften und Wünsche im Zaum zu halten**. Die Gründe für Fehlverhalten können (wie Plato sagte) an mangelndem Wissen, aber auch an **Akrasie**, der **Schwäche des Willens**, liegen. Wir wissen, was das Richtige ist, sind aber – weil wir uns keine ausreichende Disziplin angeeignet haben – nicht in der Lage, dies zu tun.

TELEOLOGIE

Aristoteles lehrte, dass alles, was existiert, einen Zweck oder eine Bestimmung hat, die es erfüllen muss, und dass das eine direkte Folge seiner Erschaffung sei.

Wirkungsursache
Stoffursache
Formursache
Zweckursache

VIER URSACHEN

Im aristotelischen System kann jedes einzelne Ding aus den vier »Ursachen« verstanden werden. Das, was es zu existieren veranlasst, ist seine **Wirkungsursache**, das Material, aus dem es hergestellt wird, seine **Stoffursache**. Die Form, die es annimmt, ist seine Formursache und seine Bestimmung oder sein Daseinsgrund seine Zweckursache. Wenn wir einen **Kuchen** nehmen, dann ist seine Wirkungsursache der **Bäcker**, seine Stoffursache sind die verschiedenen **Zutaten**, seine Formursache ist seine allgemeine Form, sein **Design**, und seine Zweckursache ist es, **gegessen zu werden**.

ZWECK

Heute betrachten wir die **Materie oder Form einer Sache** nicht als »Ursachen«; dieser Begriff ist der **Wirkungsursache** vorbehalten (dem, was etwas in seiner aktuellen Form verursacht). Auch die Vorstellung einer endgültigen Form ist in unserer Zeit ungebräuchlich – zumindest wissenschaftlich – weil sie einen **Designer oder Schöpfer impliziert**, der eine Vorstellung vom beabsichtigten Zweck einer Sache hat. Das ist einfach, wenn das Objekt von Menschenhand gemacht ist – ein Kuchen oder ein Stuhl –, aber was ist, wenn es ein natürliches Objekt ist? Was ist der Zweck eines Baumes oder eines Steins? Und wer würde ihm diesen Zweck geben? Die Antwort für Aristoteles war **Gott**.

DAS DESIGN-ARGUMENT

Die Idee, **dass der natürlichen und physischen Welt ein Design zugrunde liegt**, ist ein bekanntes Argument für die Existenz Gottes, auch **teleologisches Argument** genannt (aus dem griechischen *telos*, »Zweck«). Es geht davon aus, dass es eine letzte Ursache für alles geben muss, was existiert (um Aristoteles' Satz zu verwenden). Wie wir später sehen werden, bleibt dies ein umstrittenes Thema.

BÜRGERBETEILIGUNG

So wie Freundschaft eine Schlüsselrolle in der ethischen Entwicklung spielte, sah Aristoteles die Bürgerbeteiligung als wesentlich für die Entwicklung des Menschen an.

POLITISCHER NATURALISMUS

Aristoteles' politische Ansichten folgen direkt seiner Ethik. Wenn der Zweck des menschlichen Lebens darin besteht, **dem menschlichen Potenzial zur Entfaltung zu verhelfen**, dann wird die ideale Regierungsform dazu beitragen, das umzusetzen. Da wir von Natur aus *politische Wesen* sind (eine Sichtweise, die als politischer Naturalismus bekannt ist), kann dieses Potenzial nur durch politischen Engagement für die Gemeinschaft mit Leben erfüllt werden.

REGIERUNGSFORMEN

Aristoteles unterscheidet **sechs mögliche Arten politischer Organisation**, je nach Anzahl der Herrscher und dem Interesse, das sie verfolgten. Ein einzelnes Individuum könnte ein **hedonistischer Tyrann oder ein ehrenwerter Monarc**h sein, je nachdem, ob er dem Eigeninteresse oder dem Gemeinwohl diente. Ebenso könnte eine kleine Elite eine **gierige Oligarchie oder eine tugendhafte Aristokratie** sein. Und schließlich könnte die **Demokratie**, die Herrschaft durch das Volk zu einer zügellosen Herrschaft der Mehrheit oder zu einem stabilen Gemeinwesen führen, das von Gruppenweisheit geleitet wird.

Staatsformen nach Aristoteles

Anzahl der Regierenden	Dem Gemeinwohl dienend	Dem Eigeninteresse dienend
Alleinherrscher	Monarchie	Tyrannei
Elite von Wenigen	Aristokratie	Oligarchie
Mehrheit des Volkes	Politie	Demokratie

MISCHVERFASSUNG

Da tugendhafte Eliten und weise Monarchen selten sind, ist die am wenigsten schlechte und auch wahrscheinlichste Option eines Gemeinwesens die, wo eine **starke »Mittelschicht«** – weder reich noch arm – die Tugenden kombiniert und die Fehler der anderen Regierungsformen vermeidet. Eine solche **gemischte Gesellschaft** würde sicherstellen, dass niemand ausgeschlossen oder dominiert wird (was das Risiko einer Revolte minimiert), und die Bürger zur aktiven Teilnahme am öffentlichen Leben ermutigen.

FRAUEN UND SKLAVEN

Aristoteles denkt hier an die Art von **Stadtstaat** (*polis*) jener Zeit in Griechenland, dessen geringe Größe es den Bürgern ermöglichte, direkt an Räten, Gerichten und Versammlungen teilzunehmen. Aber ein solches öffentliches Engagement konnte nur durch **Sklaverei und die Unterdrückung der Frauen** erreicht werden, deren Dienste ausgewählten Bürgern die Lebensqualität und Freizeit boten, um sich der Besinnung und dem politischen Engagement zu verschreiben, wie Aristoteles forderte.

KATHARSIS

Aristoteles lehrte, dass der Zweck der großen Kunst darin bestand, uns über die menschliche Natur aufzuklären und dabei sowohl emotionale Befreiung als auch intellektuelle Einsicht zu vermitteln.

TRAGÖDIE

Warum schauen wir uns gerne Horrorfilme an oder lesen traurige Geschichten? Ist es aus irgendeinem sadistischen Genuss des Unglücks eines anderen, oder aus einem masochistischen Lust an unserem eigenen Schmerz? Aristoteles meinte, dass solche Darstellungen – in seiner Zeit zum Beispiel das tragische Drama von Euripides' *Medea* oder Sophokles' *Ödipus Rex* – tatsächlich dem Zweck der Katharsis dienten, bei der das **Publikum von negativen Emotionen**, insbesondere von Angst und Mitleid, **gereinigt** würde.

NACHAHMUNG

Aber dies ist nicht der einzige Zweck der Tragödie. Aristoteles geht in seiner Poetik ausführlich darauf ein, dass eine Schlüsselfunktion der Dramatisierung auch die **Mimesis** beinhaltet, nämlich den Prozess der Nachahmung und Darstellung des Lebens in künstlerischer Form. Wenn wir Menschen und Ereignisse objektiviert und personifiziert sehen, können wir sie **besser verstehen**.

PSYCHOLOGISCHE EINSICHT

Dieser Prozess der Objektivierung gibt uns vielleicht auch einen Hinweis auf eine andere Funktion der Katharsis, durch die es uns gelingt, **uns von normalerweise belastenden Ereignissen** zu **distanzieren** und mehr Einblick darin zu gewinnen – was dazu führte, die Charakterschwächen, die sie hervorbrachten, und wie wir daher ein ähnliches Schicksal vermeiden könnten. Einige moderne Aristoteles-Interpreten meinen daher, dass Katharsis besser als ein **Prozess** verstanden wird, bei dem wir eine Form der **intellektuellen Einsicht** erreichen. Ein moderner Theaterbesucher kann angesichts Shakespeares geschickter Darstellung von Othellos langsamem Abstieg in irrationale Eifersucht zugleich beunruhigt und erleuchtet sein und einerseits mehr Mitgefühl für seine Missetaten, andererseits tiefere Einsicht darüber erlangen, dass der Keim seines **tragischen Fehlers** in uns allen angelegt ist.

FREUNDSCHAFT

Für Aristoteles war die Wahl der richtigen Freunde im Leben nicht nur der Schlüssel zum Glück, sondern wesentlich für ein wahrhaft moralisches Leben.

PHILIA

Aristoteles hat hier nicht unsere engere moderne Definition von Freundschaft im Sinn, sondern ein **breiteres Konzept der sozialen Beziehung** (*philia*). Dazu gehören Familie, enge Freunde, Nachbarn, aber auch Arbeitskollegen, der Mann, der im Laden an der Ecke arbeitet, oder der Lehrer der Kinder – im Grunde jeder, mit dem wir vielleicht befreundet sind.

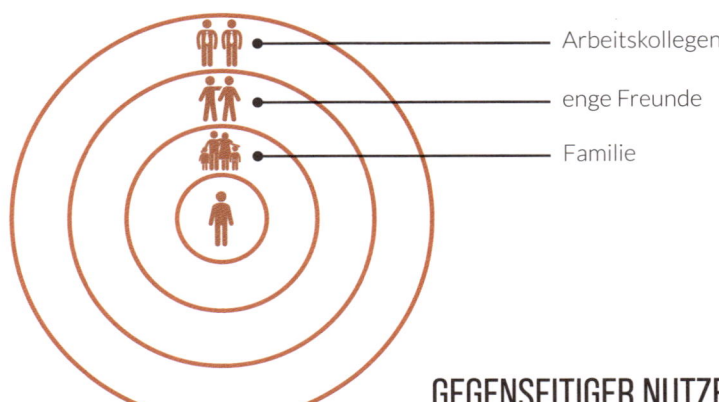

GEGENSEITIGER NUTZEN

Aristoteles lehrte, dass wahre Freundschaft auf Gegenseitigkeit beruht. Freunde wünschen einander das Beste. Aber **was ist »das Beste«?** Mit Jim z.B. teilen Sie Ihr Interesse an Autos, aber Sie nutzen einander aus, um Geld zu verdienen. Sie genießen es, in Tinas Gesellschaft zu trinken, aber Sie sehen sie sonst nie, und sie ist hauptsächlich daran interessiert, eine gute Zeit zu haben und Dampf abzulassen. Daher ist es nur Steves Freundschaft, die auf etwas Tieferem zu basieren scheint und Raum bietet, um über sein persönliches Leben, seine Bestrebungen, seine Probleme und Sorgen zu sprechen. Bei wahrer Freundschaft, sagte Aristoteles, geht es nicht nur um gegenseitigen Vorteil oder Vergnügen, sondern darum, **einander zu helfen, bessere, glücklichere Menschen zu sein**, und dadurch unserem Potenzial näher zu kommen und ein lohnendes Leben zu führen.

WAHRE FREUNDE

Von diesen gibt es einige, mit denen wir **mehr Zeit** verbringen könnten. Aber genauso wie Individuen sich unterscheiden, wird auch ihr Einfluss variieren. Jim ist ein Auto-Enthusiast, mit dem Sie manchmal alte Motoren reparieren, um sie zu verkaufen. Tina mag einen Drink und ruft oft an, weil sie mit Ihnen auszugehen will. Steve ist jemand, den man gerne bei einem Kaffee zum Plaudern trifft, wo man darüber spricht, was im **Leben des anderen** passiert. Aber was sind wahre Freunde?

ILLUSION

Die Skepsis des chinesischen daoistischen Philosophen Zhuangzi spiegelt eine Frage wider, die Philosophen aller Altersgruppen und Traditionen beschäftigt: Woher wissen wir, was wirklich ist?

 NAME ZHUANGZI

 ZEIT BL. CA. VIERTES JAHRHUNDERT V. CHR.

 HERKUNFT CHINA

 SCHULE DAOISMUS

 HAUPTWERKE *DAS ZHUANGZI*

 BEITRÄGE ERKENNTNISTHEORIE

DER SCHMETTERLING

Das Wenige, das wir von Zhuangzi – einem Anhänger von Laozi – wissen, stammt hauptsächlich aus dem Text, der seinen Namen trägt, eine spätere Sammlung von Geschichten und Sprüchen, die angeblich von diesem Philosophen stammen. Die berühmteste Geschichte erzählt, wie Zhuangzi eines Nachts träumt, dass er ein Schmetterling ist, aber als der Traum endet, erkennt er, dass er unsicher ist, ob er jetzt **Zhuangzi** ist, ob er nur **geträumt** hat, **dass er ein Schmetterling ist**, oder ein **Schmetterling**, der jetzt **träumt, dass Zhuangzi ist**.

ZEN

Das Zhuangzi ist voll solcher Herausforderungen an unsere Sicht der Realität mit gesundem Menschenverstand, und sein anti-intellektueller Zugang zum Wissen hatte Einfluss auf den späteren **Zen-Buddhismus** (weiter hinten behandelt). Vielleicht ist dieses Rätsel nicht dazu gedacht, eine richtige Lösung zu finden, sondern vielmehr ein Versuch, unsere Gedanken durch ein unlösbares Paradoxon zu lähmen, um unseren Geist **von sinnlosem Intellektualisieren zu befreien**, um endlich die wahre Realität zu erkennen.

SCHLEIER DER WAHRNEHMUNG

Die **westliche philosophische Tradition** schlug einen weitgehend anderen Weg ein und **versucht**, eine **rationale Erklärung** dafür zu schaffen, dass wir wissen, was real ist, dass wir unseren Sinnen vertrauen können und dass wir sagen können, ob wir träumen oder nicht (eine Fragestellung Descartes', die wir später besprechen werden). Das Problem dabei ist natürlich, dass fast unser gesamtes **Wissen durch die Sinne** kommt. Unsere Wahrnehmung der Realität, argumentieren einige Philosophen, könne daher niemals direkt sein kann, sondern müsse notwendigerweise durch einen Schleier der Wahrnehmung **gefiltert** werden, den wir nicht sehen oder weiter begründen können.

MÄSSIGUNG

Epikur ist vor allem dafür bekannt, dass er die Lust zum höchsten Gut erklärte, aber in seiner eigentlichen Lehre fordert er eine Form der ethischen Mäßigung.

 NAME EPIKUR

 ZEIT 341–270 V. CHR.

 HERKUNFT GRIECHENLAND (SAMOS)

 SCHULE EPIKURÄER

 HAUPTWERKE NUR FRAGMENTE UND KURZE SCHRIFTEN ERHALTEN

 BEITRÄGE ETHIK, ERKENNTNISTHEORIE, RELIGIONSPHILOSOPHIE

LUST

Ein moderner **Epikuräer** ist jemand, der gutes Essen und Trinken genießt, und Epikurs Ruf im Mittelalter und die meiste Zeit danach war der von jemandem, der **sinnliche Befriedigung** predigte. Aber Epikurs eigentliche Definition des Guten war nicht der Exzess des Hedonisten, nicht der kultivierte Genuss des Feinschmeckers oder Ästheten, sondern die **einfachen Freuden des bescheidenen Lebens**.

ETHIK

In Bezug darauf, wie wir unser Leben leben sollten, scheint Epikur in seinen Prinzipien weitgehend ein Konformist gewesen zu sein und argumentiert, dass die Schuld, die wir uns durch schlechtes Verhalten gegenüber anderen zuziehen, der stärkste Anreiz für schlechtes Verhalten ist. **Moralisch zu handeln**, glaubte er, verschafft uns ein **unbeschwertes Gewissen** und der **Ruhe des Geistes**, die er für die Essenz des Glücks hielt.

ANGST UND SCHMERZ

Epikur unterteilte daher die Freuden in solche, die ohne einhergehende Angst oder Leiden verfolgt werden können, und solche, die es nicht können. **Üppiges Essen** verursacht **Verdauungsstörungen**, **sexuelle Liebe** kann zu **Eifersucht** und gebrochenem Herzen führen, aber die harmloseren Zeitvertreibe wie ein **Gespräch mit Freunden** oder das Streben nach philosophischem Wissen sind **angenehm, ohne Leiden zu verursachen**. Bei allen Handlungen, argumentierte er, ist das Hauptziel die Ruhe des Geistes.

TOD

In Bezug auf die Emotionen, die den Geist verstören, betrachtete Epikur die Angst vor dem eigenen Tod als die wichtigste.

LEBEN NACH DEM TOD

Obwohl Epikur kein Atheist war, war er der Ansicht, dass die Götter ganz anders als in den Darstellungen der griechischen Mythologie waren und sich in einem Zustand weit entfernt von den menschlichen Dingen befanden. Vielleicht war er deshalb der Ansicht, dass sie sich nicht um die moralischen Vergehen der Menschen kümmerten und es daher **kein Gericht nach dem Tod** gab, in dem die Seelen gewogen werden konnten, bevor sie zu einem Schicksal von Belohnung oder Qual verurteilt wurden.

NICHT-EXISTENZ

Sein Hauptargument gegen die Angst vor dem Tod scheint jedoch zu sein, **dass die Toten einfach nicht existieren**. Und da wir das nicht fürchten können, was wir nicht erleben werden, wovor sollten wir Angst haben? Wenn der Tod kommt, wirst du nicht mehr lebendig (oder bewusst oder vernünftig) sein. Also genieße bis dahin dein Leben! Der **Tod** ist kein zu befürchtender Zustand, sondern einfach eine **Beendigung aller Zustände**, einschließlich der Angst.

IM ANGESICHT DES TODES

Aber was ist mit der Angst, die man vor dem bevorstehenden Tod empfindet? Was ist mit dem Kummer, den man wegen der bevorstehenden **Trennung** von seinen Lieben fühlt, oder wegen den Dinge, die unerledigt bleiben werden? Oder was, wenn der Tod **schmerzhaft** sein sollte? Sind diese Dinge es nicht wert, sich Sorgen zu machen? Ähnlich wie Sokrates scheint sich **Epikur** seinem Tod auf bemerkenswert fröhliche Weise genähert zu haben. Er starb in extremen Schmerzen, dennoch lehrte und plauderte er **bis zum Ende glücklich**.

POSTHUMER SCHADEN

Im Gegensatz dazu argumentiert **Thomas Nagel** (geb. 1937), dass der Tod eine schlechte Sache sei und uns etwas von positivem Wert (Leben) raube. **Joel Feinberg** (1926–2004) argumentiert, dass die Verleumdung des Rufs des Verstorbenen, selbst wenn es kein Leben nach dem Tod gibt, seinen »**posthumen Interessen**« schadet (jene Projekte und Einflüsse, von denen man hoffte, dass sie nach dem Tod weitergehen würden).

DAS PROBLEM DES BÖSEN

Wenn Gott sowohl in der Lage als auch willens ist, das unnötige Leiden unschuldiger Menschen zu verhindern, warum – fragte Epikur – geht es dann weiter? Warum existiert das Böse?

ARTEN DES BÖSEN

In der theologischen Diskussion unterscheidet man oft zwischen dem moralisch und dem natürlich Bösen. **Moralisch Böses** beinhaltet die bewussten Handlungen von Individuen, wie Mord oder Folter, während **natürliche Böses** »Handlungen Gottes« beinhaltet, wie Erdbeben, Überschwemmungen, Hungersnöte – natürlich unter der Annahme, dass diese nicht menschengemacht sind (z. B. als Folge des Klimawandels).

das natürlich Böse

das moralisch Böse

SINN

In der traditionellen Vorstellung ist der **Gott** des Monotheismus **allmächtig** und **allgütig**, also absolut gut. Diese beiden Eigenschaften allein scheinen genug, um die Existenz des Bösen in Frage zu stellen, denn sie bedeuten, dass er sowohl in der Lage als auch bereit ist, moralische Ungerechtigkeit und Naturkatastrophen zu verhindern. Und wenn wir die allgemein zugeschriebene Qualität der **Allwissenheit** hinzufügen, können wir uns natürlich auch fragen: »Da Gott sich des menschlichen Leids bewusst sein muss und willens und in der Lage ist, einzugreifen, warum tut er es nicht?« Zusammen bilden diese drei Eigenschaften das, was man eine **inkonsistente Triade** nennt.

THEODIZEEN

Wie wir gesehen haben, glaubte Epikur, dass die Götter von den menschlichen Dingen entfernt seien, dies könnte eine Erklärung dafür liefern, **warum das Böse trotz göttlicher Fähigkeiten existiert**: Gott (oder die Götter) ist sich seiner einfach nicht bewusst. Eine solche Erklärung wird als Theodizee bezeichnet, und es gab zahlreiche Theodizeen im Lauf der Geschichte, von denen jede eine andere Lösung vorschlägt – vielleicht **dient das Böse einem Zweck** oder Gott darf sich nicht in den freien Willen der Menschen einmischen. Wir werden uns einige davon später ansehen, aber die zentrale Frage ist, welche Rechtfertigung oder Begründung **das scheinbar sinnlose Leiden der Unschuldigen und Machtlosen erklären** könnte.

GERECHTER KRIEG

Die Lehre vom gerechten Krieg untersucht die Bedingungen, unter denen ein Staat berechtigterweise in den Krieg zieht und welche Mittel er rechtmäßig einsetzen kann.

 NAME MARCUS TULLIUS CICERO

 ZEIT 106–43 V. CHR.

 HERKUNFT RÖMISCHES REICH

 SCHULE EKLEKTIZISMUS

 HAUPTWERKE ÜBER DIE PFLICHTEN; ÜBER DIE NATUR DER GÖTTER; ÜBER DEN REDNER

 BEITRÄGE POLITISCHE PHILOSOPHIE

ÜBER DIE PFLICHTEN

Eine Version der **Lehre vom gerechten Krieg** ist vielen Kulturen und Traditionen gemeinsam. Im Westen wurde die Frage sowohl von Platon als auch von Aristoteles kurz aufgeworfen und später vom römischen Philosophen und Staatsmann **Cicero** zur umfangreich behandelt. In seinem *De Officiis* (»Über die Pflichten«) argumentierte er, dass Krieg nicht nur richtige Motive erfordert, sondern auch richtig geführt werden muss. Die Debatte folgte größtenteils Ciceros Unterscheidung, und diese beiden Kriterien sind jetzt allgemein durch die mittelalterlichen lateinischen Begriffe **jus ad bellum** (rechter Kriegsgrund) und **jus in bello** (rechtes Verhalten im Krieg) bekannt.

JUS AD BELLUM

Ein gerechter Krieg sollte wirklich ein Akt der **Selbstverteidigung**, **Vergeltung** für ungerechtfertigte Aggression und ein **letzter Ausweg** sein. Er sollte von einer legitimen Autorität (z. B. einer gewählten Regierung) geführt werden, und die Reaktion sollte verhältnismäßig sein (ein Auge für ein Auge – aber nicht mehr).

JUS IN BELLO

Aber Krieg sollte auch **angemessen** geführt werden. Man sollte weder Kriegsgefangene misshandeln, Zivilisten ins Visier nehmen, noch auf die vorsätzliche Zerstörung nicht strategischer Ziele und Güter zielen.

MODERNE KRIEGSFÜHRUNG

In der Neuzeit versuchte man mit Verträgen wie der **Genfer Konvention**, diese Prinzipien zu untermauern, aber viele Konflikte gehen darüber hinweg. Zivilisten werden als »**Kollateralschaden**« betrachtet und der Begriff des »**Präventivkrieges**« – oft mit Präsident G. W. Bushs »**Krieg gegen den Terror**« in Verbindung gebracht – geht davon aus, dass selbst eine potenzielle künftige Bedrohung eine ausreichende Rechtfertigung für eine militärische Aggression oder Invasion darstellen kann.

STOIZISMUS

Die Stoiker lehrten, dass das Geschick der Menschen in den Händen Gottes oder des Schicksals liegt, dass man aber Glück finden kann, wenn man den Geist darin übt, in Harmonie mit der Natur zu leben.

 NAME LUCIUS ANNAEUS SENECA

 ZEIT 4 V. CHR.–65 N. CHR.

 HERKUNFT RÖMISCHES REICH

 SCHULE STOIZISMUS

 HAUPTWERKE BRIEFE ÜBER ETHIK AN LUCILIUS

 BEITRÄGE ETHIK

ZENOS VORHALLE

Im modernen Sinne ist eine »stoische« Person jemand, der angesichts von Not oder Widrigkeiten standhaft bleibt. Aber der Begriff stammt aus dem griechischen Wort *stoa*, was »Vorhalle« bedeutet, dem Ort, an dem der Gründer des Stoizismus, **Zeno von Kition** (ca. 333–ca. 263 v. Chr.), zu lehren pflegte. (Das war übrigens ein anderer Zenon als der weiter oben besprochene Liebhaber von Paradoxen, Zeno von Elea).

NATUR

Die stoische Tradition stützt sich auf den **Zynismus**, den **Epikuräismus** und die Lehren des **Aristoteles** und war in der klassischen Welt sehr einflussreich, insbesondere am Höhepunkt des Römischen Reiches. Zu den Anhängern zählten sowohl Sklaven (**Epiktet**, 55–135 n. Chr.) als auch Kaiser (**Marcus Aurelius**, 121–80 n- Chr.). Die Stoiker glaubten, dass die gesamte Natur (ein Begriff, der **alles organische und anorganische Leben** umfasste) ein einziger einheitlicher Organismus sei, dessen Funktion von einem gottähnlichen Geist bestimmt sei. Als Teile dieses Organismus besitzen die Menschen keinen freien Willen, aber Glück ist immer noch möglich, wenn man zu emotionaler **Distanziertheit und weiser Akzeptanz der vom Schicksal bestimmten Rolle** gelangt.

SENECA

Einer der berühmtesten Stoiker war **Seneca der Jüngere** (Sohn des gleichnamigen Schriftstellers). Als Staatsmann und Dramatiker beeinflusste Senecas Stoizismus sowohl seine Schriften als auch sein Leben. Sein **Selbstmord**, der vom despotischen Kaiser Nero angeordnet wurde – der Philosoph lag in seinem Bad und ordnete in Ruhe seine Angelegenheiten, während Neros Soldaten neben ihm standen –, wurde ein berühmtes Beispiel für die typischen stoischen Tugenden von **Gelassenheit und Mut angesichts des Todes**.

DIE IRENÄISCHE THEODIZEE

Der griechische Bischof Irenäus lehrte, dass das Böse existierte, weil es für Gottes Plan der vollen Entfaltung der menschlichen Seele notwendig sei.

 NAME IRENAEUS AUS SMYRNA

 SCHULE CHRISTENTUM

 ZEIT CA. 130–CA. 202

 HAUPTWERKE GEGEN DIE HÄRESIEN

 **HERKUNFT** GRIECHENLAND

 BEITRÄGE RELIGIONSPHILOSOPHIE

SPIRITUELLE ENTWICKLUNG

Irenäus leugnete nicht, dass Gott **das Böse** geschaffen habe, sondern argumentierte, dass der Grund für seine Existenz darin bestehe, dass sich die menschliche Seele nur durch **Herausforderungen und Leiden** zu ihrem vollen Potenzial entwickeln könne. Das Böse kann daher als eine Art Übungsplatz für die **spirituelle Entwicklung** angesehen werden.

GOTTES EBENBILD

Der Grund für diese notwendige Entwicklung, argumentierte Irenaeus, war, dass der **Mensch** nur nach Gottes Ebenbild und **nicht gottgleich** geschaffen wurde. Um sich von einem zum anderen zu entwickeln, muss er bestimmte Entscheidungen des freien Willens treffen. In diese Theodizee ist daher ein Element der **Verteidigung des freien Willens** enthalten (später auch von Augustinus aufgegriffen, die wir in Kürze sehen werden).

UNNÖTIGES LEID

Das Problem mit dieser Form der Theodizee ist, dass sie die Existenz unnötigen Leidens zu rechtfertigen scheint. Wenn ein Säugling oder ein Kleinkind leidet und stirbt, welche Chance gab es für seine Entwicklung? Der englische Philosoph **John Hick** (1922–2012) entwickelte seine eigene Form der irenäischen Theodizee und argumentierte, dass solch **scheinbar unnötiges Leiden** dem Zweck dient, anderen **Mitleid und Mitgefühl zu ermöglichen**. Wenn alles Leiden gerechtfertigt schien, dann würde es uns nicht erlauben, diese emotionalen Qualitäten zu entwickeln. Hick hob auch hervor, dass dieser Ansatz die Idee beinhaltet, dass Menschen sich **in epistemischer Distanz von Gott** entwickeln müssen: das heißt, getrennt von der intellektuellen Kenntnis der Existenz Gottes, sodass der Glaube ein frei gewählter Akt ist.

Epistemische Distanz

ERBSÜNDE

Augustinus lehrte, dass alle Menschen die Natur Adams erben und dass die Existenz des Bösen daher eine Folge der Korruption des menschlichen freien Willens ist.

 NAME AUGUSTINUS VON HIPPO

 ZEIT 354–430

 HERKUNFT RÖMISCHES REICH (ALGERIEN)

 SCHULE CHRISTENTUM

 HAUPTWERKE BEKENNTNISSE; VOM GOTTESSTAAT

 BEITRÄGE RELIGIONSPHILOSOPHIE, ETHIK

BEGIERDE

Bestimmte jüdisch-christlichen Traditionen vertreten eine Lehre von der Erbsünde, die besagt, dass die gesamte **Menschheit durch den Ungehorsam von Adam und Eva** beim Essen vom Baum der Erkenntnis im Garten Eden **befleckt** wurde. Augustinus entwickelte diese Lehre weiter und meinte, dass wir nicht nur die Schuld von Adam und Eva erben, sondern dass, da wir von ihnen abstammen, unsere körperlichen Instinkte durch diesen ersten Akt des Ungehorsams verdorben wurden. Infolgedessen sind bestimmte Formen des Verlangens (die er **Begierde** nannte) notwendigerweise **sündhaft**, und nur durch Gottes Gnade können wir von ihrem Einfluss erlöst werden.

KOLLEKTIVE SCHULD

Der Begriff der **göttlichen Strafe für Ungehorsam** ist vielen Religionen und Mythologien gemein. In der griechischen Mythologie wurde der Titan Prometheus bestraft, indem seine Leber jeden Tag in alle Ewigkeit von einem Adler herausgepickt wurde, und nachts wuchs sie wieder nach. In der nordischen Mythologie ist der listige Gott Loki an einen Felsen gebunden, auf den eine Giftschlange ständig Gift tropft.

THEODIZEE

Aus dieser Lehre entwickelte Augustinus auch eine Theodizee oder Erklärung für die Existenz des Bösen. Im Gegensatz zu Irenäus sagte Augustinus, da Gott alles Gute sei, könne er **das Böse** nicht geschaffen haben; es sei vielmehr eine negative Eigenschaft – eine **Abwesenheit Gottes**. Indem Adam ungehorsam war und sich von Gott abwendete, korrumpierte er seinen eigenen Willen mit dem Bösen, und für uns als Nachkommen Adams ist die Gegenwart des Bösen in der Welt sowohl eine Folge als auch eine **Strafe** für diesen ersten Akt der Rebellion.

NEOPLATONISMUS

Der Neoplatonismus, der seinen Ursprung im Ägypten des dritten Jahrhunderts hatte, vermischte zeitgenössische Religion und Philosophie mit einer mystischen Interpretation der Lehren Platons.

 NAME PLOTIN

 ZEIT CA. 204–70 N. CHR.

 HERKUNFT ÄGYPTEN

 SCHULE CHRISTENTUM

 HAUPTWERKE *DIE ENNEADEN*

 BEITRÄGE METAPHYSIK

DAS EINE

Der Neoplatonismus wird allgemein mit **Plotin**, einem ägyptischen Philosophen im damaligen Römischen Reich, assoziiert. Plotin unterstreicht Platons Misstrauen gegenüber der physischen Welt, indem er eine Form des **Monismus** weiterentwickelt, der die ultimative Realität – das Eine – als eine **einfache und unteilbare gottähnliche Einheit** sah, die zugleich der Ursprung von Güte, Schönheit und Wahrheit ist und von der alle existierenden Dinge ausgehen, während es selbst über ihnen (**transzendent**) bleibt.

EINHEIT

Während Aristoteles das Glück in Begriffen definiert hatte, die zum Teil von materiellen und sozialen Faktoren abhingen, argumentierte Plotin, dass **wahres Glück** von all diesen Dingen unabhängig sei. Da das Eine die Quelle aller Dinge ist, können wir durch die Vereinigung mit ihm **durch Meditation und intellektuelle Kontemplation** (*Henosis*) einen Zustand des Seins erreichen, der immun gegen die Schwankungen der Umstände ist.

EINFLÜSSE

Bei aller Debatte darüber, in welchem Maße er echten Platonismus widerspiegelt – eine Ansicht ist, dass er Platons verlorene Schriften oder »versteckte« Lehren erläutert –, war die Wirkung des Neoplatonismus enorm. Er hatte Einfluss auf den heiligen **Augustinus und den Gnostizismus**, aber die Ermordung des neoplatonischen Philosophen **Hypatia von Alexandria** (ca. 350–370 n. Chr.) durch christliche Eiferer scheint einen **Wendepunkt** zu markieren, und mit dem Aufstieg der christlichen Orthodoxie wurde sein Einfluss schließlich in den Untergrund gedrängt. Von dort aus kann er über den Sufi-Zweig des **Islam**, die Kabbala der mittelalterlichen **jüdischen Mystik**, bis zu seinem allmählichen Wiederauftreten in der **Renaissance-Philosophie** von Marsilio Ficino und Giordano Bruno verfolgt werden, auf einem Weg, der Kunst und Literatur von Botticelli bis Michelangelo und von Dante bis Shakespeare durchdringt.

CHRISTLICHE PHILOSOPHIE

Das Christentum hatte schon immer ein getrübtes Verhältnis zur Philosophie, und ob es so etwas wie christliche Philosophie geben kann, ist eine faszinierende Frage.

 NAME BOËTHIUS

 ZEIT CA. 475–CA. 526

 HERKUNFT RÖMISCHES REICH

 SCHULE NEOPLATONISMUS

 HAUPTWERKE TROST DER PHILOSOPHIE

 BEITRÄGE ETHIK, METAPHYSIK, RELIGIONSPHILOSOPHIE

SÄKULAR GEGEN RELIGIÖS

Von Platon und Aristoteles bis hin zu Bacon und Descartes und dem Aufstieg der Wissenschaft wurde die Philosophie meist durch irgendeine **religiöse Überzeugung** geprägt, und **erst in relativ jüngster Zeit emanzipierte** sie sich zu einem unabhängigen, hauptsächlich säkularen Unterfangen.

BOËTHIUS

Von besonderem Interesse in Bezug auf diese Frage ist das Werk von Anicius Manlius Severinus Boëthius, besser bekannt einfach als Boëthius. Als römischer Staatsmann und Philosoph wurde er wegen Verschwörung verhaftet und hingerichtet. Während er eingesperrt war, schrieb er ***Der Trost der Philosophie***, ein sehr populäres Werk, in dem er argumentiert, dass Glück und Glaube an Gott immer noch in einer Welt möglich sind, in der Ungerechtigkeit und Böses fortbestehen. Das Werk verbindet Boëthius' profunde Kenntnis der griechischen Philosophie mit christlichen Prinzipien, aber in einer Weise, die **weder religiöse Dogmen anspricht noch ihnen widerspricht**. In dieser Hinsicht kommt sie vielleicht einem Werk christlicher Philosophie am nächsten.

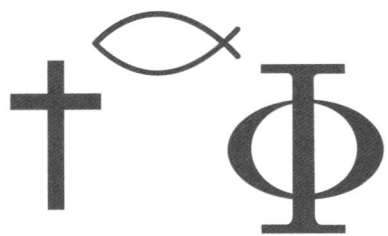

SPANNUNG

»**Christliche Philosophie**« scheint ein **inhärenter Widerspruch** zu sein. Das Christentum zielt auf das **Heil**, wo die Vernunft zu kurz kommt und durch den Glauben gestärkt werden muss. Die Philosophie zielt auf **Wissen**, nutzt radikale Zweifel und Fragen, wo kein Glaube heilig ist. Wie können diese beiden **koexistieren**? Ein Christ könnte auch ein Philosoph sein (solange philosophische Schlussfolgerungen nicht fundamentalen Glaubensgrundsätzen zuwiderliefen), aber nicht vielleicht ein Philosoph im wahrsten, tiefsten Sinne – eine Situation, die vielleicht im Unterschied zwischen Theologie und Religionsphilosophie veranschaulicht wird.

ZEN

Zen-Buddhismus vermeidet traditionelle philosophische Spekulationen zugunsten von Praktiken, die versuchen, dem Praktizierenden zu helfen, seine wahre Natur zu erkennen.

 NAME BODHIDHARMA

 ZEIT BL. FÜNFTES BIS SECHSTES JAHRHUNDERT N. CHR.

 HERKUNFT INDIEN

 SCHULE BUDDHISMUS (CHAN)

 HAUPTWERKE *ZWEI EINGÄNGE UND VIER PRAKTIKEN*

 BEITRÄGE ETHIK, ERKENNTNISTHEORIE

CHAN

Zen ist das japanische Wort für Chan, eine chinesische Schule des Mahayana-Buddhismus, die angeblich von **Bodhidharma** stammt, einem indischen Mönch, der als Erster den Buddhismus nach China brachte. Bodhidharma gilt als der achtundzwanzigste Patriarch des Buddhismus, einer Linie von Lehrern, von denen gesagt wird, dass sie sich bis zum Buddha selbst erstreckt.

SATORI

Ein zentrales Anliegen des Buddhismus ist es, seinen Anhängern zu helfen, Erleuchtung oder *Satori* (der japanische Begriff) zu erreichen, eine **plötzliche Erkenntnis der wahren Natur**, die einen von den falschen Vorstellungen und Wünschen befreit, die uns an das **Rad der Wiedergeburt** binden. Aber da der Gedanke selbst ein Hindernis für diese Erkenntnis ist, versucht Zen, unsere Tendenz, unseren Weg zu dieser Erkenntnis zu rationalisieren, zu umgehen oder zu stören, indem er dem Geist unlösbare Fragen oder *Koans* präsentiert.

DAS KOAN

Diese Paradoxien nehmen oft die Form von **Rätseln oder Ratespielen** an – »Wie klingt einhändiges Klatschen?«, »Welches Gesicht hattest du vor deiner Geburt?« –, aber ein Zen-Meister könnte auch andere Mittel einsetzen, um seine Schüler **von ihren gewohnten Denk- und Verhaltensmustern zu befreien**: Schreien, Schlagen, Schockieren, unangemessenes oder bizarres Verhalten. Der Grund dafür ist, dass das angestrebte Ziel – unsere wahre Natur – etwas ist, was wir in gewisser Weise bereits wissen. Die Frage ist dann nicht: »Wie erreichen wir es?«, sondern: »Warum haben wir es vergessen?« Es ist fast so, als hätten unsere Gedanken uns eingeschläfert. Zen versucht **uns aufzuwecken**.

ISLAMISCHE PHILOSOPHIE

Als der Kalif Al-Mansur (714-775) Bagdad zur Hauptstadt des neuen abbasidischen Kalifats machte, gründete er eine Stadt, die mit Athen und Alexandria als Zentrum der Wissenschaften und der Kultur konkurrieren sollte.

 NAME IBN RUSCHD (AVERROES)

 ZEIT 1126–1198

 HERKUNFT SPANIEN, MUSLIM

 SCHULE ARISTOTELIANISMUS

 HAUPTWERKE *DIE INKOHÄRENZ DER INKOHÄRENZ*

 BEITRÄGE RELIGIONSPHILOSOPHIE

DAS GOLDENE ZEITALTER

Als das islamische Reich wuchs und andere Länder eroberte, assimilierte es griechische, indische, chinesische und ägyptische Einflüsse und schuf ein **islamisches goldenes Zeitalter**, das eine Blüte von Kunst, Wissenschaft und Philosophie über fünf Jahrhunderte hinweg erleben sollte.

DAS HAUS DER WEISHEIT

Im Zentrum stand das Haus der Weisheit, **teils Bibliothek und teils Akademie**, die wissenschaftliche und philosophische Texte sammelte und übersetzte, die Werke von Philosophen wie **Platon, Aristoteles und Plotin** umfassten. Die islamische Philosophie dieser Zeit beschäftigt sich daher oft damit, wie man den rationalen Einfluss des Aristotelismus und des Neoplatonismus am besten mit den Lehren des Korans verbinden könnte.

AVERROES

An erster Stelle der Philosophen dieser Zeit steht **Ibn Rushd**, im Westen besser bekannt als Averroes. Als Universalgelehrter, der auch Interessen in Astronomie, Physik, Medizin und sogar Poesie verfolgte, war er von Aristoteles beeinflusst und schrieb zahlreiche wissenschaftliche Kommentare zu seinen Werken. Dabei entfernte er die islamische Philosophie vom Neoplatonismus von Ibn Sina oder **Avicenna** (ca. 980–1037), in der Überzeugung, dass Religion und Philosophie einander ergänzen sollten und dass die Wahrheiten von Glaube und Vernunft nicht in Widerspruch standen.

SCHWEBENDER MENSCH

Averroes berühmtestes **Gedankenexperiment** – der »schwebende Mensch« – sollte die Existenz der Seele beweisen. Descartes (siehe weiter unten) vorausahnend, bittet er uns, uns **ohne jegliche Sinne und körperliche Empfindungen** vorzustellen – würden wir immer noch existieren?

DAS ONTOLOGISCHE ARGUMENT

Während andere Philosophen versuchten, Argumente für Gottes Rolle in der Natur und Existenz der Welt zu finden, meinte Anselm, dass der beste Beweis in der Idee von Gott selbst lag.

 NAME ANSELM VON CANTERBURY

 ZEIT 1033–1109

 HERKUNFT ITALIEN

 SCHULE SCHOLASTIK

 HAUPTWERKE *PROSLOGION*

 BEITRÄGE RELIGIONSPHILOSOPHIE

PHILOSOPHIE DES MITTELALTERS UND DER RENAISSANCE

DAS HÖCHSTE WESEN

Anselm war ein in Italien geborener christlicher Theologe, der es zum Erzbischof von Canterbury brachte. Er ist vor allem wegen seines *Proslogion* bekannt, in dem er das **ontologische Argument für die Existenz Gottes** entwickelte. Stellen Sie sich vor, sagt Anselm, dass es ein Wesen gibt, das nicht größer ist, als das, was man sich vorstellen kann. Wenn ein solches Wesen nur im Verstand existierte, wäre es möglich, sich ein noch größeres Wesen vorzustellen, das sowohl im Verstand als auch in Wirklichkeit existiert. Der französische Philosoph **René Descartes** (1596–1650) sollte diese Argumentation später verfeinern, indem er Größe durch Perfektion ersetzte, aber der Punkt ist derselbe: Solch ein großes oder perfektes Wesen **(Gott) muss tatsächlich existieren.**

GAUNILOS INSEL

Ein berühmter Einwand gegen Anselms Argument stammt vom französischen Benediktinermönch **Gaunilo von Marmoutiers** (11. Jahrhundert). Stellen Sie sich vor, sagt er, wir ersetzen »ein Wesen, das nicht größer ist als das, was man sich vorstellen kann« durch »eine verlorene Insel, die nicht größer ist als das, was man sich vorstellen kann«. Zeigt das nicht die Absurdität des Argumentierens von den vermeintlichen Eigenschaften bloßer Ideen zur tatsächlichen Existenz?

KANTS PRÄDIKATE

Der deutsche Philosoph **Immanuel Kant** (1724–1804) brachte einen eher technischen Einwand vor. Existenz, sagte er, ist kein Prädikat (Qualität), das etwas besitzt. Zu sagen, »Gott ist weise« ist anders, als zu sagen, »Gott existiert«, weil **Weisheit** eine Eigenschaft ist, die ein Objekt besitzt, wenn es existiert.

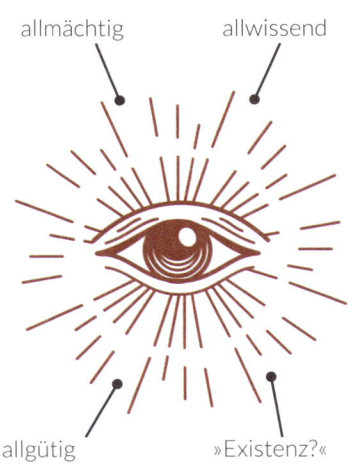

allmächtig · allwissend · allgütig · »Existenz?«

SCHOLASTIK

Scholastik war ein philosophischer Ansatz, der das Mittelalter dominierte und versuchte, Aspekte der griechischen Philosophie mit der christlichen Theologie zu verbinden. Ihr wichtigster Denker war Thomas von Aquin.

 NAME THOMAS VON AQUIN

 ZEIT 1225–1174

 HERKUNFT ITALIEN

 SCHULE SCHOLASTIK

 HAUPTWERKE *SUMMA THEOLOGIAE*; *SUMMA CONTRA GENTILES*

 BEITRÄGE RELIGIONSPHILOSOPHIE, ETHIK, METAPHYSIK, ERKENNTNISTHEORIE

MITTELALTERLICHE KLÖSTER

Wie der Name sagt, entstand die **Scholastik** aus den **Schulen** und pädagogischen Aktivitäten im Zusammenhang mit mittelalterlichen christlichen Klöstern. Es ist ein System und eine Methode, geprägt und begrenzt von den Dogmen des katholischen Glaubens. Dennoch taten die Scholastiker viel, um philosophische und wissenschaftliche Erkenntnisse zu fördern, und Thomas selbst verteidigte **rationales Denken** gegen die damals vorherrschende Ansicht, dass die Vernunft einen korrumpierenden Einfluss auf den religiösen Glauben habe.

NATÜRLICHE THEOLOGIE

Thomas von Aquin hatte großen Respekt vor Aristoteles, und ein Großteil seiner Arbeit kann als Versuch gesehen werden, zu zeigen, dass viele Aspekte des Denkens des griechischen Philosophen mit der christlichen Schrift vereinbar sind. Das lag daran, dass, so argumentierte Thomas, die **Vernunft** selbst **eine von Gott geschaffene Fähigkeit** war, und so konnte sie uns – wenn sie richtig geleitet wurde – nicht von Gott wegführen, sondern tatsächlich hin zu einem **besseren Verständnis seiner Schöpfung**. Ein solcher Ansatz, der die Vernunft als Stütze des Glaubens sah, ist als Natürliche Theologie bekannt geworden.

EPIZYKLEN

Mit dem Aufstieg der Wissenschaft seit der Renaissance wurde »Scholastik« jedoch zunehmend zur Bezeichnung eines unflexiblen Ansatzes, der sich mit **fruchtlosen und nervenaufreibenden Disputationen** befasste. Dies ist etwas unfair, da sie viele wertvolle philosophische Beiträge hervorbrachte, aber es ist sicherlich wahr, dass Denker wie Bacon, Descartes und Galileo das scholastische Dogma als das größte Hindernis für Fortschritt sahen. Eingeschränkt durch die Festlegung der **Kirche** – als Reaktion auf neue Erkenntnisse über Planetenbewegungen –, dass die **Erde das Zentrum des Universums** war, wurden mittelalterliche Astronomen zu **immer komplexeren Theorien** gezwungen, zum Beispiel, dass jeder Planet sich in seinem eigenen Mini-Orbit (Epizyklus) bewegte.

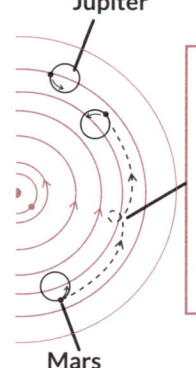

Epizyklen halfen, die scheinbar retrograde Bewegung von Planeten zu erklären.

DAS KOSMOLOGISCHE ARGUMENT

Im Einklang mit seiner Überzeugung, dass die Vernunft den Glauben stärken könnte, entwickelte Thomas von Aquin verschiedene Argumente für die Existenz Gottes, darunter das kosmologische Argument.

URSACHE UND WIRKUNG

Thomas entwickelte Ideen, die er bei Platon und Aristoteles fand, und argumentierte, dass, abgesehen von jeder Besonderheit, die es besitzen könnte, die **Existenz des Universums selbst ein Beweis für Gottes Existenz** war. Das liegt an der Natur von Ursache und Wirkung. Wenn alles, was existiert, eine **Wirkursache** hat (um Aristoteles' Begriff zu verwenden), dann muss dies auch für die Welt selbst gelten. Die Welt muss daher **einen Schöpfer oder eine Kraft** haben, die sie ins Dasein gebracht hat.

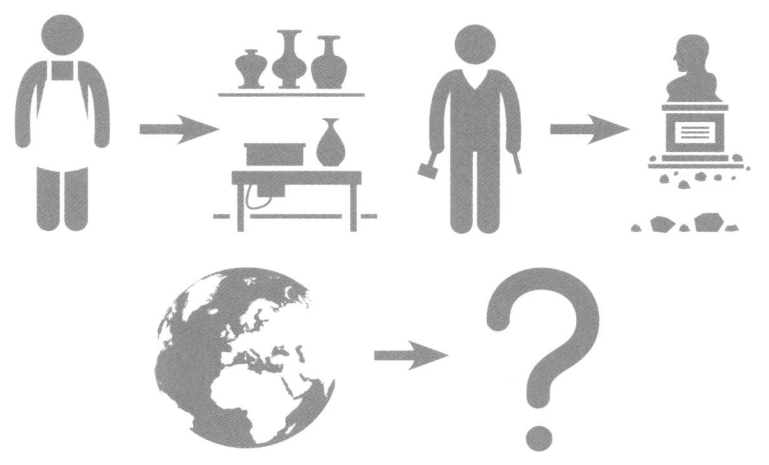

LETZTE URSACHE

Aber wenn die Welt selbst eine Ursache haben muss, was hat dann diese verursacht oder geschaffen? Wenn ein physischer Prozess oder ein Ereignis das Universum ins Leben gerufen hat, dann scheint das auch eine Ursache zu erfordern. Es scheint also, dass diese potenziell unendliche **Kausalkette** irgendwo zum Stillstand kommen muss, denn wie sollte sonst etwas anfangen? Es muss daher eine letzte Ursache geben, die dafür alles erschaffen und in Bewegung gesetzt hat (die Aristoteles als »**ersten Beweger**« bezeichnete), die aber selbst nicht geschaffen, also »unbewegt« ist. Eine solche **universelle Ursache**, so argumentierte Thomas von Aquin, muss allmächtig sein, sie kann daher nur **Gott** sein.

CAUSA SUI

Aber ist das der Fall? Warum konnte es nicht sein, dass **die Welt** einfach entstanden ist oder **ihre eigene Ursache** war (*causa sui*, um den lateinischen Begriff zu verwenden)? Thomas schließt dies aus, denn nicht nur müssen alle Dinge eine Ursache haben (und »nichts« kann nichts bewirken), sondern eine Sache kann nicht ihre eigene Ursache sein, da sie logischerweise vor ihrer Existenz existieren müsste, um sich selbst in die Existenz zu bringen!

OCKHAMS RASIERMESSER

Bei der Entscheidung zwischen konkurrierenden Theorien meinte der englische Mönch William von Ockham, dass die einfachste Erklärung oft die beste sei.

 NAME WILLIAM VON OCKHAM

 ZEIT 1285–1347

 HERKUNFT ENGLAND

 SCHULE SCHOLASTIK

 HAUPTWERKE SUMMA LOGICAE

 BEITRÄGE METAPHYSIK, ERKENNTNISTHEORIE

PRINZIP DER EINFACHHEIT

Ockhams Rasiermesser ist eine praktische Faustregel und besonders nützlich in Fällen **wissenschaftlicher Kontroversen**. Es bietet eine einfache Grundlage, um zwischen alternativen Erklärungen zu entscheiden. Wenn alle anderen Dinge gleich sind, sollten wir den Ansatz bevorzugen, der **die wenigsten Annahmen** voraussetzt. Aus diesem Grund ist es auch als **Sparsamkeitsprinzip** bekannt.

KONKURRIERENDE THEORIEN

Aber »die wenigsten« in welchem Sinne? Ockhams Ziel ist, die Metaphysik oder die Natur der Welt zu beweisen, wie sie **jenseits der Sinneserfahrung oder Logik** existiert. Aus diesem Grund sind metaphysische Fragen oft nicht zu lösen. Kontroversen wie die, wer oder was das Universum geschaffen hat oder was die wahre Natur des Bewusstseins ist, bestehen fort, weil – ungeachtet von Beweisen oder allgemein favorisierten Theorien – es immer die **Möglichkeit** gibt, **dass auch ein anderer Ansatz zu den Fakten passt**.

METAPHYSISCHER MINIMALISMUS

Mit Ockhams Rasiermesser könnte ein **Physiker** argumentieren, dass der **Urknall** die beste Erklärung dafür ist, wie die Welt erschaffen wurde (im Gegensatz zu Gott), weil ein Universum, das nur von physikalischen Gesetzen angetrieben wird, weniger an metaphysischen Annahmen voraussetzt – es ist **minimalistischer**. Und wenn wir den **Kosmos ohne Gott** erklären können, dann sollten wir das tun. Natürlich muss darauf hingewiesen werden, dass die Annahme, dass wahre wissenschaftliche Erklärungen einfacher sind, selbst eine metaphysische Annahme ist – und daher nicht bewiesen werden kann.

HUMANISMUS

Seit dem 14. Jahrhundert gab der Humanismus den menschlichen Werten, Erfahrungen und Anliegen eine zentrale Bedeutung, indem er mehr auf die Vernunft und weniger auf Glauben oder Tradition setzte.

 NAME ERASMUS

 ZEIT CA. 1466–1536

 HERKUNFT NIEDERLANDE

 SCHULE RENAISSANCE, HUMANISMUS

 HAUPTWERKE *LOB DER TORHEIT*

 BEITRÄGE ETHIK, RELIGIONSPHILOSOPHIE

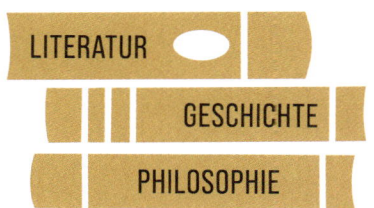

LITERATUR

GESCHICHTE

PHILOSOPHIE

RENAISSANCE

Die Bewegung hat ihren Ursprung im Humanismus und der Renaissance bei Denkern wie Desiderius Erasmus Roterodamus, besser bekannt als **Erasmus**. Der christliche niederländische Gelehrte zeigte in satirischer Weise die Missstände der katholischen Kirche auf und forderte eine **rationale und kritische Beschäftigung mit der Bibel**. Der Schlüssel zu diesem Ansatz war eine Betonung der Bildung, insbesondere der »Geisteswissenschaften« – Geschichte, Moralphilosophie, griechische und römische Literatur, Themen, die direkt die **Menschheit und ihre Werke** behandeln und von denen der Begriff »**Humanist**« abgeleitet ist.

AUFKLÄRUNG

Vom 17. bis zum 19. Jahrhundert, einer Zeit, die allgemein als Aufklärung oder **Zeitalter der Vernunft** bekannt ist, setzten Philosophen wie **Voltaire, Hume** und **Kant**, während sie sich in einigen Punkten (z. B. ihre Einstellung zur Religion) unterschieden, die humanistische Tradition fort. Sie erweiterten sie, indem sie die Macht und den richtigen Gebrauch der **Vernunft in der Wissenschaft, Philosophie** und der **Führung der menschlichen Angelegenheiten** hervorhoben. Diese Betonung der Vernunft und der menschlichen Werte sowie der Bedeutung und Rechte des Individuums führte schließlich den Humanismus von seinen religiösen Wurzeln zum **Säkularismus**.

SÄKULARISMUS

Der moderne oder säkulare Humanismus leugnet im Allgemeinen eine Rolle der Religion in menschlichen Angelegenheiten, lehnt religiöse Ansprüche ab und zieht es vor, den **Menschen als Quelle von Sinn und Moral** zu betrachten. Selbst Philosophen, die diese Möglichkeit kritisieren – wie der französische Philosoph **Jean-Paul Sartre** –, geben zu, dass wir dem Humanismus verdanken, dass er uns geholfen hat, zu erkennen, dass wir die Welt nur aus Sicht des Menschen sehen können. Wir leben gewissermaßen in einem menschlichen Universum, gesehen durch den Filter unserer eigenen begrenzten Fähigkeiten und Möglichkeiten.

REALPOLITIK

Niccolò Machiavelli lehrte, dass politische Herrscher nicht von ethischen, sondern von pragmatischen Motiven geleitet werden sollten, bei deren Verfolgung fast alle Mittel gerechtfertigt waren.

 NAME NICCOLÒ MACHIAVELLI

 SCHULE KLASSISCHER REALISMUS

 **ZEIT** 1469–1527

 HAUPTWERKE DER FÜRST

HERKUNFT ITALIEN

 BEITRÄGE POLITISCHE PHILOSOPHIE

MACHIAVELLIANISMUS

Machiavellianist im modernen Sinne bedeutet, sich mit **hinterhältigen Geschäften, Hintergedanken** und allgemein verabscheuungswürdigen Machenschaften zu beschäftigen. Ob Machiavelli auf dieses Vermächtnis stolz gewesen wäre, ist schwer zu sagen, da seine eigenen moralischen Ansichten unklar bleiben. Man kann jedoch mit Sicherheit sagen, dass Machiavelli – zumindest auf politischer Ebene – argumentierte, **dass die Ziele oft die Mittel rechtfertigten** und dass ein Führer, der versuchte, christlich moralische Prinzipien anzuwenden, wahrscheinlich eine sehr kurze Amtszeit haben werde.

NATUR DES MENSCHEN

Machiavellis Philosophie kann als **Vorläufer des klassischen Realismus oder der Realpolitik** angesehen werden, was die internationalen Beziehungen zwischen Ländern betrifft. Thomas Hobbes entwickelt diese Sichtweise weiter, die später und in der Kanonenbootdiplomatie kolonialer Imperien und der Machtpolitik der Supermächte des Kalten Krieges eine Blüte erlebte. Die zugrundeliegende Annahme ist, dass sich die menschliche Natur nicht ändert: **Menschen werden immer in ihrem Eigeninteresse handeln**, auch wenn dies auf ihre Kosten geht. Oder wie Präsident **Theodore Roosevelt** (1858–1919) es ausdrückte, sei die beste Außenpolitik, »leise zu sprechen und einen großen Prügel zu haben«.

IDEALISMUS

Diese Ansicht steht gemeinhin im Gegensatz zum politischem Idealismus, der fordert, dass internationale Beziehungen durch Diskussion, Zusammenarbeit und die Etablierung des Völkerrechts weiter vorangebracht werden sollen. Die Schaffung der **Vereinten Nationen** und die Entwicklung internationaler **Menschenrechtskonventionen** können als Beispiele idealistischer Außenpolitik und als Beweis für eine optimistischere Sicht auf die menschliche Natur angesehen werden.

UTOPIE

Im Mythos, in der Philosophie und in der Religion existierte das Konzept einer vollkommenen Gesellschaft von den frühesten Zeiten an, aber es nahm in zunehmendem Maße eine technologische Form an.

 NAME SIR THOMAS MORE

 ZEIT 1478–1535

 HERKUNFT ENGLAND

 SCHULE HUMANISMUS

 HAUPTWERKE *UTOPIA*

 BEITRÄGE POLITISCHE PHILOSOPHIE

DIE PERFEKTE INSEL

Der Begriff Utopie wurde von dem englischen Anwalt und Staatsmann Sir Thomas More geprägt, dessen 1516 erschienenes Werk – teils Satire und teils visionäre Erzählung – eine **perfekte Inselgesellschaft ohne religiöse Intoleranz, Korruption und Ungleichheit** zeichnete.

DYSTOPIEN

Mit dem Vorschlag politischer und pragmatischer Lösungen für typische menschliche Probleme setzt More eine von Platon begonnene Tradition fort. Mit der zunehmenden Bedeutung der Wissenschaft – von **Francis Bacons** *New Atlantis* (1527) bis **B. F. Skinners** *Walden Two* (1948) – spielte die Technologie dabei eine immer größerer Rolle. So wie Technologie für Gutes oder Schlechtes verwendet werden kann, erkannten andere eine **dunkle Seite der Utopie** – den kommunistischen Totalitarismus (**George Orwells** *1984*), den lustvollen Eskapismus (**Aldous Huxleys** *Brave New World*) – und suggerierten, dass solche Träume von unerreichbarer Perfektion ebenso wahrscheinlich zu dystopischen Albträumen führen werden.

NICHT-SÄKULÄRER KOMMUNISMUS

Mores Inselbewohner leben ein **einfaches Gemeinschaftsleben**, in dem sowohl Männer als auch Frauen aus dem gleichen Spektrum der wesentlichen Berufe (Landwirtschaft, Weberei, Schreinerei, Militär, etc.) wählen. Es gibt **kein Privateigentum** und daher keine Notwendigkeit von Geld. Wie bei Platon werden **potenzielle Herrscher und Priester ausgewählt**, wenn sie jung sind, um eine besondere Ausbildung zu erhalten. Es gibt Sklaven, aber diese bestehen hauptsächlich aus Kriegsgefangenen und Kriminellen, wer sich aber bessert, hat die Chance auf Freilassung. Als Ergebnis dieser Maßnahmen gibt es **keine Arbeitslosigkeit, wenig Kriminalität und keine Klassenvorurteile**. Es gibt religiöse Toleranz für alle Arten von Überzeugungen (sogar bis zu einem gewissen Grad für Atheismus) – interessant, angesichts von Mores heftigem Widerstand gegen die Reformation und seine angebliche Verfolgung von Protestanten.

SKEPTIZISMUS

Bei der Infragestellung unseres Erkenntnisanspruchs sahen viele Philosophen die Skepsis als ein zu überwindendes Hindernis, obwohl ihr häufig auch eine positivere Rolle zukam.

 NAME MICHEL DE MONTAIGNE

 ZEIT 1533–1592

 HERKUNFT FRANKREICH

 SCHULE HUMANISMUS

 HAUPTWERKE *ESSAIS*

 BEITRÄGE ERKENNTNISTHEORIE, ETHIK

STUFEN DES SKEPTIZISMUS

Es gibt unterschiedliche Grade der Skepsis. Extreme Formen mögen in Frage stellen, dass Existenz irgendeine inhärente Bedeutung hat (**Nihilismus**), dass es so etwas wie objektive Wahrheit gibt (**Relativismus**) oder dass überhaupt andere außer mir existieren (**Solipsismus**). Aber dieser Zweifel ist so alt wie die Philosophie selbst, und von Anfang an – unter Berufung auf Dinge wie optische Illusionen, Halluzinationen, Träume, Erinnerungs- und Urteilsverluste – schreckten die Philosophen nicht davor zurück, aufzuzeigen, welche Formen solche Zweifel annehmen könnten.

PYRRHONISMUS

Andere Philosophen argumentierten, dass eine allgemeine Skepsis gesunde Vorteile habe. Ein solcher Philosoph war der französische Staatsmann **Michel de Montaigne**, dessen *Essais* großen Einfluss auf das zeitgenössische Denken der Renaissance hatten. Montaigne sprach sich **gegen Gewissheit in religiösen und philosophischen Fragen** aus und meinte, dass uns das zu Toleranz und Bescheidenheit führen sollte. Von unstillbarer Neugier auf alle möglichen Dinge getrieben – seine *Essais* befassten sich mit Themen wie Tod, Trunkenheit, Gerüchen und Prophetie – eignete er sich eine Ansicht an, die als Pyrrhonismus bekannt ist (nach dem griechischen Philosophen **Pyrrho von Elis**, ca. 360–ca. 270 v. Chr.): Gewissheit ist unmöglich, und wir werden im Leben glücklicher sein, wenn wir nicht urteilen und uns keiner Seite verpflichten.

SPEZIFISCHER ZWEIFEL

Meistens neigten Philosophen jedoch zu schwächeren Versionen des Skeptizismus, um alternative Theorien zu unterstützen. Wie anderswo diskutiert, stellte **Berkeley** zur Untermauerung seiner eigenen Vorstellungen von Idealismus die Existenz von physischer Materie in Frage; **Hume** bezweifelte unsere Fähigkeit, Ursache und Wirkung unabhängig von Erfahrung zu kennen; während **Descartes** skeptische Argumente benutzte, um etwas jenseits des Zweifels zu suchen.

WISSENSCHAFTLICHE METHODE

Mit seiner Forderung nach Infragestellung anerkannter philosophischer und religiöser Autoritäten legte der elisabethanische Philosoph, Anwalt und Staatsmann Sir Francis Bacon den Grundstein für die moderne Wissenschaft.

 NAME SIR FRANCIS BACON

 ZEIT 1561–1626

 HERKUNFT ENGLAND

 SCHULE EMPIRISMUS

 HAUPTWERKE *NOVUM ORGANUM; THE ADVANCEMENT OF LEARNING*

 BEITRÄGE WISSENSCHAFTSPHILOSOPHIE, ERKENNTNISTHEORIE

VATER DER WISSENSCHAFTLICHEN METHODE

Bacon gilt oft als philosophischer Vater der modernen Wissenschaft. Dies liegt nicht so sehr daran, dass Wissenschaftler jetzt seiner Methode folgen, sondern dass er erkannte, dass es eine größere Betonung von **Beobachtung, Experiment und Datenerfassung** geben musste und weniger auf die Autorität der Bibel und die Lehren des Aristoteles gehört werden sollte, wenn wissenschaftliche Erkenntnisse wachsen sollten.

DEDUKTIVE METHODE

Aristoteles' Methode beruhte weitgehend auf logischer Deduktion, einem Prozess, der **von Annahmen oder Prämissen zu Schlussfolgerungen** argumentiert. Wenn die Annahmen richtig sind und die Form des Arguments den Regeln der Logik folgt (gültig ist), dann wird die Schlussfolgerung wahr und sicher sein. Aber wenn eine der Prämissen falsch ist, dann kann die Schlussfolgerung auch dann nicht wahr sein, wenn das Argument gültig ist. **Deduktive Argumente sind daher nur so stichhaltig wie die Prämissen, auf denen sie basieren,** und viele von Aristoteles' Annahmen – dass schwerere Objekte schneller fallen als leichtere, dass die Erde das Zentrum eines ewigen Universums ist, dass alle Lebewesen im Laufe der Zeit die gleiche Form behalten – sind heute widerlegt.

BACONS NEUE INDUKTION

Bacon erkannte, dass wir, um solche Fehler zu vermeiden, viel vorsichtiger sein müssen, wenn wir Erklärungen abgeben und Hypothesen bilden, ein Prozess, der als Induktion bekannt ist. Er schlug daher eine Methode vor, die er als neue Induktion bezeichnete, die sich auf die **Sammlung und den Vergleich von Daten** konzentrierte und **Schlussfolgerungen vorsichtig und vorläufig** vorantrieb, sodass sie durch weitere Argumente und Analysen überprüft werden konnten. Im Gegensatz zur Deduktion argumentiert Induktion über das hinaus, was aus den Prämissen abgeleitet werden kann. Als solches kann ein induktives Argument möglicherweise falsch sein. Das ist die wissenschaftlich nützlichste und informativste Art von Argument, da es uns ermöglicht, Verallgemeinerungen zu bilden und Vorhersagen zu treffen.

LEGENDE: P = PRÄMISSE C = CONCLUSIO

DEDUKTIVES ARGUMENT
P1: Alle Menschen sterben einmal.
↓
P2: Francis ist ein Mensch.
↓
C: Daher wird Francis irgendwann sterben.

INDUKTIVES ARGUMENT
P1: Kein Mensch hat jemals über 200 Jahre gelebt.
↓
C: Kein Mensch wird jemals über 200 Jahre leben.

NATURZUSTAND

Für Thomas Hobbes lag die Rechtfertigung politischer Autorität im Schutz der individuellen Rechte und der Sicherheit, ohne die es Anarchie und Gewalt gäbe.

 NAME THOMAS HOBBES

 ZEIT 1588–1679

 HERKUNFT ENGLAND

 SCHULE EMPIRISMUS

 HAUPTWERKE *LEVIATHAN*

 BEITRÄGE POLITISCHE PHILOSOPHIE

GESELLSCHAFTSVERTRAG

Was Philosophen den **Naturstaat** nannten, beschreibt eine hypothetische Situation, in der Individuen ohne Gesetze oder politische Autorität leben. Einem solchen Staat können die **Vorteile und der Schutz** von Mitgliedern der Gesellschaft **durch politische Autorität** gegenübergestellt werden. Indem sie bestimmte Freiheiten aufgeben und sich verpflichten, sich an ihre Gesetze zu halten, schließen die Mitglieder der Gesellschaft eine Form von **Gesellschaftsvertrag**.

EINE HYPOTHETISCHE VEREINBARUNG

Dieser Vertrag, der eine theoretische Begründung der politischen Autorität darstellt, ist hypothetisch – Neugeborene lesen oder unterschreiben nichts, und nur wenige Erwachsene sind sich bewusst, dass sie an eine solche Vereinbarung gebunden sind. **Warum müssen wir Gesetze befolgen und uns der Autorität des Staates unterwerfen?** Weil im Gegenzug (zumindest in der Theorie) **unsere Rechte** garantiert werden und unsere Sicherheit gewährleistet wird.

DIE NATUR DES MENSCHEN

Viele Philosophen teilen diesen Ansatz, unterscheiden sich aber in ihrer Sicht auf die menschliche Natur, die Grenzen der Autorität und die Rechte und Freiheiten, die der Gesellschaftsvertrag schützt. **Hobbes'** Ansicht ist wegen seines **Pessimismus** besonders bemerkenswert. Er hält die Menschen als von Natur aus selbstsüchtig und anfällig für Gewalt.

LEVIATHAN

Um diese Eigenschaften zu bekämpfen, stellt er sich einen idealen Staat vor, der absolute Souveränität und Macht über seine Bürger besitzt. Wie der Leviathan, das mythologische Monster aus dem biblischen **Buch Hiob** (nach dem er seine politische Abhandlung benannte), ist der **Staat monströs und mächtig**. Die Macht des Staates stammt von allen Individuen, die ihn bilden. Und um **sich gegenseitig vor der Gewalt und Anarchie zu schützen, die unserem eigenen Herzen innewohnt**, erscheinen alle Mittel und Maßnahmen gerechtfertigt.

GEWISSHEIT

Obwohl der Skeptizismus die Philosophie seit langem beeinflusste, forderte der französische Philosoph und Wissenschaftler René Descartes, dass es eine Grenze für die Dinge geben müsse, an denen wir zweifeln können.

ZWEIFELN AN DEN SINNEN

Wie die meisten von uns zugeben werden, können unsere Sinne uns Streiche spielen – optische **Illusionen, Trugbilder und andere Wahrnehmungsfehler** lehren uns, dass die Informationen, die wir durch die Sinne erhalten, **nicht immer vertrauenswürdig** sind.

NAME RENÉ DESCARTES

ZEIT 1596–1650

HERKUNFT FRANKREICH

SCHULE RATIONALISMUS

HAUPTWERKE *MEDITATIONEN; DISKURS ÜBER DIE METHODE*

BEITRÄGE PHILOSOPHIE DES GEISTES, ERKENNTNISTHEORIE

Sensorische Illusionen   Das Leben als Traum   Kosmische Täuschung

WELLEN DES ZWEIFELS

Aber das ist nicht das einzige Problem. Was, wenn wir radikalere Zweifel hegen würden? Was, wenn wir in diesem Moment **träumen** und es nicht wissen? Können wir absolut sicher sein, dass wir das nicht tun? Und was wäre, wenn –noch radikaler – die **gesamte Existenz eine Art kosmische Täuschung** wäre, die von einer allmächtigen bösartigen Entität verübt wird, die sogar in der Lage ist, uns hinsichtlich der Wahrheit der Dinge, von denen wir dachten, dass sie am klarsten sind, zu täuschen (wie mathematische und logische Wahrheiten)? Ist es daher unmöglich, sich irgendetwas sicher zu sein?

RENÉ DESCARTES

Descartes' Schlüsselerkenntnis war es, zu erkennen, dass wir, selbst **angesichts der radikalsten Zweifel, zumindest sicher sein können, dass wir existieren**; daher seine berühmteste Behauptung: »**Ich denke, daher bin ich**« (eine Aussage, die als Cogito bekannt ist, nach dem Lateinischen Satz, »***Cogito ergo sum***«). Denn auch wenn alles eine Illusion ist, müssen wir zumindest existieren, um getäuscht zu werden. Und es ist diese **mutmaßliche Gewissheit** (seiner eigenen Existenz), die Descartes als Grundlage für alles Wissen zu verwenden versucht. Dieser Erkenntnisansatz ist daher als Descartes' **archimedischer Denkpunkt** bekannt geworden.

PHILOSOPHIE DER FRÜHEN NEUZEIT

RATIONALISMUS

Descartes' Zugang zur philosophischen Frage, wie wir das, was wir wissen, erwerben und rechtfertigen, wird als Rationalismus bezeichnet, der argumentiert, dass die Vernunft die Grundlage unseres gesamten Wissens ist.

RATIONALISMUS VERSUS EMPIRISMUS

Historisch gibt es **zwei Hauptansätze der Erkenntnistheorie**: Rationalismus und Empirismus. Empiriker argumentieren, dass der Großteil oder sogar das gesamte Wissen aus **Erfahrung** stammt, während Rationalisten argumentieren, dass **rationale Ideen** die zentrale Rolle spielen. Die Begriffe haben heute meist einen historischen Sinn, und Philosophen können Einflüsse von beiden aufweisen, obwohl diese Bezeichnungen immer noch hilfreich sind, um zu verstehen, wie diese beiden Schulen den Verlauf der Philosophie geprägt haben.

BERÜHMTE RATIONALISTSEN
René Descartes (1596–1650)
Baruch Spinoza (1632–77)
Gottfried Leibniz (1646–1716)

BERÜHMTE EMPIRISTEN
John Locke (1632–1704)
George Berkeley (1685–1753)
David Hume (1711–76)

ANGEBORENE IDEEN

Als **Rationalist** argumentierte **Descartes**, dass die Sinneserfahrung zwar eine wichtige Rolle beim Erhalten von Informationen spielte, diese Erfahrung jedoch ohne einen Rahmen rationaler Ideen, innerhalb derer sie verstanden und interpretiert werden konnte, bedeutungslos war. Wie Platon glaubte Descartes, dass **viele dieser rationalen Ideen von Geburt an vorhanden** waren (angeboren) und durch Erfahrung bloß »hervorgeholt« wurden. Im Gegensatz zu vagen Sinneseindrücken waren die besten rationalen Ideen »klar und eindeutig«, und je mehr sie das waren, desto wahrscheinlicher waren sie wahr (die »klarste und eindeutigste« Idee war das Cogito).

DESCARTES' KERZE

Um seinen Standpunkt zu verdeutlichen, verwendete Descartes das Beispiel einer Kerze: In ihrem normalen Zustand hat sie **bestimmte Eigenschaften** (Form, Geruch, Farbe, Gewicht, Größe, etc.), aber **sobald sie schmilzt, ändern sich diese Eigenschaften**. Was sind dann die »wahren« Eigenschaften der Kerze? Wir können sie nur in wissenschaftlichen Begriffen verstehen – die Art und Weise, wie das Wachs schmilzt, während die Hitze die molekularen Bindungen auflöst, die Art und Weise, wie sich die Farbe ändert, wenn das Licht unterschiedlich auf das durchscheinende Wachs einwirkt. Das **wahre Verständnis der Natur** der Kerze hängt daher von grundlegenden rationalen Ideen und wissenschaftlichen Prinzipien ab und nicht (oder nicht nur) von der Erfahrung, die unsere Sinne uns bieten.

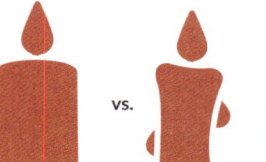

- nicht geschmolzene Kerze
- rot
- groß
- zylindrisch

vs.

- geschmolzene Kerze
- weich
- kleiner

DESCARTES' TRAUM

Trotz seiner scheinbar wissenschaftlichen Grundlage scheint es eine religiöse Inspiration für Descartes' Rationalismus zu geben. Als junger Mann hatte Descartes in einem kleinen Dorf in Bayern ein **religiöses Erlebnis**. An einem wohligen Kamin gegen die Kälte geschützt, erlebte er drei beunruhigende Wachträume oder Visionen (ähnlich wie seine »Wellen des Zweifels«), die seine letztendliche Überzeugung formen sollten, dass das **Universum rational geordnet** sei und durch die Anwendung der menschlichen Vernunft verstanden werden könne.

DUALISMUS

Nach der Erkenntnis, dass wir im Wesentlichen geistige Wesen sind, teilt Descartes die menschliche Natur in zwei grundlegend verschiedene Substanzen, eine Ansicht, die als Dualismus bekannt ist.

ZWEI SUBSTANZEN

Mit dem Erlangen der ultimativen Gewissheit (dem Cogito) kommt Descartes zu dem Schluss, dass wir im Wesentlichen »Dinge denken«. Ich kann gehen und sprechen, essen und schlafen, aber mein wesentliches Selbst, das nicht angezweifelt werden kann, ist mental. Im Gegensatz dazu weiß ich weniger über meinen Körper; es ist denkbar, dass »Ich« ohne ihn weiter existieren könnte, ja seine Existenz kann sogar angezweifelt werden. Der **kartesische Dualismus** argumentiert daher, dass wir einen **Körper aus physischem Material** (*res extensa*) und einen **Geist aus mentalem Material** (*res cogitans*) besitzen. Der **Verstand** hat für Descartes **keine physikalischen Eigenschaften**; er nimmt keinen Raum in Anspruch oder besitzt keine beweglichen Teile – tatsächlich hat er überhaupt keine Teile. Im Gegensatz dazu haben **physische Dinge keine mentalen Eigenschaften**; sie denken oder fühlen nicht. Sinn oder Verlangen (in jeder bekannten Weise) gehören in die Domäne des Geistes.

Materie (*res extensa* – lateinisch für »ausgedehnte Sache«): gedankenlos, gefühllos; besitzt Dimensionen im Raum (Größe, Form, Masse); kann gemessen werden, kann geteilt werden.

Geist (*res cogitans* – lateinisch für »denkende Sache«): denken, fühlen; besitzt keine Größe, Form oder Masse; nicht messbar oder teilbar.

DAS PROBLEM DER INTERAKTION

Aber **wenn diese Substanzen so radikal unterschiedlich sind, wie interagieren sie**? Wie kontrollieren wir unseren Körper oder interpretieren körperliche Empfindungen? Für dieses Problem der Interaktion scheint es, wie Descartes' Zeitgenossen hervorhoben, keine einfache Lösung zu haben geben, denn **entweder können Geist und Materie per definitionem nicht interagieren, oder sie sind nicht so verschieden**, wie Descartes angenommen hat – und wenn doch, warum sollten wir dann denken, dass es zwei separate »Substanzen« gibt? Descartes schien die Ernsthaftigkeit dieses Problems nicht zu erkennen, und seine eigenen Lösungsvorschläge waren oft nur halb durchdacht. Zum Beispiel schlug er vor, dass die Interaktion über die Zirbeldrüse im Gehirn stattfinden könnte – aber ist die nicht … physisch? Das Problem wird damit nur wiederholt.

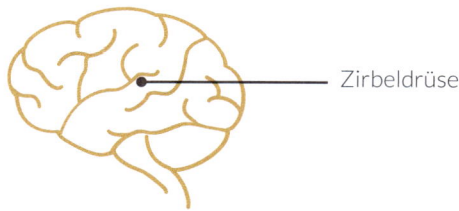

Zirbeldrüse

MÖGLICHE LÖSUNGEN

Aufgrund dieses Problems gaben die meisten späteren Philosophen den Dualismus zugunsten einer Form von **physischem Monismus** auf (der Idee, dass es nur eine Substanz gibt und dass sie physisch und nicht mental ist). Natürlich verursacht das wieder andere Probleme, wie wir später sehen werden.

DAS URHEBERARGUMENT

Um Wissen zu garantieren, musste Descartes die Existenz Gottes beweisen. Eines seiner Argument war, dass die Existenz der Idee Gottes in unserem Geist ein Gottesbeweis sei.

DER GÖTTLICHE HANDWERKER

In Ergänzung des ontologischen Arguments von Anselm von Canterbury argumentierte Descartes, dass die Tatsache, dass wir eine Vorstellung von Gott haben, selbst bedeutsam war. Während das **ontologische Argument** versucht, aus der Natur der Idee eines vollkommenen Wesens heraus zu argumentieren, dass ein solches Wesen existieren muss, besagt das **Urheberargument**, dass die bloße **Existenz der Idee Gottes** ein Beweis dafür ist, dass er selbst es in unseren Geist gebracht haben muss, so wie die Unterschrift oder das Markenzeichen eines Handwerkers auf seinem fertigen Werk.

DER KARTESISCHE ZIRKEL

Bekanntermaßen führten jedoch Descartes' Versuche, Wissen zu sichern, zu einem scheinbaren Zirkelschluss. Wir wissen, dass bestimmte Ideen wahr sind, weil sie »klar und deutlich« sind. Aber wie können wir darauf vertrauen, dass »klare und deutliche« Ideen wahr sind? Descartes argumentierte, dass **Gott**, unser Schöpfer, nicht böswillig sei und **es nicht zulassen würde, dass das, was wir »klar und deutlich wahrnehmen«, falsch ist**. Aber woher wissen wir, dass Gott existiert? Weil wir die Wahrheit der Argumente für seine Existenz klar und deutlich wahrnehmen … Und so ist das Argument zirkulär: Er braucht Gott, um klare und eindeutige Ideen zu bestimmen, und klare und eindeutige Ideen, um zu beweisen, dass Gott existiert.

DER URSPRUNG DER IDEEN

Ideen können von überall her kommen. Vielleicht hat die **Idee von Gott** eine andere Quelle? Könnte Descartes sie durch seine eigene Erfahrung oder vielleicht durch seine Vorstellungskraft erworben haben? Können wir eine wahre Vorstellung von Allmacht bekommen, indem wir alltägliche Beispiele von Macht nehmen und sie verstärken? Oder von Allwissenheit, indem man die Intelligenz einer weisen Person multipliziert? Würde uns das nicht nur ein intelligenteres oder fähigeres Wesen zeigen, nicht etwas unendlich Weiseres oder Mächtigeres? Wenn dies der Fall ist, können solche **Ideen nicht aus Erfahrung kommen und müssen daher angeboren sein**, von Gott in unserem Geist hinterlassen, der das einzige Wesen ist, das mächtig und weise genug ist, um sie hervorgebracht zu haben. Descartes' Argument beruht auf der Vorstellung, dass wir niemals eine wahre Idee von Unendlichkeit (oder Allwissenheit oder Allmacht) durch Erfahrung erlangen können. Aber hat er recht? Wir können nicht zwei unendliche Linien ziehen, die sich nie treffen, aber wir können diese Idee denken!

PASCALS WETTE

Pascal wies konventionelle Argumente für die Existenz Gottes als nicht schlüssig und argumentierte, dass der Glaube an Gott die »beste Wette« sei.

 NAME BLAISE PASCAL

 ZEIT 1623–1662

 HERKUNFT FRANKREICH

 SCHULE RATIONALISMUS

 HAUPTWERKE GEDANKEN

 BEITRÄGE RELIGIONSPHILOSOPHIE

BLAISE PASCAL

Der französische **Philosoph, Wissenschaftler und Mathematiker** Blaise Pascal war ebenso gläubig wie akademisch brillant, und seine beiden Naturen zogen ihn sein ganzes Leben lang in entgegengesetzte Richtungen. **Religion** erforderte Glauben, Demut und Gehorsam, während die **Wissenschaft** Erklärungen suchte, den Stolz auf die eigenen Fähigkeiten förderte und Annahmen in Frage stellte. Tatsächlich kam Pascal zu dem Glauben, man könne **niemals die Vernunft allein** benutzen, um die Wahrheit der Religion zu erkennen.

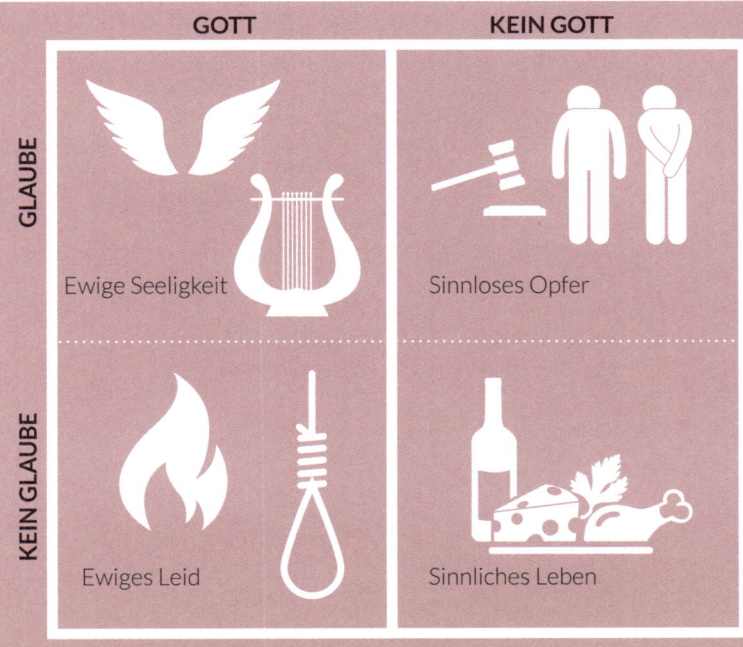

EIN RATIONALES SPIEL

Ein **Appell an die Vernunft zur Bekräftigung des Glaubens** scheint aber möglich. Ein solcher Versuch wurde als *Pascals Wette* bekannt. Was sollte man vernünftigerweise tun angesichts der Frage nach der **Existenz Gottes** und der Entscheidung, wie man sein Leben verbringen sollte? Die Aussicht auf ewige himmlischer Glückseligkeit wird immer ein Leben auf der Suche nach Lust überwiegen, und die Angst vor ewiger Verdammnis die Sorge übertrumpfen, sinnlichen Genuss zu verpassen. Sollte man also nicht am besten auf Gott und ein tugendhaftes Leben setzen? Bedenken Sie, was das bringt!

MONISMUS

Während der kartesianische Dualismus das Problem aufwarf, wie Geist und Materie interagierten, löste Spinoza das, indem er meinte, dass es sich um zwei Aspekte derselben einzigen Substanz handelte.

 NAME BARUCH SPINOZA

 ZEIT 1632–1677

 HERKUNFT NIEDERLANDE

 SCHULE RATIONALISMUS

 HAUPTWERKE *ETHIK*

 BEITRÄGE METAPHYSIK, PHILOSOPHIE DES GEISTES, RELIGIONSPHILOSOPHIE

GÖTTLICHE EINHEIT

Spinozas genaue Ansichten über die Beziehung Gottes zur physischen Welt sind umstritten. Manchmal wird behauptet, er sei ein **Pantheist** (die Idee, dass Gott mit der Natur identisch sei), oder eine Art **Panentheist** (die Natur ist ein Teil, aber nicht die Gesamtheit Gottes, die darüber hinausgeht). Wie dem auch sei, Spinoza teilt die monistische Ansicht von Parmenides, dass es keine individuellen Substanzen gibt und dass **alles, was existiert, Teil derselben zugrunde liegenden Einheit** ist.

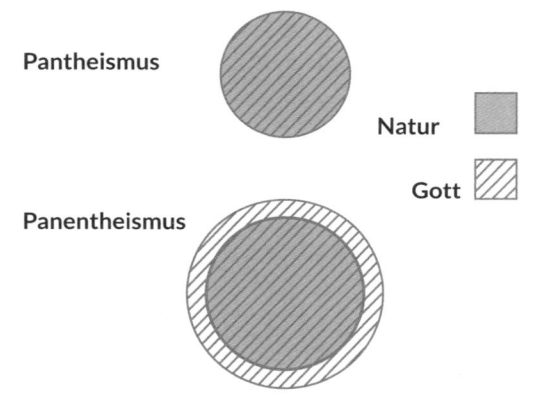

ATTRIBUTE UND MODI

Spinozas Ansichten bilden einen interessanten Kontrast zu denen des Rationalisten Descartes, von dem er stark beeinflusst wurde. Im Gegensatz zu Descartes betrachtet Spinoza das Denken (Geist) und die Ausdehnung (Materie) jedoch als **Attribute Gottes** (Aspekte seines Seins), bei denen **einzelne Entitäten nur Modi** oder Modifikationen dieser Attribute sind. Descartes betrachtete physische Dinge als Teil der gleichen Substanz – die **Atome meines Körpers** vermischen sich mit denen des Universums im Allgemeinen. Aber für Spinoza galt dies auch für den **Geist**: So wie einzelne physische Dinge lediglich unterschiedliche Gestaltungen desselben physischen Materials sind, so ist der Geist jedes Individuums nur Modifikation desselben mentalen Materials. **Wir alle sind gewissermaßen die Gedanken Gottes.**

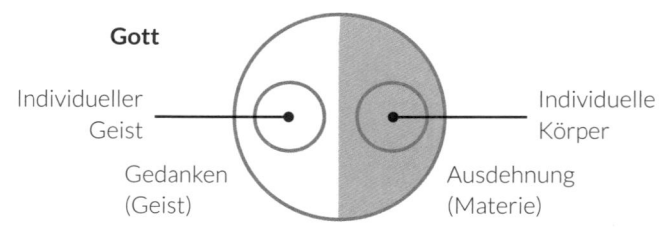

DETERMINISMUS

Eine Konsequenz von Spinozas Monismus ist, dass wir, da wir keine unabhängige Existenz haben und nur Kanäle für die göttlichen Attribute des Denkens und der physischen Ausdehnung sind, **keinen freien Willen** haben. Alles, was wir tun, ist Ausdruck des Willens Gottes.

EMPIRISMUS

Obwohl er nicht der erste war, war John Locke einer der führenden britischen Empiriker und argumentierte, dass Erfahrung die Schlüsselrolle beim Erwerb von Wissen spielte.

 NAME JOHN LOCKE

 ZEIT 1632–1704

 HERKUNFT ENGLAND

 SCHULE EMPIRISMUS

 HAUPTWERKE BRIEFE ÜBER TOLERANZ; ZWEI ABHANDLUNGEN ÜBER DIE REGIERUNG; VERSUCH ÜBER DEN MENSCHLICHEN VERSTAND

 BEITRÄGE METAPHYSIK, ERKENNTNISTHEORIE, POLITISCHE PHILOSOPHIE, PHILOSOPHIE DES GEISTES

TABULA RASA

Locke argumentierte bekanntlich, dass **der Geist bei der Geburt eine *tabula rasa* oder eine leere Tafel war**, bereit, alle Eindrücke zu empfangen, die die Sinne ihm einprägen würden, aus denen er dann Ideen und Theorien aufbauen und überprüfen konnte.

EINFACHE UND KOMPLEXE IDEEN

Die **Sinneseindrücke** als Grundlagen des Wissens nannte Locke **einfache Ideen**. Das waren Dinge wie Farben, Gerüche, Geschmäcker, Formen und so weiter. Der **Geist verarbeitete diese** – durch Abstrahieren, Vergleichen und Kombinieren – **zu komplexen Ideen**, die sich auf Raum und Zeit, Ursache und Wirkung und andere grundlegende Begriffe beziehen. Der Sinneseindruck einer Orange z.B. würde verschiedene einfache Ideen erzeugen: Orangenheit, Rundheit, Rauheit und so weiter. Der Geist kann diese dann verarbeiten, um anspruchsvollere Ideen wie Obst oder Reife hervorzubringen.

ANGEBORENES WISSEN

Locke stellte sich gegen die Ansicht von Rationalisten wie Descartes, dass bestimmte Ideen angeboren seien. Er brachte zwei Hauptargumente dagegen vor. Erstens stellte er fest, dass die menschliche Geschichte und Kultur nicht einheitlich waren, was darauf hindeutet, dass verschiedene Völker **unterschiedliche Vorstellungen und Ideen aus verschiedenen Erfahrungen** entwickelten. Zweitens argumentierte er, dass alle **gemeinsamen Ideen** besser durch die Tatsache erklärt würden, dass Menschen die **gleichen geistigen Fähigkeiten und gleichen Arten von Erfahrungen** teilten.

PHILOSOPHIE DER FRÜHEN NEUZEIT

TOLERANZ

Während sich europäische Protestanten und Katholiken wegen der korrekten Auslegung ihrer friedliebenden Religion bekriegten, meinte John Locke, dass der wahre Weg die Toleranz sei.

TRENNUNG VON KIRCHE UND STAAT

Locke nannte eine Reihe von guten Argumenten für einen Staat, die **Duldung unterschiedlicher religiöser Ansichten** zu fördern. Das Wichtigste war die Tatsache, dass das menschliche Urteil fehlbar sei – wie können wir wirklich sicher sein, was Gott wirklich beabsichtigte oder wie die Schrift interpretiert werden sollte? Damit eine Gesellschaft gerecht und friedlich sein könne, sollte es eine Trennung von Kirche und Staat geben, sodass Gesetze, die sie schafft und durchsetzt, unabhängig von religiösen Überzeugungen entstehen, und **keine staatliche Verfolgung aus religiösen Gründen möglich** sei.

PERSÖNLICHE ÜBERZEUGUNG

Locke argumentierte auch, dass **Toleranz** wahrscheinlich eine geordnetere und **friedlichere Gesellschaft** schaffen würde. Wir können niemanden zwingen, seine Überzeugungen wirklich zu ändern, und wenn wir das versuchen, wird das zu Opposition führen. Der liberale Philosoph **John Stuart Mill** argumentierte später, dass es wahrscheinlicher, ist dass die Freiheit, seine verschiedene Ansichten auszudrücken und zu diskutieren, sozialen Zusammenhalt schafft, weil die freie Debatte es den Menschen ermöglicht, sich rational mit anderen zu beschäftigen und zu versuchen, ihre eigenen oder die Ansichten anderer friedlich zu ändern.

DAS PARADOXON DER TOLERANZ

Das Problem mit der Toleranz in der Praxis ist jedoch, dass sie ihr Gegenteil zuzulassen scheint. **Sollten wir Ansichten tolerieren, die an sich intolerant sind?** Dies führt zu dem, was der österreichische Philosoph **Karl Popper** das Paradoxon der Toleranz nannte: Unbegrenzte Toleranz erlaubt Ansichten, die die Praxis der Toleranz untergraben. Sollten wir daher der Meinungs- und Handlungsfreiheit – was toleriert werden sollte – Grenzen setzen, etwa durch die Kriminalisierung von Hassreden? Aber wer entscheidet, wo diese **Grenzen** gesetzt werden?

PERSÖNLICHE IDENTITÄT

Locke war der erste, der die Ansicht vertrat, dass die persönliche Identität auf unserem Bewusstsein basiert, dass wir die gleiche Person mit den gleichen Erinnerungen sind.

MORALISCHE VERANTWORTUNG

Locke fragte sich, was eine Person für ihre **vergangenen Handlungen** verantwortlich machte. Wenn wir jemanden für etwas verantwortlich machen (oder loben), was er vor zehn Jahren getan hat, müssen wir verstehen, was die persönliche **Identität** eines **Individuums** sicherstellt. Was macht uns von Tag zu Tag zur gleichen Person?

PHYSIKALISCHE KONTINUITÄT

Bei physischen Objekten basiert die Identität darauf, eine Linie durch die Zeit von einer Stufe der Existenz zur anderen zu verfolgen und zu zeigen, wie die physischen Teile die eine gleiche oder ähnliche Organisation und Funktion haben, im Laufe der Zeit gewachsen sind und sich verändert haben (oder nicht). Ein **Welpe und ein erwachsener Hund sind der gleiche Hund,** weil wir sehen können, dass sie ähnliche Merkmale besitzen, vier Beine und einen Schwanz haben, gerne Katzen jagen usw. Obwohl es also Wachstum und Veränderung im Verhalten und Aussehen gibt, hält das Leben des Hundes diese in einer Art Geschichte zusammen, die von seiner Natur bestimmt ist.

PSYCHOLOGISCHE KONTINUITÄT

Wenn wir aber darüber nachdenken, ob der »John«, den wir heute kennen, dieselbe Person ist wie der »John«, der vor zehn Jahren existierte, reicht der kontinuierliche Besitz desselben Körpers nicht aus. **Damit jemand wegen eines Verbrechens verfolgt werden könne**, argumentierte Locke, **müsse er sich daran erinnern**, dieses Verbrechen begangen zu haben. Er könnte vorübergehend seine geistigen Fähigkeiten durch Drogen, Psychose oder sogar Schlafwandeln verloren haben und – vielleicht zu Recht – seine Unschuld beteuern: Er erinnert sich einfach nicht. Für Locke war das genug, um zu erkennen, dass man dann nicht tatsächlich dieselbe Person war. Dies hat eine Reihe interessanter Konsequenzen, die wir uns später in diesem Buch ansehen werden.

PHILOSOPHIE DER FRÜHEN NEUZEIT

DER SATZ VOM ZUREICHENDEN GRUND

Leibniz glaubte, dass nichts ohne Grund existiert, dass jedes Ereignis eine Ursache hat, und alles, was wahr sei, eine Begründung habe, die erklärt, warum.

DAS RATIONALE UNIVERSUM

Der Satz vom zureichenden Grund besagt, dass die **Welt verständlich und rational** ist. Jede Frage, die wir stellen können, sollte daher theoretisch beantwortet werden können. Natürlich können wir diese Antworten nicht immer finden – Leibniz meinte nicht, dass es möglich sei, alles zu wissen –, aber in Sachen Physik, Logik oder sogar Religion können wir zumindest sicher sein, dass solche Antworten existieren und dass es **im ganzen Universum kein Element der Beliebigkeit oder des Zufalls** gibt.

INFINITER REGRESS

Aber **Erklärungen müssen irgendwo aufhören**. Wenn jeder Grund selbst einen Grund haben muss, dann könnte das für immer weitergehen – was man einen **infiniten Regress** nennt.

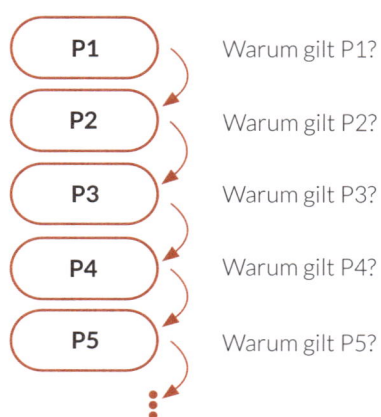

NOTWENDIGE WAHRHEITEN

Um dies zu vermeiden, argumentierte Leibniz, dass **bestimmte Dinge** notwendigerweise wahr seien. Mit anderen Worten, sie **bedürfen keiner weiteren Rechtfertigung**. Wir wissen, dass etwas den Lärm verursacht hat, den wir gerade gehört haben, wegen der grundlegenden, notwendigen Wahrheit, dass »**jede Wirkung eine Ursache hat**«. Aber woher wissen wir, dass das wahr ist? Weil es widersprüchlich wäre, es zu leugnen. Zum Beispiel, wenn es einige Wirkungen ohne Ursachen gäbe (der Grund, warum sie passieren), würden wir auch nicht fragen können, warum das war (einen Grund angeben), und schließlich würde sich die ganze Sache auflösen – bis zu dem Punkt, an dem wir nach gar keinem Grund für gar nichts fragen könnten. Das **Universum** wäre unverständlich.

MÖGLICHE WELTEN

In der Philosophie ist die Vorstellung von anderen möglichen Welten seit langem ein nützliches Werkzeug, um die wahre Natur unserer Welt verstehen zu können.

LEIBNIZ

Leibniz argumentierte bekanntlich, dass wir in der **besten aller möglichen Welten** leben. Damit meinte er, dass **Gott** – in seiner unendlichen Weisheit und Güte – entschieden hatte, diese eine Welt zu schaffen, egal was ihre offensichtlichen Mängel seien und obwohl andere Welten denkbar wären.

MODALLOGIK

Später verwendeten Philosophen dieses Konzept auf andere Weise. Modallogik betrachtet eine Aussage in Bezug darauf, in welcher Weise sie wahr oder falsch sein könnte (z. B. ob sie **notwendigerweise wahr** ist **oder nur möglicherweise**). Zum Beispiel ist es möglich, dass es eine Welt mit fliegenden Schweinen (oder schweineähnlichen Dingen) gibt, aber nicht eine, in der zwei Schweine plus zwei Schweine fünf Schweinen entsprechen.

STARRE DESIGNATOREN

Interessanterweise legt diese die Bedeutung von Eigennamen fest (die der amerikanische Philosoph **Saul Kripke** starre Designatoren nennt), die in jeder möglichen Welt dasselbe bedeuten müssen. Es mag mögliche Welten geben, in denen Neil Armstrong kein Astronaut, sondern ein Basketballstar war, aber es gibt keine möglichen Welten, in denen Neil Armstrong andere Eltern oder andere Gene hatte (obwohl es andere Menschen auf dieser Welt geben könnte, die Neil Armstrong genannt werden). Das wirft einen **neuen Blickwinkel** auf die Frage, wie unser Leben wäre, wenn wir von anderen Eltern abstammen würden, von einer anderen Rasse wären und so weiter: Solch eine Person wäre jemand anderer.

DAVID LEWIS

Während **mögliche Welten** meist hypothetisch verwendet werden, um metaphysische Fragen zu erforschen, argumentierte der amerikanische Philosoph David Lewis, dass solche Welten tatsächlich **existieren**. Wenn wir uns logisch konsistente mögliche Welten vorstellen können, was hält diese davon ab, tatsächlich zu existieren – wo und wie auch immer sie das tun mögen?

IDEALISMUS

Der irische Philosoph George Berkeley stimmte mit Locke überein, dass alle Ideen aus Erfahrung stammen, wies aber darauf hin, dass das in Wirklichkeit kein Beweis dafür ist, dass die Welt physisch ist.

 NAME GEORGE BERKELEY

 ZEIT 1685–1753

 HERKUNFT IRLAND

 SCHULE EMPIRISMUS

 HAUPTWERKE ABHANDLUNG ÜBER DIE PRINZIPIEN DER MENSCHLICHEN ERKENNTNIS; DREI DIALOGE ZWISCHEN HYLAS UND PHILONOUS

 BEITRÄGE ERKENNTNISTHEORIE, METAPHYSIK, PHILOSOPHIE DES GEISTES

PHILOSOPHIE DER FRÜHEN NEUZEIT

PRIMÄRE UND SEKUNDÄRE QUALITÄTEN

Für Locke besitzen alle Objekte primäre und sekundäre Qualitäten. Ein **Apfel** hat bestimmte objektive, physische Eigenschaften – **Größe, Form, Gewicht** usw. – und bestimmte subjektive oder geistesabhängige Eigenschaften – **Farbe, Geschmack, Textur** usw. Sekundäre Eigenschaften sind vom Verstand abhängig, von bewussten Beobachtern, die sich in ihren Beziehungen und ihrer Einstellung zum Objekt unterscheiden (Farbe ändert sich je nach Standpunkt; Geschmack variiert zwischen den Individuen). Im Gegensatz dazu sind die **physikalischen Eigenschaften unabhängig** (ein Apfel wiegt entweder 150 Gramm oder es tut nicht, ist entweder rund oder es ist nicht).

Primäre Qualitäten:
- rund
- 10 cm Durchmesser
- 150 Gramm

Sekundäre Qualitäten:
- rot
- glatt
- glänzend

NICHT-EXISTENTE MATERIE

Diese Unterscheidung wurde nicht nur von **Locke** geteilt, sondern auch von Nicht-Empirikern wie **Descartes** und Wissenschaftlern wie **Galileo** und **Newton**. **Berkeley** aber argumentierte, dass, wenn all unser Wissen aus Erfahrung kommt, wo bleibt dann der Beweis, dass es ein physikalisches »Zeug« gibt, das all diesen Eigenschaften zugrunde liegt? Ist das nicht eine unbeweisbare metaphysische Annahme? Sind nicht alle Eigenschaften eines Objekts »bewusstseinsabhängig«? Größe ist relativ und sogar die Form hängt von der Perspektive des Betrachters ab. Tatsächlich ist alles, was wir wirklich beweisen können der Verstand selbst. **Vielleicht ist dann der Verstand überhaupt alles, was existiert.**

DIE ROLLE GOTTES

Aber was hält die Eigenschaften eines Objekts an einem Ort, um sicherzustellen, dass sie im Laufe der Zeit oder von verschiedenen Individuen erneut erlebt werden können, wenn man annimmt, dass es keine physische Materie gibt? **Berkeleys** Antwort war: **Gott.** Er sorgt dafür, dass **alle Objekte permanente Möglichkeiten der Wahrnehmung sind, indem er sie als Ideen in seinem Geist hat.**

BUSHIDŌ

Bushidō entwickelte sich aus einem Ehrenkodex, der das Verhalten des Samurai-Kriegers regelte.

 NAME YAMAMOTO TSUNETOMO

 ZEIT 1659–1719

 HERKUNFT JAPAN

 SCHULE BUSHIDŌ

 HAUPTWERKE HAKAGURE

 BEITRÄGE ETHIK

PHILOSOPHIE DER FRÜHEN NEUZEIT

CODEX DER SAMURAI

Bushidō ist eine eklektische Mischung aus chinesischem Konfuzianismus, der japanischen Shinto-Religion und dem Zen-Buddhismus. Als solches verbindet es Mut und **Gleichmut im Angesicht des Todes** mit einem strengen Kodex der **sozialen Etikette und der moralischen Verpflichtung.** Ursprünglich eine edle Kriegerkaste, die oft als Gefolgsleute von Feudalherren diente, verloren die Samurai allmählich ihren Status. Mit dem Aufkommen der modernen Kriegsführung verschwand ihre militärische Relevanz. 1870 wurden sie offiziell abgeschafft.

TSUNETOMO

Bushidō stammt aus überlieferten mündlichen und sozialen Traditionen stammen, die Jahrhunderte zurückreichen Kodifiziert wurde es in dem Text **Hakagure** (»Hinter den Blättern«) des Samurai Yamamoto Tsunetomo aus dem 17. Jahrhundert. In einer Zeit des Friedens, als die traditionelle Rolle der **Samurai** bereits zu sinken begann, erlebte Tsunetomo selbst keine militärische Aktion und wurde später Mönch. Der Hakagure kann daher zum Teil als nostalgisches Werk angesehen werden, das eine ideale Art der **Pflicht und Selbstaufopferung** feiert. Dabei ist der Tod zentral und muss angenommen werden und das Leben formen, indem man ihm **Reinheit und Zweck** gibt, wobei ein **ehrenhafter Tod** einem schändlichen Leben vorzuziehen ist (der übliche Weg dafür ist Seppuku oder Hara-Kiri, ein Akt des rituellen Selbstmords).

KAMIKAZE

Trotz des Verschwindens der Samurai durchdrang Bushidō weiterhin die **japanische Militärkultur** und war vor allem in den Kamikaze-Selbstmordmissionen von Kampfpiloten während des **Zweiten Weltkriegs** zu beobachten und in der Weigerung vieler japanischer Truppen, sich zu ergeben, sondern lieber bis zum Tod zu kämpfen.

HUMES GABEL

Wie Locke und Berkeley war David Hume der Ansicht, dass alles Wissen letztlich aus Erfahrung stammt, aber er entwickelte ihren Empirismus zu radikaleren und skeptischeren Schlussfolgerungen weiter.

 NAME DAVID HUME

 ZEIT 1711–1776

 HERKUNFT SCHOTTLAND

 SCHULE EMPIRISMUS

 HAUPTWERKE UNTERSUCHUNG ÜBER DEN MENSCHLICHEN VERSTAND; TRAKTAT ÜBER DIE MENSCHLICHE NATUR; DIALOGE ÜBER NATÜRLICHE RELIGION

 BEITRÄGE ERKENNTNISTHEORIE, METAPHYSIK, ETHIK, RELIGIONSPHILOSOPHIE

TATSACHEN

Hume unterscheidet zwei verschiedene Erkenntnisarten, die sogenannte Humesche Gabel: **Tatsachen oder Ideenverhältnisse**. Wenn wir uns zunächst mit **Tatsachen** befassen, dann sind das die Dinge, die wir aus der Erfahrung lernen: Fred ist größer als Alice, Daves neues Auto ist blau und so weiter. Logik kann uns diese Dinge nicht lehren, wir müssen sie durch **Sinneserfahrung** lernen.

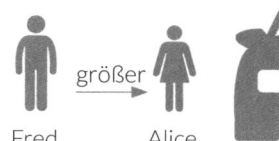

METAPHYSISCHE SPEKULATION

Was aber Humes Empirismus noch radikaler macht, sind die Schlussfolgerungen, die er daraus zieht, denn **wenn eine Aussage nicht in eine dieser beiden Arten fällt, ist sie praktisch bedeutungslos**. Dazu gehören natürlich große Teile der philosophischen Bibliothek – Ethik, Religionsphilosophie, Metaphysik – die er gerne in die Flammen geworfen hätte. Das soll nicht heißen, dass Hume nichts zu diesen Themen zu sagen hat (wie wir sehen werden), aber er ist daran interessiert, eine Grenze zwischen den logischen und empirischen Aussagen zu ziehen, die wir machen können, und solche, die lediglich eine nutzlose metaphysische Spekulation über die Welt darstellen, die **jenseits von Erfahrung und Logik** existiert.

IDEENVERHÄLTNISSE

Im Gegensatz dazu betreffen **Ideenverhältnisse** die Dinge, **die wir nicht überprüfen müssen, weil sie allein durch Logik wahr (oder falsch) sind**. Wenn Peter kleiner als Alice ist und Fred größer als Alice, brauchen wir nicht zu überprüfen, ob Fred größer als Peter ist, denn die Logik diktiert, dass er es ist. Wenn Nigel ein Junggeselle ist, müssen wir nicht prüfen, ob er eine Frau hat, denn Junggeselle bedeutet »unverheirateter Mann«. Und das gleiche gilt für mathematische Berechnungen: Egal wie oft wir »überprüfen«, was »2 + 2« ist, die Antwort wird immer »4« sein (obwohl wir natürlich Fehler beim Zählen machen können).

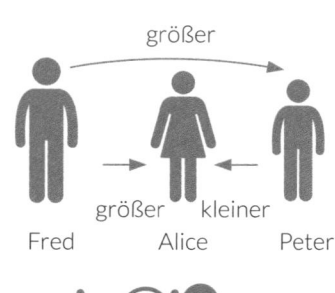

DAS SEIN-SOLLEN-PROBLEM

Indem er seinen skeptischen Empirismus auf die Ethik anwandte, meinte Hume, dass die Vernunft uns nicht »richtig« oder »falsch« lehren kann, sondern dass diese Dinge von den Leidenschaften entschieden werden.

HUMES GUILLOTINE

So wie Hume Aussagen in Ideenverhältnisse und Tatsachen einteilte, so führte er noch eine weitere Unterscheidung ein, die oft Humes Guillotine oder **Humes Gesetz** genannt wird. In der **Unterscheidung zwischen Tatsache und Wert** argumentiert er, dass die Fakten jeder Situation (das, was ist) niemals bestimmen können, was wir in Bezug darauf tun sollten. Jim stiehlt Geld von John; Stehlen ist falsch; deshalb sollten wir Jim verfolgen. Das scheint einfach und logisch. Hume wies jedoch darauf hin, dass die bloße Beschreibung der Situation (Jims Diebstahl) nicht den Ausgang bestimmt (**Strafverfolgung**).

WERTURTEILE

Der Trick liegt in dem Wort »**stehlen**«, das bereits ein wertendes Urteil ist. Wenn wir es zum Beispiel durch das neutralere Wort »**nehmen**« ersetzen, können wir sehen, wie der Trick funktioniert: »Jim nimmt Geld von John« ist eine einfache **Aussage über die Tatsache**, und wir könnten dann eine **Debatte darüber** führen, ob das »Nehmen« tatsächlich **moralisch oder unmoralisch**, legal oder illegal war. In dieser weiteren Debatte kommen die Werte ins Spiel, und es ist ihre Beziehung zu Fakten, die darüber entscheidet, ob etwas **»richtig« oder »falsch«** ist. Natürlich wird das noch klarer, wenn wir ein Thema nehmen, über das es eine ständige Debatte über dessen Legalität gibt – wie Abtreibung, Euthanasie oder Drogenkonsum.

= »Jim nimmt etwas von John« (Tatsache); »Stehlen ist falsch« (Wert)

Jim stiehlt | von John

MORALISCHE GEFÜHLE

Hume argumentiert **gegen den moralischen Realismus** (die Ansicht, dass es solche Dinge wie moralische Fakten gibt). Heißt das also, dass wir frei sind, zu tun, was wir wollen? Nicht unbedingt, denn wir orientieren uns tatsächlich an dem, was Hume als **moralische Gefühle** bezeichnet. Das sind emotionale Reaktionen, die wir aufgrund unserer gemeinsamen menschlichen Natur gegenüber anderen empfinden. Die Reaktion von Menschen, die sehen, wie ein Kind geschlagen wird, oder eine ähnliche Grausamkeit, wird wahrscheinlich ähnlich sein (Empörung oder Mitleid). Und es ist eine Tatsache, dass Menschen diese Gefühle teilen, die es ihnen ermöglichen, **gemeinsame Wertvorstellungen** zu entwickeln. Natürlich können sich diese zwischen den Kulturen und verschiedenen Epochen der Geschichte leicht unterscheiden, aber sie ermöglichen eine bemerkenswert gemeinsame ethische Antwort, eine, in der die Vernunft eine sekundäre Rolle spielt.

DAS PROBLEM DER INDUKTION

Während Philosophen schon lange erkannt hatten, dass induktive Argumente weniger sicher waren als deduktive, argumentierte Hume, dass diese eine völlig andere Art wissenschaftlicher Erkenntnisse erforderten.

URSACHE UND WIRKUNG

Die Sonne geht auf, Äpfel fallen von Bäumen, Feuer erzeugt Wärme und Licht – das menschliche Bestreben baut auf der Erwartung auf, dass sich solche **Ereignisse nicht ändern** werden. Wenn Apfelbauern anfangen müssten, ihre Ernte vor der Möglichkeit zu schützen, dass sie in den Himmel schwebt, würde das Leben sehr kompliziert und unvorhersehbar werden.

GEWOHNHEIT

Gibt es vielleicht keinen notwendigen Zusammenhang zwischen den Ereignissen? Sind die Naturgesetze möglicherweise zufällig?, fragte Hume. So wie die menschliche Natur die Lücke zwischen dem füllt, was in unserer moralischen Welt ist und was sein sollte, so wird die **Lücke zwischen Ursache und Wirkung** durch das gefüllt, was Hume Gewohnheit nannte. Die Tatsache, dass wir erwarten, dass ein Apfel fällt, ist darauf zurückzuführen, dass wir die ständige Verbindung zwischen (zum Beispiel) dem Wind und dem Apfel beobachten. Es sind diese ständigen **Konjunktionen von Ereignissen** (die aufgehende Sonne, der fallende Apfel, Feuer und Hitze), die es unserem Geist ermöglichen, die Ursache-Wirkungs-Beziehung zu identifizieren.

NOTWENDIGE VERBINDUNG

Rationalisten wie **Descartes** und **Leibniz** nahmen an, dass es einen **notwendigen Zusammenhang** zwischen solchen Ereignissen gab, der ihre Sicherheit garantierte. Als Empiriker argumentierte **Hume** jedoch, dass wir – zumindest rational betrachtet – eine solche Sicherheit nicht beanspruchen können. **Es gibt keinen logischen Grund, warum Äpfel fallen sollten**. Logischerweise sind fliegende Äpfel in Ordnung, denn es ist nicht die Logik, die uns lehrt, dass Äpfel fallen, sondern die Erfahrung. Und es gibt nichts, was die nächste Erfahrung davon abhält, anders zu sein. Das ist bekannt als das **Problem der Induktion**.

GEISTIGE ASSOZIATIONEN

Wie machen wir das? Hume nimmt an, dass es eine **angeborene Fähigkeit des Geistes** ist. So wie wir instinktiv Ideen assoziieren, die eine gemeinsame Ähnlichkeit aufweisen (Ball und Sonne zum Beispiel) oder die nahe beieinander liegen (wenn wir an »fünf« denken, denken wir an »sechs«), so **sucht unser Geist nach kausalen Beziehungen**. Sie mögen gelegentlich falsch sein, aber ohne eine solche Fähigkeit gäbe es keine Wissenschaft.

DAS TELEOLOGISCHE ARGUMENT

Religiöse Menschen zitieren oft die Komplexität und Ordnung der natürlichen Welt als Beweis dafür, dass die Welt einen Schöpfer hatte, aber selbst wenn das wahr ist, argumentierte Hume, kann uns das nichts über den Designer sagen.

INTELLIGENTES DESIGN

Es ist nicht schwer, die außergewöhnliche Komplexität, Schönheit und Vielfalt der Natur zu bewundern, und so ist es leicht, mit der Idee zu sympathisieren, dass dahinter eine Intelligenz steckt. Das ist als **teleologisches Argument für Gottes Existenz** bekannt, aus dem griechischen Wort ***telos***, was Zweck bedeutet. Bienen bestäuben Blüten, Würmer belüften den Boden, um Pflanzen beim Wachsen zu helfen, und so weiter; jedes Geschöpf und jeder Organismus scheint mit einem **Grund für das Dasein** ausgestattet zu sein, und alle arbeiten in natürlicher Harmonie zusammen.

UNBEKANNTE URSACHE

Es scheint fast unvorstellbar, dass all dies zufällig entstanden ist. Die moderne **Evolutionstheorie** liefert eine alternative Erklärung dafür, wie diese Komplexität entstanden sein mag, aber **Hume** wählte einen anderen Zugang. Da, so Hume, unser Wissen über **Kausalität** auf **Erfahrung** zurückzuführen ist – aus dem Erkennen der ständigen Verbindung von Ereignissen –, wie könnten wir dann irgendein **Wissen über die Erschaffung der Welt** erlangen?

ALTERNATIVE URSACHEN

Selbst wenn das Universum erschaffen wurde, beweist dies nicht, dass der Designer der Gott des Monotheismus war; nach der Grausamkeit der Natur zu urteilen, könnten wir genauso gut annehmen, dass die **Gottheit böse, inkompetent oder unreif** war, wie ein göttliches Kleinkind. Und natürlich können wir dieses Universum nicht mit anderen vergleichen. Das wäre, als würden wir einen Stein und ein Ornament vergleichen, um zu sehen, ob eines davon mehr Anzeichen des Designs zeigt. Soweit wir wissen, könnte eine solche Komplexität natürlich auftreten. Während unser Geist geeignet ist, **kausale Beziehungen innerhalb der natürlichen Welt** zu erkennen, ist er nicht dazu geeignet, über die Erfahrung hinaus zu argumentieren; **von einem Effekt** (dem Universum) **zu seiner Ursache** (was auch immer die sein mag …).

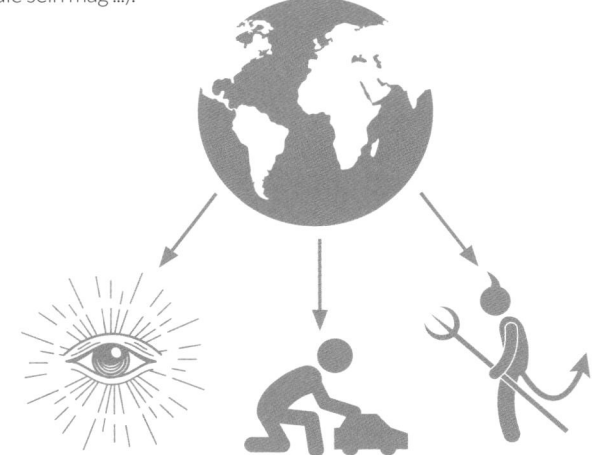

PHILOSOPHIE DER FRÜHEN NEUZEIT

WUNDER

Da ein Wunder per definitionem ein Verstoß gegen die Naturgesetze ist, argumentiert Hume angesichts der geringen Wahrscheinlichkeit, dass so etwas tatsächlich passiert, dass wir immer andere Erklärungen vorziehen sollten.

GEWICHT DER GESCHICHTE

Da unser Wissen über **Naturgesetze** aus Erfahrung und Gewohnheit stammt, hat jeder Verstoß gegen diese Gesetze das **Gewicht der Menschheitsgeschichte** gegen sich. Wenn jemand sagt, dass er eine Statue weinen gesehen habe oder dass ein Patient im Endstadium »wundersam« genesen sei, wird die wahrscheinlichste Erklärung immer eine natürliche sein: Es gibt ein Loch im Kirchendach und die Statue weint nur, wenn es regnet; die Prognose des Patienten war zu pessimistisch. Hinzu kommt, dass zuverlässige Berichte über Wunder schwer zu bekommen sind und Zeugen oft als leichtgläubig, abergläubisch oder voreingenommen ausgeschlossen werden müssen, dann scheint das **Argument für Wunder sehr dünn**.

GÖTTLICHE INTERVENTION

Eine Kritik an Humes Position ist, dass seine Definition eines akzeptablen Beweises die Möglichkeit auszuschließen scheint, dass ein solcher Beweis gefunden werden kann. Wenn genügend **zuverlässige Zeugen von dem wundersamen Ereignis** Zeugnis ablegen könnten und es genügend oft geschah, und andere Faktoren ausgeschlossen werden könnten, wäre das, was wir bezeugen würden, überhaupt kein Wunder, sondern ein anderes wenig bekanntes Naturgesetz. Wunder sind jedoch traditionell seltene Aufhebungen der Naturgesetze – es kann **kein »Gesetz« für Wunder** geben, weil sie den **Willen Gottes** repräsentieren, der sich bei dieser Gelegenheit entschieden hat, einzugreifen. Humes Position sagt daher weniger über Wunder aus als über seinen **Atheismus**.

ROMANTIK

Jean-Jacques Rousseau war eine sehr einflussreiche Persönlichkeit, deren Reaktion gegen die Betonung der Vernunft und des sozialen Fortschritts durch die Aufklärung zu einem Eckpfeiler der Romantik wurde.

 NAME JEAN-JACQUES ROUSSEAU

 ZEIT 1712–1778

 HERKUNFT GENF (SCHWEIZ)

SCHULE ROMANTIK

HAUPTWERKE GESELLSCHAFTSVERTRAG; EMILE; BEKENNTNISSE

 BEITRÄGE POLITICAL PHILOSOPHY

DIE AUFKLÄRUNG

Während Denker wie **Bacon, Descartes, Locke und Hume** über das *Wie* uneinig waren, teilten sie weitgehend eine Vision der Verbesserung der menschlichen Angelegenheiten durch die **Ablehnung von Tradition und Autorität zugunsten rationaler Prinzipien und Methoden**. Die Zeit, in der dieser Ansatz am besonders einflussreich war, ist als *Aufklärung* bekannt, und der Schweizer Philosoph **Rousseau** wird oft als eines ihrer wichtigsten Vertreter angesehen. Es gibt jedoch wichtige Aspekte, in denen Rousseaus Denken dem aufklärerischen Denken widersprach, und er gilt auch als einer der Begründer der **Romantik**.

DER EDLE WILDE

In Rousseaus Philosophie drückt sich das als Sicht des Menschen als natürlich gut und der **Gesellschaft als notwendiges Übel** aus. Wie Hobbes und Locke vertritt er die Theorie einer Art Gesellschaftsvertrag, lehnt aber Hobbes' pessimistische Sicht der menschlichen Natur ab und argumentiert, dass es eigentlich die Gesellschaft ist, die korrumpiert, und dass »**der primitive« Mensch im Naturzustand ein freundliches, empathisches Geschöpf** war – »ein edler Wilder« (wie dieses Ideal meist beschrieben wurde).

EDUCATION SENTIMENTALE

Wie Hume betonte Rousseau die **Schlüsselrolle von Emotionen** oder Gefühlen in der moralischen Erziehung, und in seinem philosophischen Roman *Emile oder Über die Erziehung* ist die letzte Stufe der idealen Erziehung seines Protagonisten, die richtigen emotionalen Einstellungen zu entwickeln; dass das ideale Individuum, das sich körperlich und intellektuell entwickelt hat, auch sein **Gefühl kultivieren** muss.

ROMANTIK

Die Bewegung der Romantik wird oft mit Poesie, Musik und Kunst in Verbindung gebracht; mit **Coleridge und Wordsworth, Beethoven und Wagner, Constable und Turner**. Als Philosophie setzt sie die Emotion über die Vernunft und die Natur über die »zivilisierte« Gesellschaft.

PHILOSOPHIE DER FRÜHEN NEUZEIT

DER FREIE MARKT

Adam Smiths Glaube an einen freien Markt ohne staatliche Eingriffe wurde zu einem Eckpfeiler des klassischen Liberalismus.

 NAME ADAM SMITH

 ZEIT 1723–1790

 HERKUNFT SCHOTTLAND

 SCHULE LIBERALISMUS (EMPIRISMUS)

 HAUPTWERKE DER WOHLSTAND DER NATIONEN; THEORIE DER ETHISCHEN GEFÜHLE

 BEITRÄGE POLITISCHE PHILOSOPHIE, ETHIK

KLASSISCHER LIBERALISMUS

Der klassische Liberalismus betonte die **bürgerlichen Freiheiten**, befürwortete die **Demokratie**, eine Theorie des Gesellschaftsvertrags und dei **freie Marktwirtschaft**. Die meisten Liberalen befürworteten eine minimale staatliche Einmischung in Politik, Ethik und Wirtschaft, die als komplementäre Haltungen angesehen wurden: Meinungs- und Glaubensfreiheit gingen Hand in Hand mit der Freiheit, die eigenen Geschäftsinteressen zu verfolgen. Dies führte zur Geburt des **Kapitalismus**.

ARBEITSTEILUNG

Smith lehrte, dass der **wirtschaftliche Wohlstand** durch eine Reihe von Faktoren wächst, vor allem aber durch die Arbeitsteilung. Es ist effizienter für einen Landwirt, den Weizen anzubauen, den Müller, ihn zu Mehl zu mahlen, und den Bäcker, es zu Brot zu backen, als dass eine einzige Person alle Aufgaben erfüllt. Größere **Effizienz** kann erzielt werden, wenn Aufgaben verteilt werden und der Wettbewerb zwischen den verschiedenen Herstellern und Anbietern von Dienstleistungen in dieser Kette sicherstellt, dass **die Kosten auf einem Minimum gehalten** werden. Die Produktivität steigt, und wenn die Arbeiter ihren Lohn ausgeben, verbreitet sich der Wohlstand in der Gesellschaft.

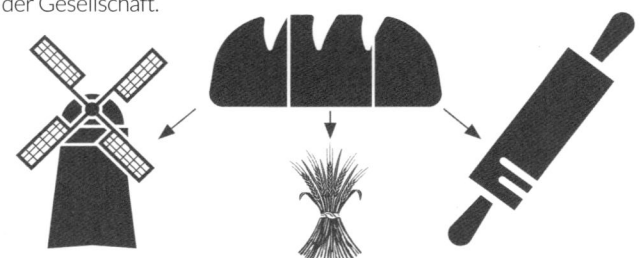

DIE UNSICHTBARE HAND

Smiths Hauptbeitrag bestand in der Idee, dass eine solche Vermögensbildung keine zentralisierte Kontrolle erfordert, sondern von der »unsichtbaren Hand« des rationalen Eigeninteresses geleitet werden könne. Es ist besser, die Bauern, Müller und Bäcker und den Markt sich selbst regulieren zu lassen, denn **Wettbewerb und Profitstreben werden Missbrauch verhindern**. Das funktioniert natürlich nur, wenn diese Unternehmen ihre Steuern zahlen, ihre Gewinne zu Hause reinvestieren und keine Monopole bilden oder geheime Preisabsprachen treffen.

DIE *PHILOSOPHES*

Als Schlüsselfigur der Aufklärung lehnte der französische Philosoph Voltaire den traditionellen Gottesbegriff zugunsten eines unpersönlichen Schöpfers des Universums ab.

 NAME VOLTAIRE (FRANÇOIS-MARIE AROUET)

 SCHULE PHILOSOPHES

 ZEIT 1694–1778

 HAUPTWERKE PHILOSOPHISCHE BRIEFE; CANDIDE

 HERKUNFT FRANKREICH

 BEITRÄGE RELIGIONSPHILOSOPHIE

DEISMUS

Voltaire war ein bekannter Philosoph und Intellektueller, dessen Ideen die Regeln der Französischen Revolution beeinflussten. Voltaire, ein scharfer **Kritiker der Kirche**, befürwortete eine Lehre, die seitdem als Deismus bekannt ist. Andere berühmte Deisten waren **Thomas Jefferson und Thomas Paine**. Diese Lehre hatte großen Einfluss auf die Freimaurerei und den unitarischen Glauben.

NATÜRLICHE THEOLOGIE

Die grundlegende Prämisse des **Deismus** ist, dass das Universum von einer Gottheit geschaffen wurde, die jedoch nicht der persönliche Gott einer der monotheistischen Religionen ist, der direkt oder durch Offenbarung zu den Gläubigen spricht. Es ist eine weiter **entfernte unpersönliche Kraft**, die nur indirekt durch **Anwendung der Vernunft** verstanden werden kann. Dieser Ansatz, Gott zu verstehen, ist als natürliche Theologie bekannt.

CANDIDE

Wir können Gott also verstehen, indem wir die Natur betrachten. Ein Beispiel dafür wäre das Design-Argument (siehe weiter oben), das die Hand des Schöpfers in der natürlichen Welt sieht. Voltaire meinte jedoch, dass wir die Ereignisse der natürlichen Welt nicht in moralischen Begriffen sehen sollten. Diesen Ansatz brachte er in seinem Roman **Candide**, der sich in erster Linie an den Philosophen **Leibniz** richtet, der argumentiert, dass wir in der besten aller möglichen Welten leben, bekanntlich als **Satire**. Angesichts von Krieg, Folter, Hungersnöten, Überschwemmungen, Erdbeben und anderen Ursachen natürlichen und vom Menschen verursachten Leidens **widerstrebt es der Vernunft, die Welt als »die Beste aller möglichen« zu betrachten**.

TRANSZENDENTALER IDEALISMUS

Immanuel Kant teilt zwar die Ansicht des Empirismus, dass wir keine direkte Kenntnis einer Welt jenseits der Erfahrung haben können, meint aber, dass wir verstehen können, wie der Verstand selbst die Grenzen des Wissens setzt.

 NAME IMMANUEL KANT

 ZEIT 1724–1804

 HERKUNFT DEUTSCHLAND

 SCHULE KANTIANISCHER IDEALISMUS

 HAUPTWERKE KRITIK DER REINEN VERNUNFT; PROLEGOMENA ZU EINER JEDEN KÜNFTIGEN METAPHYSIK; GRUNDLEGUNG ZUR METAPHYSIK DER SITTEN; KRITIK DER PRAKTISCHEN VERNUNFT; KRITIK DER URTEILSKRAFT

 BEITRÄGE ETHIK, METAPHYSIK, ERKENNTNISTHEORIE, ÄSTHETIK, RELIGIONSPHILOSOPHIE

DAS PROBLEM DES SKEPTIZISMUS

Rationalisten wie Leibniz und Descartes glaubten, dass es **angeborene Ideen oder Prinzipien** gab, die als Garantien für bestimmte Arten von Wissen dienten. Es war unter anderem Hume, der Kant überzeugte, dass solche Ideen nicht allein durch Vernunft oder Erfahrung entdeckt werden konnten. Was also kann die **Wahrheit der Sinneserfahrung** garantieren?

PHAENOMENA UND NOUMENA

Kant entwickelt eine Form des Idealismus: Mit seinen Worten haben wir immer nur Zugang zu **sinnlicher Erfahrung** (dem Phänomen) und nicht zu der Welt der Objekte, die diese Erfahrung **transzendiert** und hinter ihr liegt (dem Noumenon). Infolgedessen wird die transzendentale Realität – die noumenale Welt – vermutlich existieren, aber immer vor uns verborgen bleiben.

KATEGORIEN DES VERSTEHENS

Kants Erkenntnis war, dass wir durch die Art und Weise, wie unser Verstehen das Erfahrung formt, etwas über das Wesen der Welt lernen können. Wir wissen, dass »**jede Wirkung eine Ursache hat**«, dass **Raum und Zeit eine bestimmte Struktur** haben, dass **Materie existiert** usw., denn ohne solche integrierte Annahmen (Kategorien des Verstehens) wären unsere Erfahrungen unverständlich. Mit anderen Worten, ähnlich wie ein Fernseher, der elektrische Signale in Bilder übersetzt, zwingt unser Geist rohen Erfahrungen Kausalität, Raum, Zeit, Materie usw. auf, ihnen **Sinn zu geben**. Daher existieren Zeit und Raum usw. nicht in sich selbst, sondern sind Formen, die unser Verständnis annimmt.

DEONTOLOGIE

Der deonto'ogische Ansatz der Ethik geht davon aus, dass gutes Handeln dem Sittengesetz gehorchen muss, ein Ansatz, der von Kant am besten veranschaulicht wird.

DER GUTE WILLE

Man mag vielleicht aus Mitleid oder aus Freundschaft handeln oder einfach, weil es einem ein gutes Gefühl gibt, aber für **Kant** ist der einzige Grund, das Richtige zu tun, die Pflicht gegenüber dem **Sittengesetz**. Nur diese Motivation – Kant nennt das den Guten Willen – macht eine Handlung moralisch.

Moralisches Handeln

Freundschaft

Mitleid

Pflicht

DER KATEGORISCHE IMPERATIV

Aber woher wissen wir, was das moralische Gesetz ist? Wenn Sie **fit werden** wollen, müssen Sie irgendeine **Training** aufnehmen. Das ist ein **hypothetischer Imperativ** – etwas, das Sie nur tun müssen, wenn Sie fit werden wollen. Im Gegensatz dazu ist »**nicht stehlen**« ein **kategorischer Imperativ**; es ist etwas, was Sie unter allen Umständen tun müssen, unabhängig von persönlichen Neigungen.

WIDERSPRUCH IN DER KONZEPTION

Als moralisches Gesetz muss ein universelles Prinzip sein. Eine Möglichkeit, das zu überprüfen, ist, zu schauen, ob es zu einem **Widerspruch** führen würde, wenn es nicht befolgt würde. Das kann auf zwei Arten geschehen. Wenn es in Ordnung wäre, zu stehlen, dann gäbe es so etwas wie ein Recht auf Eigentum nicht – das **Konzept von »mein« und »dein« würde verschwinden**, und niemand könnte sich beschweren, wenn ihm etwas genommen würde. Die Verallgemeinerung »es ist in Ordnung, zu stehlen« führt daher zu einem Widerspruch in der Konzeption (einem Widerspruch in der Idee selbst).

WIDERSPRUCH IM WILLEN

Aber nicht jede unmoralische Handlung widerspricht sich auf diese Weise. Einige Verpflichtungen sind nur das, was Kant **unvollkommene Pflichten** nannte. Wir alle brauchen Hilfe, um im Leben zurechtzukommen, also sollten wir auch anderen helfen, aber es widerspricht nicht der Logik zu denken, dass »man einander helfen nicht sollte« denn eine solche Gesellschaft kann man sich vorstellen. Das zu glauben, würde das Erreichen meiner Ziele aber untergraben. Daher nennt Kant das einen **Willenswiderspruch** (etwas zu wollen, was gegen meine eigenen Absichten gerichtet ist).

PHILOSOPHIE DER NEUZEIT

RECHTE

Kants Moralphilosophie liefert auch die deontologische Grundlage für die Menschenrechte, ein Prinzip, das als seine Menschheitsformel bekannt ist.

MENSCHHEITSFORMEL

Kants **kategorischer Imperativ** impliziert auch, dass wir andere Menschen nicht als Mittel zu unseren eigenen Zwecken verwenden sollten, sondern sie als Zwecke ihrer selbst behandeln sollten. Das bedeutet im Grunde, dass man **Menschen nicht dazu benutzen oder zwingen** sollte, **etwas zu tun**, oder sie davon abhalten sollte, ihre eigenen legitimen Ziele im Leben zu verfolgen.

MITTEL UND ZWECK

Wenn ich jemandem ein Bild verkaufe, von dem ich weiß, dass es gefälscht ist, beraube ich ihn damit seines Rechts, ehrlich behandelt zu werden und die Wahrheit zu wissen. Sie haben den legitimen Wunsch, eine etwas Schönes zu besitzen, und ich habe ihnen ein gefälschtes Gemälde geliefert, nur um Geld zu verdienen. Ich benutze sie daher (ihre Ehrlichkeit und ihre vertrauensvolle Natur) als **Mittel für meine eigenen Zwecke** (Geld).

NATURRECHT

Während Kants Ansatz als Argument dafür verwendet werden kann, dass **Menschenrechte an den Besitz der Vernunft gebunden** sind, haben andere Philosophen versucht, sie in der **Idee des Gesellschaftsvertrags** zu begründen. Hobbes und Locke meinten, dass die Bürger ein »**natürliches Recht**« auf Eigentum, Sicherheit, Freiheit usw. besaßen, die der Staat im Gegenzug für ihren Gehorsam moralisch durchsetzen musste.

UTILITARIANISMUS

Der Utilitarismus scheint ein Problem für den Rechtsbegriff zu sein. **Bentham** wies die Idee der natürlichen Rechte zurück und argumentierte, dass **Rechte nur durch gesetzliche Übereinkünfte** gewährt werden können und dass selbst diese utilitaristischem Kalkül unterliegen. In einem modernen Gedankenexperiment – bekannt als das »**tickende Zeitbomben-Szenario**« – verstößt das Foltern eines Terrorverdächtigen wegen eines bevorstehenden Angriffs gegen das Menschenrecht, das »grausame und ungewöhnliche Bestrafung« verbietet. Wird das dadurch aufgewogen, dass viele Leben auf dem Spiel stehen? Bentham würde dem zustimmen.

DAS ERHABENE

In der Ästhetik kann ein schönes Kunstwerk Gefühle der Freude und Bewunderung hervorrufen, während ein erhabenes Ding Gefühle von Ehrfurcht, Angst und sogar Horror hervorrufen kann.

LUST

Während Philosophen wie **Platon** und **Aristoteles** die **Schönheit mit Lust in Verbindung** brachten, argumentierten spätere Philosophen – wie **Edmund Burke, Kant** und **Schopenhauer** –, dass bestimmte **ästhetische Erfahrungen eine eigene Kategorie** darstellen. Denn während wir ein schönes Gemälde wegen seiner komplizierten Details, Harmonie der Form oder anmutigen Komposition bewundern können, kann die Größe und Weite einer Bergkette über die Lust hinaus etwas weniger leicht Definierbares vermitteln.

GRENZENLOSIGKEIT

Der Unterschied zwischen den beiden Erfahrungen wurde auf unterschiedliche Weise analysiert, aber der Hauptunterschied scheint zu sein, dass erhabene Dinge uns beunruhigen. Ein Blick auf den Grand Canyon oder den Himalaya macht uns nicht nur Freude, sondern macht uns auch klein oder sogar ängstlich. Wie Kant argumentierte, sind wir **überwältigt von der Grenzenlosigkeit** des Subjekts – unser Geist ist überwältigt von seiner Weite oder seinem extremen Alter – wenn wir etwa menschliches Leben mit der Größe und dem Alter des Universums vergleichen.

DAS NUMINOSE

Der Begriff des Erhabenen hat auch religiöse Konnotationen. In *Das Heilige* vertrat der deutsche Theologe **Rudolf Otto** (1869–1937) die Ansicht, dass **bestimmte geheimnisvolle Eigenschaften Gottes numinos** sind – sie sind sowohl erschreckend als auch faszinierend. Diese **Ambivalenz** wird vielleicht am besten durch den Begriff »Ehrfurcht« zum Ausdruck gebracht. Wenn eine Sache im modernen Sinne »furchterregend« ist, dann ist sie schlecht oder schrecklich, aber eine Sache, die »fantastisch« ist, erfüllt uns mit Bewunderung. Wenn wir sagen, dass Gottes zahllose Qualitäten – wie seine Macht und Größe – uns mit »**Ehrfurcht**« erfüllen, meinen wir damit, dass wir sowohl Schrecken als auch Bewunderung fühlen.

DAS ARGUMENT DER MORAL

Das Argument der Moral versucht, die Existenz Gottes zu beweisen, indem es behauptet, dass es für die Existenz der Moral eine unabhängige Quelle des moralisch Guten geben muss.

GEWISSEN

Die vielleicht einfachste Form dieses Arguments ist, dass Menschen ein moralisches Gewissen zu besitzen scheinen. Da dieses oft von Selbstsucht und anderen Formen des Eigeninteresses abrät, fragen wir uns, woher diese »**innere Stimme**« kommt. Natürlich muss eine solche »Stimme« nicht **göttlich** sein, denn – wie **Freud** in seiner Vorstellung vom **Über-Ich** argumentierte – wir können einfach die Werte und Meinungen sozialer Vorbilder, Eltern und Lehrer verinnerlichen.

DAS MORALISCH GUTE

Eine andere Variante dieses Ansatzes geht davon aus, dass alle moralischen Werte relativ sind, wenn es keine unabhängige Quelle für ethische Standards gibt. **Daher existiert entweder Gott oder es kann so etwas wie Moral nicht geben.** Das gilt natürlich nur, wenn wir irgendeine Form von moralischem Realismus akzeptieren, der davon ausgeht, dass moralische Werte festgelegt und objektiv sein müssen. Die Gegner argumentieren jedoch, dass dies nicht der Fall ist: Eine flüchtige Untersuchung zeigt, dass es tatsächlich signifikante Unterschiede zwischen dem gibt, was in verschiedenen Kulturen und im Laufe der Zeit als »gut« galt, was darauf hindeutet, dass **Moral** zumindest bis zu einem gewissen Grad **relativ** ist.

GERECHTER LOHN

Eine der interessantesten Versionen dieses Arguments kommt von **Kant**. Wir haben das Recht zu denken, dass moralisch zu sein zum Glück führt – warum sonst überhaupt moralisch sein? Das Richtige zu tun, mag jedoch nicht immer einfach oder angenehm sein, und Menschen, die sich moralisch verhalten, bekommen oft nicht das, was sie verdienen. **Moralisch zu handeln** ist nur gerechtfertigt, wenn diese scheinbare Ungerechtigkeit **im Jenseits** behoben wird, wo gute Menschen ihre **Belohnung** erhalten.

KONSERVATISMUS

Edmund Burke, ein Begründer des modernen Konservatismus, argumentierte, dass eine stabile und gerechte Gesellschaft Respekt vor Institutionen und traditionellen Werten erfordert.

 NAME EDMUND BURKE

 ZEIT 1729–1797

 HERKUNFT IRLAND

 SCHULE KONSERVATISMUS

 HAUPTWERKE A VINDICATION OF NATURAL SOCIETY; ÜBER DAS ERHABENE UND SCHÖNE; ÜBER DIE FRANZÖSISCHE REVOLUTION

 BEITRÄGE POLITISCHE PHILOSOPHIE, ÄSTHETIK

OLD WHIGS

Als Mitglied der Whigs sympathisierte **Burke** mit vielen liberalen Ideen, darunter dem Anliegen der Eindämmung der königlichen Macht, dem Schutz der Katholiken vor Verfolgung und der Unterstützung für die Beschwerden der amerikanischen Kolonisten in ihrem Steuerstreit mit Großbritannien (was schließlich den amerikanischen Unabhängigkeitskrieg auslöste). Die Ereignisse der **Französischen Revolution** von 1789 spalteten jedoch die Whigs, wonach sich Burke und andere »Old Whigs« gegen die »New Whigs« wandten, die progressive und rationalistische Ideale unterstützten.

JAKOBINISMUS

In **Über die Französische Revolution** skizzierte Burke die Probleme mit dem Jakobinismus, der revolutionären politischen Bewegung, die Frankreich durch radikale liberale Ideale umgestalten wollte. Während die **Jakobiner** sich auf die rationalistischen Philosophien von **Rousseau** und **Voltaire** beriefen, für die politische Freiheit auf dem **unveräußerlichen Besitz abstrakter Rechte jedes Individuums** beruhte, argumentierte Burke, dass ein solcher Ansatz keine soziale Ordnung garantieren würde. Schon vor den schlimmsten Exzessen der Terrorherrschaft, die die Pariser Gesellschaft mit Hinrichtungen, Inhaftierungen und Verfolgung dezimierten, warnte Burke davor, dass ein solch radikaler Umsturz nur in einer **Katastrophe** enden könne.

VORURTEIL

Stattdessen forderte **Burke**, dass die Rechte und moralischen Werte einer Gesellschaft in ihren Institutionen und Traditionen, religiösen Organisationen, Adel, Gesetzen und Bräuchen, Streitkräften und ihren Handels- und Produktionstätigkeiten erhalten bleiben sollten. Eine **Nation** ist nicht nur eine gewichtige Ansammlung von rational beschlossenen Prinzipien, sondern die **Summe von Jahrhunderten menschlicher Weisheit und bester Praxis**, die in uns das entwickelt, was Burke »Vorurteile« nannte, die fast instinktive Verehrung für das, was gut ist.

REVOLUTION

Der in England geborene revolutionäre Philosoph Thomas Paine argumentierte, dass das Volk eines Landes ein Recht habe, seine eigene Regierung zu stürzen, wenn deren Handlungen gegen natürliche Grundrechte verstießen.

 NAME THOMAS PAINE

 ZEIT 1737–1809

 HERKUNFT AMERIKA (GEBÜRTIGER ENGLÄNDER)

 SCHULE LIBERALISMUS

 HAUPTWERKE COMMON SENSE; DIE RECHTE DES MENSCHEN; DAS ZEITALTER DER VERNUNFT

 BEITRÄGE POLITISCHE PHILOSOPHIE

AUFRUHR

In **Die Rechte des Menschen** (1791) verteidigte **Paine** die Ideale der Französischen Revolution gegen den konservativen Angriff Edmund Burkes und baute auf früheren Ideen auf, die in **Common Sense** (1776) und anderen Schriften dargelegt wurden, die eine Schlüsselrolle für die amerikanische Unabhängigkeit gespielt hatten. Dafür wurde er in Abwesenheit wegen aufrührerischer Verleumdung vor Gericht gestellt und verurteilt, um sicherzustellen, dass er nie wieder nach England zurückkehren konnte.

DER GESUNDE MENSCHENVERSTAND

Paines Hauptangriffsziel waren die erbliche **Monarchie** und Privilegien, die er als **Ursache von Korruption, Ungleichheit und Tyrannei** sah. Im Gegensatz dazu stellte er sich eine **demokratische Republik** vor, deren Verfassung die bestehenden natürlichen Menschenrechte jedes Einzelnen schützte, in der das Wahlrecht universell war und nicht auf dem Eigentumsrecht beruhte, und die die inhärente Fähigkeit (den gesunden Menschenverstand) jeder Person anerkannte, die Wahrheit zu erkennen, weshalb es nicht der Führung durch Könige oder Priester bedurfte. Paine wird oft als **Deist** (wie Voltaire) bezeichnet, der an eine höchste Schöpfergottheit glaubt, die – im Gegensatz zum Gott des Christentums – nicht durch Offenbarung kommunizierte oder in menschliche Angelegenheiten eingriff.

REFORMEN

Obwohl **Paine** die Anliegen der Feinde Britanniens vertrat – es wurde sogar gesagt, er habe mit Napoleon Möglichkeiten einer Invasion Englands diskutiert – war Paine immer noch in erster Linie an Reformen in seiner Heimat interessiert. Zu den in **Rechte des Menschen** vorgeschlagenen Reformen gehören die Abschaffung von Adelstiteln, die Schaffung einer **Verfassung nach amerikanischer Art**, eine **progressive Besteuerung** auf der Grundlage des Einkommens und der Zahlungsfähigkeit sowie verschiedene **Sozial- und Bildungsprogramme**.

UTILITARISMUS

Anstatt moralische Fragen traditionell in Bezug auf abstrakte Konzepte von »gut« oder »schlecht« zu betrachten, definierte Jeremy Bentham sie in natürlichen Begriffen unter Einbeziehung des Glücks der Mehrheit neu.

 NAME JEREMY BENTHAM

 ZEIT 1748–1832

 HERKUNFT ENGLAND

 SCHULE UTILITARISMUS

 HAUPTWERKE EINFÜHRUNG IN DIE PRINZIPIEN DER MORAL UND GESETZGEBUNG; THE RATIONALE OF PUNISHMENT

 BEITRÄGE ETHIK, POLITISCHE PHILOSOPHIE

PRINZIP DER NÜTZLICHKEIT

Während für Platon gute Taten die reine Idee des »Guten« verkörperten und Kant sie als Erfüllung der rationalen Pflicht sah, setzte **Bentham »gut« mit Lust gleich** und sah die »richtige« Handlung als das, was den meisten Nutzen bringt, die größte Lust herbeiführt und dabei den geringsten Schmerz zu verursacht.

VERBRECHEN UND STRAFE

Bei der Ablehnung der Todesstrafe argumentierte **Bentham**, dass jede Strafe drei Ziele habe: den Schutz der Gesellschaft, die Besserung von Verbrechern und die Abschreckung potenzieller Übeltäter. Es gibt effektivere Wege, diese Ziele zu erreichen, als dem Verbrecher das Leben zu nehmen. Es ist daher fraglich, ob der Todesschmerz des Verurteilten, die Trauer seiner Familie, der Verlust an Gutem, das ein geläuterter Verbrecher tun könnte, usw. wirklich durch die Vorteile seines Todes aufgewogen wird. Die **Todesstrafe sollte also abgeschafft werden**, wenn man sie nur nach ihren Folgen beurteilt.

GLÜCKSMESSUNG

Wenn wir das Moralische einer Handlung nach ihren Folgen beurteilen, wird sich eine solche Berechnung wahrscheinlich als sehr kompliziert erweisen. Um bei solchen Entscheidungen zu helfen, entwickelte Bentham etwas, das er *Felicific Calculus* nannte, wo er verschiedene Kriterien festlegte, nach denen jede mögliche Handlung beurteilt werden sollte. Somit vereinfachte Bentham **ethische Dilemmata**, indem er versucht, »Glück« zu berechnen.

DER FELICIFIC CALCULUS

Intensität: Wie viel Lust?
Dauer: Wie lange hält es an?
Wahrscheinlichkeit: Wie wahrscheinlich wird es eintreten?
Zeitliche Nähe: Wie bald wird es geschehen?
Frequenz: Wie oft wird es vorkommen?
Reinheit: Wie rein ist die Erfahrung?
Zielgruppe: Wie viele werden es verspüren?

Vergleichen wir das **Konsumieren von Heroin** mit dem **Lesen eines Buches**. Drogenrausch kann intensiv sein, aber nur von kurzer Dauer, und es ist einfacher, die Bibliothek zu besuchen, als illegale Drogen zu erwerben und dabei das Gefängnis zu riskieren. Dazu kommen die unangenehmen Entzugserscheinungen, der Schaden für Gesundheit und Bankguthaben und für die Fähigkeit, in der Gesellschaft zu funktionieren. Erfreuliche Bücher sind im Gegensatz dazu reichlich vorhanden, und Lesen ist eine Aktivität, die bildet, den Leser zu einem besseren Gesprächspartner macht und allgemeinen Nutzen für die Gesellschaft bringt. **Lesen gewinnt!**

RECHTE DER TIERE

Vor Bentham hatten Philosophen den moralischen Status von Tieren nicht erkannt, aber der Utilitarismus eröffnete eine neue Perspektive, die Menschen und Kreaturen auf die gleiche Ebene stellte.

MORALISCH HANDELNDE

Descartes tat bekanntlich das **Leiden der Tiere** als unbewusstes Verhalten biologischer Maschinen ab. Sogar Kant war der Ansicht, dass wir nur indirekt verpflichtet sind, ihnen nicht unnötig zu schaden, damit das nicht schlecht auf uns abfärbt: **Tierquälerei** gibt ein schlechtes Beispiel und erzeugt schlechte moralische Gewohnheiten.

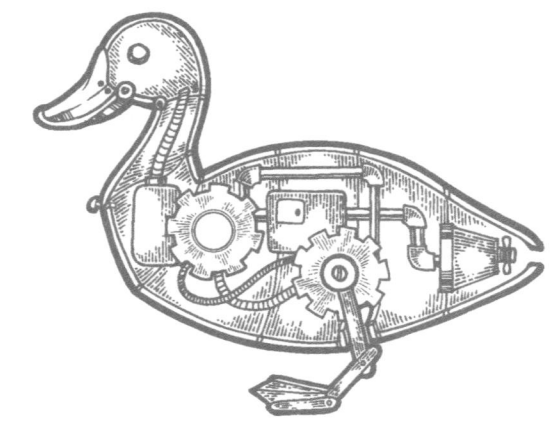

SKLAVEREI

Im Gegensatz dazu ist die Frage, ob unser Umgang mit Tieren moralisch sei oder nicht, durch die natürliche Gestaltung der Moral darauf zurückzuführen, ob er ihnen Leid zufügt. **Bentham** sah, dass im Zentrum der Misshandlung von Tieren die übliche Annahme stand, dass sie keine Vernunft besaßen und nicht sprechen konnten. Aber, argumentierte er, wenn das die Grundlage ist, um ein Handeln als moralisch zu betrachten, trifft das für viele Menschen wie Säuglinge oder Erwachsene mit bestimmten geistigen Behinderungen auch nicht zu. Tatsächlich sah er in dieser Annahme die **vermeintliche Rechtfertigung für Sklaverei** und die rassistische Ausbeutung »minderwertiger« nichtweißer Kulturen. Anstatt sich auf Vernunft und Sprache zu berufen, meinte Bentham daher, dass es nur auf das **Empfindungsvermögen** (die Fähigkeit, Schmerz oder Lust zu fühlen) ankommt.

RECHTE

Bentham dachte nicht, dass Tiere »Rechte« als solche besaßen – aber er dachte, dass Menschen diese auch nicht hatten. Das einzige Problem war das **Leiden**. Da ein Tier wohl nicht weiß, dass es sterben wird, war seine Verwendung als **Lebensmittel oder für medizinische Forschung** zulässig, solange es glücklich ist, wenn es lebt oder seine Leiden durch die daraus resultierenden Vorteile für die Gesellschaft im Allgemeinen aufgewogen werden.

FRAUENRECHTE

Während eines Großteils der Geschichte und über alle Kulturen hinweg spielten Frauen eine sekundäre Rolle gegenüber Männern, eine Situation, die sich erst in relativ jüngster Zeit zu verändern begann.

FRÜHER FEMINISMUS

Die Geschichte des Feminismus wird oft in drei »Wellen« unterteilt. Die erste, liberale, konzentrierte sich darauf, Frauen die **Grundrechte** zu geben, die ihnen bisher verwehrt waren – wie Recht auf **Eigentum**, **Wahlrecht** und das Recht bestimmte **Berufe** zu ergreifen. Dieser Prozess dauerte einige Zeit, und in einigen Ländern ist er noch im Gange. Das Vereinigte Königreich erlaubte 1859 zunächst bestimmten Frauen, an den Kommunalwahlen teilzunehmen, gewährte jedoch erst 1928 das volle Wahlrecht, das sich damals bereits in den meisten westlichen Ländern verbreitet hatte.

 NAME MARY WOLLSTONECRAFT

 ZEIT 1759–1797

 HERKUNFT ENGLAND

 SCHULE PHILOSOPHIE DER AUFKLÄRUNG

 HAUPTWERKE *DIE VERTEIDIGUNG DER FRAUENRECHTE*

 BEITRÄGE POLITISCHE PHILOSOPHIE, ETHIK

Erste Welle oder liberaler Feminismus 19. Jh./frühes 20. Jh. Recht auf Eigentum, Wahlrecht, andere bürgerliche Rechte

Zweite Welle oder radikaler Feminismus 1960er/1970er Lohngleichheit, reproduktive Rechte, Aufstiegschancen

Dritte Welle seit den 1990er-Jahren Fragen der sexuellen Identität und sexuellen Orientierung, Rassenfrage, Gender, Frausein

REVOLUTION

Vor diesem Hintergrund war **Mary Wollstonecraft** – Philosophin, Romanautorin, Revolutionärin – ihrer Zeit weit voraus, ihre **Verteidigung der Frauenrechte** legte den Grundstein für spätere Entwicklungen der Gleichstellung der Geschlechter. Inspiriert von den republikanischen Idealen der Französischen Revolution – sie reiste sogar nach Frankreich, um die Revolution zu unterstützen – erkannte sie aber auch, dass **Liberté und Égalité** nicht immer für Frauen galten.

BILDUNG

Die Verteidigung der Frauenrechte richtete sich vor allem gegen den französischen Philosophen **Rousseau** (siehe oben), dessen *Émile* die **ideale Ausbildung** seines Protagonisten propagierte, der sowohl Vernunft als auch Emotion entwickeln sollte, während er gleichzeitig Sophie (**seiner zukünftigen Frau**) **den gleichen Lehrplan verweigerte**. Aus Rousseaus Sicht bestand der Hauptzweck der Frauenbildung darin, **Frauen als Begleiterinnen des Mannes** (und für die damit verbundenen häuslichen Pflichten) auszubilden. Wollstonecraft argumentierte, dass wir alle nach Gottes Ebenbild geschaffen sind, und beanstandete diese sexistische Voreingenommenheit: Bei gleicher Bildung und gleichen Chancen gab es keinen Grund, warum Frauen dem Mann nicht ebenbürtig sein sollten oder könnten.

DIALEKTIK

Hegel argumentierte, dass die menschliche Gesellschaft nicht entlang einer geraden und aufsteigenden Linie voranschreite, sondern im Zickzack durch gegensätzliche Werte und Ideen auf ein endgültiges Ziel zusteuere.

 NAME GEORGE WILHELM FRIEDRICH HEGEL

 ZEIT 1770–1831

 HERKUNFT DEUTSCHLAND

 SCHULE DEUTSCHER IDEALISMUS

 HAUPTWERKE *DIE PHÄNOMENOLOGIE DES GEISTES; WISSENSCHAFT DER LOGIK; PHILOSOPHIE DER GESCHICHTE*

 BEITRÄGE METAPHYSIK, ERKENNTNISTHEORIE, POLITISCHE PHILOSOPHIE, LOGIK

PHILOSOPHISCHE OPPOSITION

Dialektik ist einfach eine Form der philosophischen Argumentation mit gegensätzlichen Positionen: eine **These** und ihre **Antithese**. Wenn dieses Argument zu einem tieferen Verständnis führt, entsteht eine neue, dritte Position: eine **Synthese**.

 **These**: Süßes ist schlecht für die Gesundheit.

 **Antithese**: Süßes sieht schön aus.

  Synthese: In Maßen ist Süßes in Ordnung.

HISTORISCHER FORTSCHRITT

 **These**: Disziplinierte Gesellschaft

 **Antithese**: Liberale Gesellschaft

 **Synthese**: Gemäßigte Gesellschaft

Hegel benutzt diese Argumentationsform, um zu zeigen, dass jede Phase der Geschichte ein Versuch ist, frühere **Extreme auszugleichen**. Wenn eine Gesellschaft übermäßig streng und diszipliniert ist, **rebelliert die nächste Generation** und bringt eine lebensfrohe Gesellschaft hervor, die sich auf Freiheit und Vergnügen konzentriert; eine dritte Generation, die von bedeutungslosem Exzess und zügelloser Freiheit gesättigt ist, mäßigt ihr Verhalten und lässt gemäßigte Versionen früherer Traditionen wieder aufleben.

POLITISCHE ENTWICKLUNG

Trotz seiner religiösen Konnotationen inspirierte dieser Begriff des unvermeidlichen Fortschritts und der Selbstverwirklichung auch atheistische und säkulare Philosophen. **Karl Marx** stellte den idealen kommunistischen Staat als die hegelsche Synthese von Feudalismus und Kapitalismus dar. **Francis Fukuyama** sah in *Ende der Geschichte* und *Der letzte Mensch* im Fall der Berliner Mauer ein Ende der konkurrierenden Ideologien von Kommunismus und Kapitalismus und damit der Geschichte selbst. Wie die nachfolgenden Ereignisse jedoch nahelegten, lag entweder Hegel falsch oder die Geschichte ist noch nicht zu Ende.

DAS ABSOLUTE

Für Hegel führt dieser dialektische Prozess zu einem **endgültigen Ziel**. Während sich der menschliche Geist, der die Geschichte antreibt, entwickelt, werden die Gegensätze, durch die er sich ausdrückt, differenzierter und umfassender, bis alles in einem einzigen, fast mystischen Moment der **Selbsterkenntnis** vereint ist, den Hegel **das Absolute** nannte.

PESSIMISMUS

Arthur Schopenhauer argumentierte, dass die Natur einen blinden Willen zum Ausdruck bringe, der grundsätzlich im Widerspruch zur menschlichen Vernunft stehe, ein Konflikt, der die Existenz zu einer ständigen Quelle des Leidens mache.

 NAME ARTHUR SCHOPENHAUER

 ZEIT 1788–1860

 HERKUNFT DEUTSCHLAND

 SCHULE TRANSCENDENTALER IDEALISMUS/PESSIMISMUS

 HAUPTWERKE *DIE WELT ALS WILLE UND VORSTELLUNG*

 BEITRÄGE ETHIK, METAPHYSIK, ÄSTHETIK

WILLE UND VORSTELLUNG

Ausgehend vom Werk Karts teilte **Schopenhauer** die **Realität** in Wille und Vorstellung. Aber während er mit Kant übereinstimmte, dass Wahrnehmung (Vorstellung) eine Art mentaler Schleier war, der über die Welt geworfen wurde, argumentierte er, dass das, was Kant das Ding-an-sich nannte, die Realität hinter den Erscheinungen, die wir nie direkt wahrnehmen können, in uns durch die Naturkräfte gefühlt wird, die sich in Instinkt und Verlangen (dem Willen) ausdrücken. In gewisser Weise sind **unsere Motive** also der **Ausdruck dieser nicht wahrnehmbaren Realität**.

VERSTECKTE EINFLÜSSE

Für Schopenhauer existiert Gott nicht, und die Natur ist den menschlichen Belangen gegenüber gleichgültig. Aus diesem Grund gilt er als philosophischer Pessimist. **Der Wille** kümmert sich nicht um den Menschen oder die rationale Ordnung und die moralischen Werte, die wir unseren Angelegenheiten auferlegen wollen, sondern **richtet sich eher nach seinen eigenen natürlichen Zielen**. Wie Darwin und Freud später argumentierten, beeinflussen und untergraben oft unbewusste tierische Instinkte für immer unsere bewussten Ziele. Das ist die Quelle allen Elends.

ASKESE

Was ist dann die Antwort? Der soziale Fortschritt ist vergeblich, denn die **Menschen werden immer vom Willen getrieben**. Für Schopenhauer, wie für den Buddhismus (den er später für sich entdeckte), ist die einzige **Lösung**, dem Verlangen den Rücken zu kehren und zu versuchen, in eine **Welt der reinen asketischen Kontemplation** zu flüchten, in der wir unseren Sinn für uns selbst und all seine damit verbundenen Wünsche, Schmerzen und Freuden verlieren können.

ANTHROPOMORPHISMUS

Feuerbach meinte, dass Religion ein menschliches Bedürfnis erfülle und dass Gott im Wesentlichen eine Projektion menschlicher Qualitäten sei.

 NAME LUDWIG FEUERBACH

 ZEIT 1804–1872

 HERKUNFT DEUTSCHLAN

 SCHULE HUMANISMUS

 HAUPTWERKE *DAS WESEN DES CHRISTENTUMS*

 BEITRÄGE RELIGIONSPHILOSOPHIE

HUMANISMUS

Obwohl **Feuerbach** für einige Aspekte der Religion Sympathien hegte (er leugnete, »Atheist« im herkömmlichen Sinne zu sein), versuchte er, den **Gottesbegriff vom Menschen her** zu verstehen, im Gegensatz zu theologischen oder mystischen Ansätzen. Somit ist sein Zugang eine Form des Humanismus, und seine Darstellung von Gott als menschliche Projektion sollte später Denker wie Marx, Freud und Nietzsche beeinflussen.

RELIGIÖSE SPRACHE

Feuerbachs Begriff der religiösen Projektion stammt eigentlich aus einer alten theologischen Debatte darüber, ob wir tatsächlich sinnvoll über Gott sprechen können.

←»positiver Weg« »negativer Weg«→

POSITIV UND NEGATIV

Befürworter der **kataphatischen Theologie** argumentieren, dass es eine **gewisse Verbindung zwischen göttlichen und menschlichen Qualitäten** gibt – z.B. zwischen der Weisheit und Stärke Gottes und jener der Menschen. Aber diejenigen, die das leugnen, befürworten eine *via negativa* oder negativen Weg (**apophatische Theologie**) und argumentieren, dass Gott so verschieden von uns ist, dass wir nur in Bezug auf das, was er nicht ist, über ihn sprechen können. Feuerbach benutzt diese Einschränkung, um den positiven Ansatz als falsch zu werten und zu erklären, dass der traditionell gedachte **Gott nur eine Projektion menschlicher Qualitäten** ist. In dieser Debatte geht es nicht um Glauben gegen Atheismus, sondern um eine Kontroverse über das Wesen der religiösen Sprache.

PROJEKTION

Da wir ein unendliches Wesen nicht verstehen können, projizieren wir es notwendigerweise auf unsere eigenen menschlichen Werte, aber stark vergrößert. **Gott ist allwissend**, eine Erweiterung der menschlichen Intelligenz. Er ist allmächtig, eine Verstärkung der menschlichen Stärke. Sein Mitgefühl ist einfach **menschliche Liebe**.

 klein   grausam   schwach   unbarmherzig

ETHISCHER EGOISMUS

Während Marx Hegels Philosophie als Argument dafür nahm, dass sich die Gesellschaft zu gemeinschaftlichen Verpflichtungen weiterentwickeln müsse, meinte Max Stirner, die einzige Pflicht eines Menschen sei sein eigenes Selbst.

 NAME MAX STIRNER

 ZEIT 1806–1856

 HERKUNFT DEUTSCHLAND

 SCHULE EGOISMUS/INDIVIDUALISTISCHER ANARCHISMUS

 HAUPTWERKE *DER EINZIGE UND SEIN EIGENTUM*

 BEITRÄGE ETHIK

INDIVIDUALISMUS

Stirner ist eine interessante Figur. Er wird oft als **Anarchist** bezeichnet, aber im Gegensatz zu Kropotkin oder Bakunin lehnte er jede Form der sozialen Organisation ab. Er deutet den Existenzialismus an, wenn er meint, dass wir **authentisch zu uns** selbst sein müssen. Wir sollten uns deshalb von falschen Konzepten und Ideologien trennen, die von außen aufgezwungen wurden – seien sie religiös, politisch oder philosophisch. Am ehesten könnte man ihn wohl einen **Individualisten** nennen.

FREIWILLIGER EGOISMUS

Stirner argumentierte, dass diejenigen, die denken, dass sie aus »Altruismus« oder »Güte« handeln (**unfreiwillige Egoisten**), sich selbst täuschen, denn **wir sind** eigentlich **alle getrieben, unser Eigeninteresse** zu verfolgen. Wir müssen daher diese Tatsache annehmen (und **freiwillige Egoisten** werden). In diesem Rat unterscheidet sich Stirner von **psychologischen Egoisten wie Freud**, die dachten, wir sollten widerstehen, sublimieren und unsere egoistischen Triebe transzendieren, und richtet sich an **ethische Egoisten wie Nietzsche**, die argumentierten, dass es ein Weg zu Glück und Erfüllung sei, unserem Willen zur Macht zu folgen.

EIGENTUM UND BESITZ

Für Stirner hat das Selbst kein Wesen und keinen Charakter und keine inhärente »Rationalität«, die als Grundlage für ethische oder gemeinschaftliche Standards dienen könnte. Wie also werden **Eigentum und Rechte geschützt?** In **ethischer und rechtlicher Hinsicht sind sie es nicht**. Man besitzt etwas nur, wenn man in der Lage ist, es **aus eigener Kraft** zu erwerben und zu behalten. Möglicherweise gibt es lose Verbindungen von freiwilligen Egoisten, meint Stirner, aber eine solche »Gesellschaft« dürfte ziemlich brutal sein, und es ist schwer vorzustellen, wie sie Bestand haben könnte.

PHILOSOPHIE DER NEUZEIT

REGELUTILITARISMUS

Während John Stuart Mill weitgehend mit den Prinzipien von Benthams Utilitarismus übereinstimmte, meinte er, dass simple Lust als Äquivalent des Guten wohl zu grob sei.

 NAME JOHN STUART MILL

 ZEIT 1806–1873

 HERKUNFT ENGLAND

 SCHULE UTILITARIANISMUS

 HAUPTWERKE ÜBER DIE FREIHEIT; UTILITARIANISMUS; ÜBER DIE REPRÄSENTATIVREGIERUNG

 BEITRÄGE ETHIK, POLITISCHE PHILOSOPHIE

DIE QUALITÄT DER LUST

Für **Bentham** gab es keine Unterschiede in der Qualität der Lust. Eine vergnügliche Handlung mag mit Schmerzen oder anderen unangenehmen Folgen einhergehen, aber was auch immer die fragliche Handlung war, die Lust war immer von der gleichen Art. Ob Poesie oder Kneipenspiele, das einzige, **was Handlungen unterschied, war die Menge an Freude (oder Schmerz), die sie hervorriefen.**

SOKRATES UND DAS SCHWEIN

Mill hielt das für falsch: Es sei viel **besser, ein unglücklicher Mensch zu sein als ein glückliches Tier**; besser, ein unzufriedener Sokrates zu sein als ein zufriedenes Schwein. Es kam auf die **Qualität der Lust** an, und ein intellektuelles Leben, das mit ewigen Fragen zu kämpfen hatte, war dem ungeprüften Leben des einfachen Hedonismus vorzuziehen.

REGELN

Mill wies nicht nur auf die Qualität der Lust hin, sondern auch darauf, dass **Benthams Utilitarismus** auf einzelne Akte beschränkt war. Aber ob eine bestimmte Handlung mehr Freude bringt, kann sich je nach schwankenden Einflüssen ändern. Und – lassen wir einmal Benthams Felicific Calculus beiseite – es ist auch etwas, das schwer zu berechnen ist. Aber vor allem scheint der Utilitarismus das zu rechtfertigen, was wir traditionell als **unmoralische Handlungen** betrachten würden: Wenn es etwa Richter, Geschworene und Presse glücklich macht, eine unschuldige Person eines Verbrechens zu bezichtigen, kann man das deshalb rechtfertigen? Um so etwas zu verhindern, schlug Mill vor, dass wir **Verhaltensregeln** befolgen sollten, die – im Allgemeinen – zu den besten Ergebnissen führen. Und insgesamt kommt ein konsequent korruptes Justizsystem der Gesellschaft als Ganzes nicht zugute.

DAS PRINZIP DES SCHADENS

Mill war ein philosophischer Liberaler, der argumentierte, dass die Gesellschaft nur jene Handlungen regulieren sollte, die anderen schaden oder ihre Freiheit einschränken.

DIE DIKTATUR DER MEHRHEIT

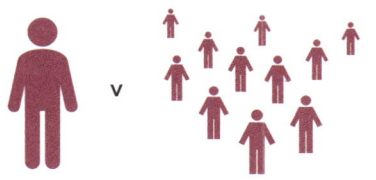

Das Problem mit dem Utilitarismus – und mit der Demokratie im Allgemeinen – ist, dass es ein Potenzial für das gibt, was Mill die **Tyrannei der Mehrheit** nannte. Weil selbst eine gut regierte Gesellschaft die Werte und Ideen der Mehrheit ihrer Mitglieder widerspiegeln wird, werden diejenigen, die diese nicht teilen, marginalisiert oder verfolgt.

EIGENVERANTWORTUNG

Mill meinte daher, dass zum Schutz der individuellen Freiheit sich die Gesetze der Gesellschaft nur auf die Handlungen beziehen sollten, die andere betreffen. Wenn ich jemanden bestehle oder ihm mit Gewalt drohe, verletze ich seine Rechte auf Eigentum bzw. persönliche Sicherheit. Die **Gesellschaft sollte einschreiten, um solche Schäden zu verhindern**. **Alles andere** – was Mill als **eigenverantwortliche Handlungen** bezeichnete – sollte in Ruhe gelassen werden. Obwohl ich meinen Unmut über Ihren Musikgeschmack oder Ihre ungesunden Essgewohnheiten äußern kann, habe ich kein Recht, Sie zu zwingen, das zu ändern.

REDEFREIHEIT

Mills Prinzip des Schadens ist eine Art **goldene Regel** sowohl für das persönliche Verhalten als auch für die öffentliche Gesetzgebung. Es setzt auch eine Grenze für das, was gesagt werden kann und was nicht. Grundsätzlich ist Mill **gegen Zensur** und argumentiert, dass unterdrückte Ansichten uns wichtiger Minderheitenmeinungen berauben, die die falschen Ansichten der Mehrheit in Frage stellen könnten (man denke nur daran, dass Frauenwahlrecht und Abschaffung der Sklaverei einst Minderheitenansichten waren). Zensur bringt Andersdenkende dazu, ihre Ansichten zu verbergen, die für die öffentliche Diskussion und für alle von Vorteil sein könnten. Die einzige **Grenze der Redefreiheit** ist da, wo sie in **Hetze** übergeht – das heißt, wo Worte dazu aufrufen, jemanden körperlich anzugreifen und ihm zu schaden.

PHILOSOPHIE DER NEUZEIT

DEMOKRATIE

Mill forderte, dass die moderne Demokratie die Form einer repräsentativen Herrschaft annehmen müsse, in der das Wahlrecht auf alle gebildeten Erwachsenen ausgeweitet wird.

IDEALE DEMOKRATIE

Obwohl sie dem demokratischen Ideal auf manche Weise nicht entsprach (Einsatz von Sklaven, Haltung gegenüber Frauen und Einwanderern), wird die Demokratie des antiken Athen oft nostalgisch als der letzte Punkt angesehen, an dem »wahre« Demokratie existierte. Das liegt daran, dass sie vielen Einzelpersonen ein **direktes Mitspracherecht** in politischen Angelegenheiten ermöglichte – etwas, was moderne Demokratien, in denen die Wähler einen Vertreter wählen, der für sie spricht, aus logistischen Gründen nicht tun können.

Ideal vs. Repräsentative Demokratie

PARTIZIPATION

Mill argumentiert, dass die **repräsentative Demokratie** als beste Regierungsform einer gutartigen Diktatur überlegen ist. Er meint jedoch auch, dass moderne Demokratien in anderen Punkten hinter dem demokratischen Ideal zurückbleiben. In der zweiten Hälfte des 19. Jahrhunderts schlossen die meisten bestehenden Demokratien noch Frauen und Arme von der Wahl aus. Aber, argumentierte Mill, Reichtum sei irrelevant und intellektuelle und moralische Unterschiede zwischen Männern und Frauen oder Menschen im Allgemeinen kämen hauptsächlich aus der **Erziehung**. Durch die **Ausweitung der Partizipation und die Aufklärung der wählenden Bevölkerung** ermutigen wir die Menschen, in Angelegenheiten, in denen sie ein Mitspracherecht haben, volle Bürger zu werden, die – aus utilitaristischer Sicht – eine Gesellschaft nur glücklicher machen können.

Männer Frauen Arme

MEINUNG

Mill erkannte aber auch Gefahren in der Ausweitung des Stimmrechts. Das Wissen einer Person über Ethik und Politik kommt größtenteils durch Meinung und Erfahrung. Es ist also wichtig, dass die Bevölkerung in den Fähigkeiten gebildet wird, die erforderlich sind, Themen zu analysieren. Wir müssen nicht nur die **Wähler erziehen**, sondern sie auch **durch ausreichende Expertise gegen die Tyrannei der Mehrheit schützen**. Mill schlug daher vor, dass gebildetere Personen mehr Stimmen erhalten sollten und dass ein ideales Parlament aus zwei Kammern bestehen sollte, die zweite aus intellektuell herausragenden Menschen, die die Handlungen der ersten überwachen sollten.

EVOLUTION

Obwohl die Evolutionstheorie als wissenschaftliche Theorie von großer Bedeutung ist, hat sie auch eine Reihe wichtiger philosophischer Konsequenzen.

 NAME CHARLES DARWIN

 ZEIT 1809–1882

 HERKUNFT ENGLAND

 SCHULE EVOLUTIONSLEHRE

 HAUPTWERKE DIE FAHRT DER BEAGLE; DIE ENTSTEHUNG DER ARTEN; DIE ABSTAMMUNG DES MENSCHEN

 BEITRÄGE METAPHYSIK

MENSCHEN UND TIERE

Die gemeinsam von den Naturforschern **Charles Darwin** und **Alfred Russel Wallace** (1823–1913) – obwohl heute meist Darwin allein genannt wird – Theorie der **Evolution durch natürliche Selektion** stellt eine Alternative zu übernatürlichen Berichten über die Entstehung und Entwicklung des Lebens auf der Erde dar. Anstatt dass die Menschen Gott eingesetzte Herrscher der Welt sind oder die Besitzer einzigartiger intellektueller oder moralischer Fähigkeiten, postuliert die Evolution, dass wir uns im Wesentlichen n**icht von den Tieren unterscheiden,** von denen wir eigentlich abstammen.

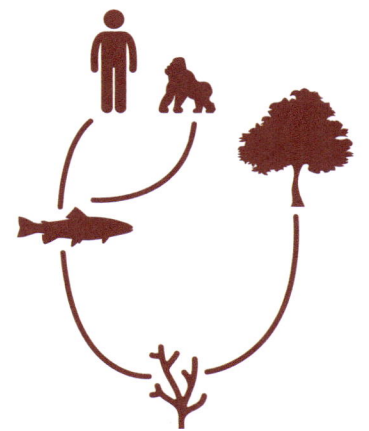

NATÜRLICHE SELEKTION

Die treibende Kraft der **Evolution ist die natürliche Selektion**. Wie die moderne Genetik gezeigt hat, geben Organismen natürliche Eigenschaften über Gene an Nachkommen weiter. Große Eltern neigen dazu, große Kinder zu haben. Manchmal kann jedoch stattdessen das Größengen eines kleineren Vorfahren, das noch in der DNA eines Elternteils (latent) vorhanden ist, weitergegeben werden. Außerdem macht die Natur gelegentlich Fehler beim Kopieren von Genen, dann treten **Mutationen** auf, was zu unerwarteten Varianten führt. Die Umgebung, in der sich ein Organismus befindet, hilft auf natürliche Weise auszuwählen, welche Organismen überleben, um sich vermehren und ihre Gene weitergeben zu können. Über den langsamen Weg der Jahrtausende hat dieser relativ einfache Prozess die unzähligen Arten hervorgebracht, die die Erde bewohnen.

SOZIALDARWINISMUS

Philosophisch ist die Evolution interessant, weil sie davon ausgeht, dass die Natur nicht teleologisch ist (keinen Zweck oder kein Ziel hat) – die dominante Spezies des Planeten könnte sich aus Eidechsen oder Delfinen entwickelt haben statt aus Affen. Aber es gibt auch eine Konsequenz für die Ethik: Wenn sich – wie einige meinen – Menschen durch Macht und Dominanz entwickelt haben, **die starken und »gut angepassten« Überlebenden auf Kosten der Schwachen,** sollten Moral und Gesellschaft das nicht widerspiegeln? (Äh ... nein!)

ANGST

Søren Kierkegaard argumentierte, dass der Preis, den Menschen für ihre Freiheit zahlen, eine tief sitzende Angst ist, wie sie sie nutzen sollten.

 NAME SØREN KIERKEGAARD

 ZEIT 1813–1855

 HERKUNFT DÄNEMARK

 SCHULE EXISTENTIALISMUS

 HAUPTWERKE *DER BEGRIFF DER ANGST; ENTWEDER/ODER; FURCHT UND ZITTERN; DIE KRANKHEIT ZUM TODE*

 BEITRÄGE ETHIK, RELIGIONSPHILOSOPHIE

EXISTENTIELLE ANGST

Im Gegensatz zur spezifischen Furcht, die wir in Bezug auf eine gegenwärtige Gefahr empfinden könnten – ein heranrauschendes Auto, einem wilden Bären gegenüber –, oder einer eher niedrigen Sorge – mit dem Geld auszukommen, ein Besuch beim Zahnarzt – ist **Angst ein allgemeineres Gefühl**. Sie kann zwar in bestimmten Situationen offenbar werden, ist aber eher eine Konsequenz der menschlichen Existenz – weshalb man manchmal von existentieller Angst spricht.

SELBSTZERSTÖRERISCHE TRIEBE

Wenn Sie auf einem hohen Gebäude stehen, können Sie sich vorstellen, hinunterzuspringen. Wenn Sie ein Auto fahren, können Sie sich vorstellen, gegen eine Wand zu krachen. Solch dunkle Gedanken sind keine Seltenheit. Sie sind kein Beweis für einen selbstzerstörerischen Drang, meint Kierkegaard, sondern eine Folge unserer Freiheit: **Wir können alles tun, wenn wir es wünschen – und das macht uns Angst**. Es ist ein ständiges unterschwelliges Gefühl, das all unseren Entscheidungen zugrunde liegt, und es ist ein Gefühl, dem wir oft zu entkommen versuchen oder das wir mit Vergnügungen und Ablenkung überspielen wollen. Doch es taucht anderswo wieder auf, es gibt kein Entrinnen.

GLAUBE

Was ist die Antwort? Für Kierkegaard ist es der Glaube. Wie ein Seemann, der auf eine turbulente See geworfen wird und zu den Sternen aufschaut, müssen wir unseren **Fokus auf** das Unveränderliche richten, auf die **ewigen Werte und Versprechungen Gottes**.

ZIVILER UNGEHORSAM

Henry David Thoreau meinte, dass die Pflicht eines Bürgers nicht das Gesetz sei, sondern sein eigenes Gewissen, und wo die beiden sich widersprechen, sei seine einzige Möglichkeit, gewissenhaft die Gesetze zu brechen.

 NAME HENRY DAVID THOREAU

 ZEIT 1817–1862

 HERKUNFT AMERIKA

 SCHULE TRANSZENDENTALISMUS

 HAUPTWERKE *ZIVILER UNGEHORSAM; WALDEN*

 BEITRÄGE ETHIK, POLITISCHE PHILOSOPHIE

TRANSZENDENTALISMUS

Thoreau wurde stark vom Transzendentalismus beeinflusst, einer philosophischen Bewegung, die unter anderem mit Ralph Waldo Emerson (1803–82) verbunden war und die **Eigenständigkeit in moralischen und spirituellen Angelegenheiten** predigte. Diese Idee der Eigenständigkeit inspirierte Thoreau zu einem zweijährigen Experiment des einfachen Lebens in einer einsamen Hütte in der Nähe von Walden Pond, Concord, Massachusetts (eine Erfahrung, die in *Walden* beschrieben wird).

STEUERN

Dort lehnte **Thoreau** eine Steuervorschreibung ab und begründete sie mit seiner Ablehnung der Sklaverei des amerikanischen Kriegs gegen Mexiko, woraufhin er inhaftiert wurde. Obwohl seine Haft nur einen Tag dauerte (eine Tante zahlte ungebeten seine Schulden), veranschaulicht der Vorfall Thoreaus Haltung gegenüber Autorität: Wir sollten **nach unserem Gewissen handeln, unabhängig von den Konsequenzen**. Wenn ein Gesetz ungerecht ist, werden Wahlen es nicht ändern, da das System so angelegt ist, dass eine Gesetzesreform nur langsam und zögerlich passiert – sogar die Verfassung schien in ihrer ursprünglichen Form Sklaverei zu erlauben.

BEGRENZTE MACHT

Thoreau ist eine komplexe Figur. Sein Individualismus zieht Libertäre und Anarchisten an. Keine Regierung sei jemals völlig gerechtfertigt und **es »sei das Beste, wenn überhaupt nicht regiert wird«**. Er widersetzte sich jedoch nicht der Besteuerung für wichtige öffentliche Dienstleistungen, nur derjenigen, die die korrupte politische Agenda einer Regierung unterstützte. Obwohl er bereit war, sich den Folgen seiner eigenen Gesetzesübertretung friedlich zu stellen, war er kein Pazifist – wie in seiner Verteidigung des Abolitionisten John Brown (1800–1859) zu sehen ist, der wegen des Versuchs, einen Sklavenaufstand zu provozieren, hingerichtet wurde. In Kombination mit seinem **leidenschaftlichen Ökologismus** scheint ihn das zu einem Vorreiter der heutigen Extinction-Rebellion-Bewegung zu machen, der neben jenen protestieren würde, die für die Zukunft unseres Planeten das Gefängnis riskieren.

ENTFREMDUNG

Marx argumentierte, dass ein Individuum in einer kapitalistischen Gesellschaft niemals glücklich oder erfüllt sein könnte, da Ausbeutung und Ungleichheit Teil des Systems selbst sind.

 NAME KARL MARX

 ZEIT 1818–1883

 HERKUNFT DEUTSCHLAND

 SCHULE MARXISMUS

 HAUPTWERKE DAS KAPITAL; DIE DEUTSCHE IDEOLOGIE; DAS KOMMUNISTISCHE MANIFEST

 BEITRÄGE POLITISCHE PHILOSOPHIE

DIE ARBEITSWERTTHEORIE

Ausgehend von der Arbeit früherer Ökonomen übernahm Marx die Arbeitswerttheorie. Der **Wert eines Produkts spiegelt die Zeit und den Aufwand für seine Herstellung wider**. Wenn ein Tischler zwei Wochen für einen Schrank braucht, sollte sich das in seinem Wert widerspiegeln.

ARBEITSTEILUNG

Mit der **Automatisierung** und dem **Fabriksystem** reduzierten die Kapitalisten die Kosten und die Zeit, die mit der Produktion verbunden waren. Durch Arbeitsteilung, bei der die **Produktion in einfache Schritte zerlegt** wurde, konnte eine Produktionslinie von gering qualifizierten (und niedrig bezahlten) Arbeitern Produkte in weit kürzerer Zeit montieren als ein einzelner qualifizierter Handwerker, wobei die Arbeitskräfte eine breite Palette von Waren herstellten, Als Individuen hatten sie keine Expertise in der Produktion.

ANGEBOT UND NACHFRAGE

Der Kapitalismus aber sieht **Wert als Funktion von Angebot und Nachfrage**. Es spielt keine Rolle, wie lange der Tischler braucht, sondern wie gefragt das Produkt ist. Ein großes Angebot an Schränken drückt den Preis nach unten, während ein Mangel ihn nach oben hebt. Kapitalisten argumentierten daher, dass **der Markt den Preis bestimmen** sollte, unabhängig von der betroffenen Arbeitskraft.

MEHRWERT

Das schuf **Mehrwert**. Die Bezahlung der Arbeiter pro Stunde und die durch die Automatisierung eingesparte Zeit ermöglichten eine höhere Produktion und **höhere Gewinne**. Anstatt ihr Auskommen durch Ackerbau oder Fischfang zu sichern, wurden die **Arbeiter dem Produkt ihrer Arbeit entfremdet**. Sie wurden bezahlt, um Dinge zu produzieren, die sie selbst nicht brauchten, und um jemand anderen zu bereichern.

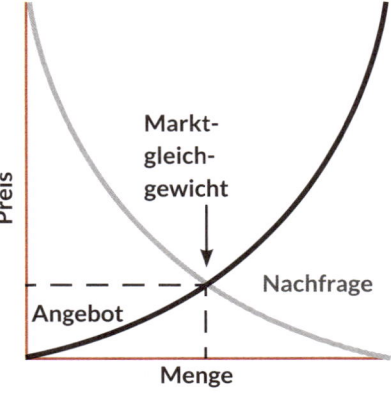

ÜBERBAU

Eine der wichtigsten Einsichten von Marx war es, zu zeigen, wie der Kapitalismus nicht nur die Beziehungen zwischen Arbeitgebern und Arbeitnehmern, sondern die gesamte Kultur und Gesellschaft prägt.

KULTURELLE VERSTÄRKUNG

Marx teilte die Gesellschaft in zwei Teile: die Basis (oder Unterbau) und den Überbau. **Basis** beschrieb die wirtschaftlichen Beziehungen zwischen Arbeitgebern und Arbeitern, während **Überbau** die Kultur und die sozialen Beziehungen beschrieb – wie Kunst und Literatur, Religion und Politik, Familienleben, Bildung und Medien. Der Kapitalismus bestimmt jedoch nicht nur die Werte, die die Kultur einer Gesellschaft ausdrückt, sondern diese **kulturellen Produkte verstärken auch die wirtschaftlichen Beziehungen**, die sie hervorgebracht haben. Ihre Beziehung ist zirkulär.

REVOLUTION

Um zu gedeihen, muss der Kapitalismus ein **System von Besitzenden und Besitzlosen** schaffen: die Bourgeoisie (die Kapitalisten, die die Fabriken und Arbeitsstätten besitzen – die Produktionsmittel) und das Proletariat (die Arbeiter, die ihre Arbeit verkaufen und für den Profit ausgebeutet werden). Nur durch die Veränderung dieser ausbeuterischen Beziehung – durch den **revolutionären Sturz von Institutionen und sozialen Beziehungen der kapitalistischen Gesellschaft** – kann die wirklich gerechte kommunistische Gesellschaft entstehen.

»Die kulturellen Produkte und sozialen Kräfte, die die wirtschaftlichen Beziehungen ausdrücken und verstärken.«

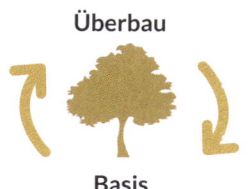

»Die wirtschaftlichen Beziehungen zwischen den Arbeitern (Proletariat) und den Fabrikbesitzern (Bourgeoisie).«

OPIUM FÜR DAS VOLK

Das beste Beispiel dafür ist Marx' berühmte Behauptung, dass **Religion** das »**Opium**« der Arbeiterklasse sei. Damit meinte er, dass die Religion die Vorstellung verstärkte, dass wir alle unseren rechtmäßigen Platz in der Gesellschaft haben, indem sie die Arbeiter tröstete, dass sie in diesem Leben leiden müssen, um danach ein Leben in Glück genießen zu können, und sie betäubte, damit sie die soziale Ordnung und die Ungleichheit im kapitalistischen System nicht in Frage stellten. Natürlich spielten auch andere Faktoren wie das **Bildungssystem, Zeitungen** und sogar **Theaterstücke** und **Romane** diese **verstärkende Rolle**, da sie Werte verkörperten, die die herrschenden Zustände stützten.

PRAGMATISMUS

C. S. Peirce meinte, dass philosophische Ideen nicht in obskuren metaphysischen Kontroversen verharren, sondern in ihren praktischen Konsequenzen beurteilt werden sollten.

 NAME CHARLES SANDERS PEIRCE

 ZEIT 1839–1914

 HERKUNFT AMERIKA

 SCHULE PRAGMATISMUS

 HAUPTWERKE »THE FIXATION OF IDEAS«; »HOW TO MAKE OUR IDEAS CLEAR«; »WHAT PRAGMATISM IS«

 BEITRÄGE ERKENNTNISTHEORIE, METAPHYSIK, LOGIK

PRAGMATISCHE MAXIME

Der Pragmatismus zu dessen Exponenten auch **William James** und **John Dewey** (1859–1952) zählen, ist eine philosophische Methode, das zu erlangen, was Peirce als »**Klarheit der Wahrnehmung**« in Bezug auf theoretische Konzepte bezeichnete. Welche Konsequenzen hätte der Glaube an eine Idee? Wenn er keine hätte, würde, unabhängig davon, ob die Idee wahr sein könnte oder nicht, der Glaube daran keinem praktischen Zweck dienen.

INTELLEKTUELLE WERKZEUGE

Damit scheint das Wissen auf praktische Dinge reduziert zu werden, ein Ansatz, der in der Wissenschaft nützlich sein kann. Aber der Punkt bei Peirce ist, dass, in evolutionären Begriffen, **Ideen Werkzeuge** sind, die wir entwickeln, **um die Welt zu steuern**. Francis Bacon – der vielleicht Sympathie für diesen Ansatz gehabt hätte – drückte es so aus: »Wissen ist Macht«.

BILDUNG

Eine klare Anwendung dieses Ansatzes findet sich in **John Deweys *Schriften über Bildung***, wo er befürwortete, dass – anstatt abstraktes Wissen um seiner selbst willen oder auch »praktische« Fertigkeiten zu lehren – den Menschen breitere **intellektuelle Methode**n zur Bewältigung der Welt vermittelt werden sollten, die jeder nutzen könnte, um in der Gesellschaft zu funktionieren.

KOHÄRENTISMUS

Während Descartes argumentierte, dass wir eine Grundlage **absoluter Sicherheit** brauchen, um die Wahrheit zu garantieren, würde ein Pragmatiker dies für unerreichbar halten und behaupten, dass wir besser dran wären, Überzeugungen danach zu beurteilen, ob sie ein kohärentes Ganzes bilden. Dann passen die Dinge, die nicht »wahr« sind, einfach nicht zum »Gesamtbild«. Dass die **Wahrheit auf das reduziert** wird, **was funktioniert**, sollte uns das nicht skeptisch machen – denn wozu würde sie sonst nützen? Es sollte uns eher demütig machen.

FREIER WILLE

Ob wir freien Willen besitzen oder nicht, ist eine Frage, die von den Ursprüngen der Philosophie bis in die Gegenwart gestellt wird.

 NAME WILLIAM JAMES

 ZEIT 1842–1910

 HERKUNFT AMERIKA

 SCHULE PRAGMATISMUS

 HAUPTWERKE DER WILLE ZUM GLAUBEN; DIE VIELFALT RELIGIÖSER ERFAHRUNG; PRAGMATISMUS; DILEMMA DES DETERMINISMUS

 BEITRÄGE RELIGIONSPHILOSOPHIE, ETHIK, ERKENNTNISTHEORIE

LIBERTARIANISMUS

Die meisten gehen davon aus, dass wir frei entscheiden können, wie wir handeln (auch wenn diese Handlungen unangenehme Folgen haben). Doch die als Libertarianismus bekannte Auffassung (nicht zu verwechseln mit der politischen Richtung gleichen Namens) widerspricht der ebenso natürlichen Annahme, dass jedes Ereignis eine Ursache hat, was aber bedeutet, dass **unser Handeln vorherbestimmt** ist.

DETERMINISMUS

Es gibt verschiedene Formen des Determinismus – **sozialer** (z. B. Überzeugungen werden durch Erziehung gebildet), **biologischer** (Gene prädisponieren Fettleibigkeit), sogar **theologischer** (Gott weiß unsere zukünftigen Entscheidungen). Solche Formen sind »hart« oder »weich«, je nach dem Ausmaß, in dem wir dennoch anders handeln könnten. Ich könnte meine sozial vererbten Überzeugungen ablehnen oder einer genetischen Veranlagung für Fettleibigkeit widerstehen (beide wohl »weich«), aber ich kann Gott nicht austricksen (»hart«). Die größte moderne Herausforderung für den Libertarismus ist jedoch nicht theologisch, sondern physisch. Wenn jede Wirkung eine Ursache hat und Materie alles ist, was existiert, dann kommt jede Entscheidung von der Wechselwirkung der Atome im Gehirn, die jede meiner Handlungen vorbestimmt. Der **kausale Determinismus** legt also nahe, dass der **freie Wille** eine **Illusion** ist.

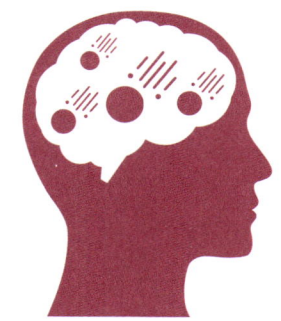

KOMPATIBILISMUS

Einige Philosophen argumentieren jedoch, dass einem bestimmten Sinn der freie Wille mit dem Determinismus vereinbar ist. Die Kompatibilisten argumentieren, dass ich »frei« bin, etwas zu tun, wenn es normalerweise in meiner Macht ist und keine externe Kraft mich daran hindert.

PRAGMATISMUS

Der Pragmatiker William James lehnte all diese Ansätze ab und betrachtete die Frage als **metaphysisch**, jenseits der Wissenschaft, und daher – wie die Existenz Gottes oder der Seele – als eine Frage der persönlichen (freien?) Entscheidung.

GLAUBE

William James versuchte, den religiösen Glauben gegen das Argument zu verteidigen, dass Glauben ohne ausreichende Beweise irrationales Verhalten bedeute.

PRAGMATISMUS

James argumentierte, dass der **Glaube** im Allgemeinen keine rein rationale Übung sei und dass Glaubenssätze nie absolut sicher oder von **unwiderlegbaren Tatsachen** belegt wären. Sogar unser Vertrauen in unsere Fähigkeit, eine einfache Aufgabe wie das Überqueren einer Straße oder das Schlagen eines Balls zu erledigen, erfordert ein gewisses Maß an »Glauben«. Weil eine solche **Gewissheit** unmöglich sei, argumentierte er, nähmen selbst Wissenschaftler eine pragmatische Einstellung zum Glauben ein und untersuchten jene **Hypothese**, die aus einer Reihe subjektiver Gründe für sie am vielversprechendsten zu sein scheine.

LEIDENSCHAFTLICHE NATUR

Bei der Entscheidung, ob wir etwas glauben sollen oder nicht, spielen laut James drei **subjektive Überlegungen** eine Rolle. Ist dieser Glaube (1) **lebendig oder tot**, (2) **erzwungen oder vermeidbar**, (3) **folgenreich oder trivial**? Ich könnte körperlich und geistig fähig sein, Astronaut zu werden, doch aus irgendeinem Grund – mangelndes Interesse an Raumforschung, mangelndes Selbstvertrauen – ist es für mich keine Option. Angesichts eines rasenden Autos wird mir die Entscheidung, mich zu bewegen, aufgezwungen. Aber ich kann es mir aussuchen, ob ich ein Eis esse oder nicht, was ein triviales Anliegen ist. Was bestimmt diese Entscheidungen? **Nicht – oder nicht nur – unsere Vernunft**, auch nicht irgendwelche verfügbaren Beweise, sondern unsere Emotionen und Instinkte, was James **unsere leidenschaftliche Natur** nennt.

DER WILLE ZUM GLAUBEN

Aber **James** meint nicht, dass wir uns einfach entscheiden können, zu glauben, was wir wollen. Wie **David Hume** sah er die Grenzen der Vernunft in der Entscheidung unserer Überzeugungen. Dennoch, argumentierte er, **wo Beweise nicht ausreichen**, um die Antwort zu bestimmen – wie es bei der Religion der Fall ist –, ist es zulässig, dass wir dem Diktat unserer **Emotionen und Instinkte** folgen.

ANARCHISMUS

Der Anarchismus lehnt die Idee ab, dass eine Gesellschaft die Notwendigkeit eines Staates erfordert, dem die Bürger Gehorsam schulden, und meint, dass soziale Ordnung ohne traditionelle Regierungsformen möglich ist.

 NAME PIERRE-JOSEPH PROUDHON

 ZEIT 1809–1856

 HERKUNFT FRANKREICH

 SCHULE ANARCHISMUS

 HAUPTWERKE *WAS IST EIGENTUM?; PHILOSOPHIE DER ARMUT*

 BEITRÄGE POLITISCHE PHILOSOPHIE

KLASSISCHER ANARCHISMUS

Man unterscheidet traditionell in zwei Formen des Anarchismus. Die **klassische oder sozialistische Form** (die moderne individualistische Form werden wir uns später ansehen) entstand neben dem Kommunismus im 18. Jahrhundert, teilweise als Antwort auf die industrielle Revolution, aber auch inspiriert von den Ereignissen der Französischen Revolution.

BESITZ

So wie **Marx** lehnte der französische Philosoph **Pierre-Joseph Proudhon** den Begriff des Privateigentums ab und argumentierte, dass solche Dinge wie Land das gemeinsame Eigentum der Gesellschaft als Ganzes seien. **Marx** sah den Gehorsam gegenüber einem **zentralisierten kommunistischen Staat** vor, der Gleichheit gewährleistete und dem alles gehörte. Stattdessen plädierte **Proudhon** für **persönliches Eigentum**. Handwerker und Arbeitergenossenschaften sollten ein gewisses Maß an Eigentum oder privilegierter **Nutzung ihrer Produktionsmittel** haben – ein Zimmermann sein Werkzeug, oder Landarbeiter ihre Felder – und die Produkte ihrer eigenen Arbeit verkaufen können- nicht mit Gewinn zu, sondern um dafür die für sie notwendigen Waren kaufen zu können. Er nannte dieses Wirtschaftssystem **Mutualismus**.

GEGENSEITIGE HILFE

Im Gegensatz zu Philosophen wie Hobbes, Locke und Rousseau lehnten **klassische Anarchisten** auch die Theorie des Gesellschaftsvertrags ab und argumentierten, dass **soziale Ordnung ohne zentrale Autorität** möglich sei. Anarchisten haben im Allgemeinen eine positivere Sicht der menschlichen Natur und betonten ihre **altruistischen und gemeinschaftlichen Aspekte**. Entsprechend argumentierte der russische anarchistische Philosoph **Pyotr Kropotkin** (1842–1921) auf der Grundlage seiner biologischen Studien, dass – von Vogelschwärmen und Schafen über Bienenstöcke und Ameisenkolonien bis hin zu Wolfsrudeln – die Natur zahlreiche Beispiele für spontane Zusammenarbeit biete. Und wenn Menschen dazu bestimmt sind, in **Gemeinschaften** zu leben (wie Aristoteles argumentierte), dann ist unser tiefster Triebinstinkt vielleicht nicht Dominanz oder Wettbewerb, sondern »gegenseitige Hilfe«.

NIHILISMUS

Der deutsche Philosoph Friedrich Nietzsche proklamierte bekanntermaßen »Gott ist tot«, aber die wahre Bedeutung seiner Aussage wird oft nicht vollständig verstanden.

 NAME FRIEDRICH NIETZSCHE

 ZEIT 1844–1900

 HERKUNFT DEUTSCHLAND

 SCHULE EXISTENTIALISMUS

 HAUPTWERKE JENSEITS VON GUT UND BÖSE; ALSO SPRACH ZARATHUSTRA; ZUR GENEALOGIE DER MORAL; DER ANTI-CHRIST

 BEITRÄGE ETHIK, RELIGIONSPHILOSOPHIE, ERKENNTNISTHEORIE

PHILOSOPHIE DER NEUZEIT

HAT DAS LEBEN SINN?

Das Wort **Nihilismus** hat verschiedene Bedeutungen, wird aber allgemein verwendet, um die Meinung zu bezeichnen, dass es **keinen inhärenten Sinn im Leben** gibt und dass unsere Werte keine unabhängige Grundlage haben. Ohne Gott oder eine gütige menschliche Natur scheint es keine Grundlage für die traditionellen Vorstellungen von Wahrheit, Güte oder Schönheit zu geben.

GOTT UND DER IRRE

Obwohl Nietzsche der Philosoph ist, der am häufigsten mit dem Nihilismus in Verbindung gebracht wird, widmete er den größten Teil seiner Bemühungen, einer möglichen Alternative. Er erkannte, dass die westliche Kultur begonnen hatte, sich vom Glauben an Gott zu entfernen – durch Wissenschaft und Rationalismus, durch die Übernahme säkularer Werte und das Hochhalten des Individualismus – aber er hatte die Konsequenzen noch nicht vollständig erkannt. Und so ließ er in **Fröhliche Wissenschaft** einen Irren verkünden, dass wir Gott getötet hätten – aber dass wir noch nicht bereit seien für die Neuigkeit, denn wir haben kein System, keine Werte, die wir an seine Stelle setzen könnten.

WAS MICH NICHT UMBRINGT

Wodurch sollte Gott ersetzt werden? **Nietzsche** meinte, wir sollten unsere natürlichen Instinkte kultivieren und verfeinern und so unsere eigenen Werte entwickeln, statt die Sinnlosigkeit des Lebens zu beklagen. Dabei war das höchste Ideal nicht nihilistische Resignation oder buddhistische Gleichgültigkeit, sondern eine **freudige Akzeptanz** dessen, was das Leben einem entgegensetzt.

WILLE ZUR MACHT

Nietzsches berühmteste Doktrin besagt vor, dass alle Lebensformen nicht nur überleben wollen, sondern von dem Wunsch getrieben werden, der Welt ihren Willen aufzuzwingen – auch Philosophen.

RECHT DES STÄRKEREN

Der **Wille zur Macht** wird oft mit der Doktrin vom »Recht des Stärkeren« verwechselt, wo die Stärksten und Mächtigster einen moralischen Kodex schaffen, um ihre eigene Dominanz zu rechtfertigen. Obwohl diese Interpretation nicht völlig falsch ist, deutet sie eher auf ein eindimensionales Konzept von »gut« hin – eine Art »Moral des Höhlenmenschen«.

SKLAVENAUFSTAND

Aber der Wille zur Macht kann auf unterschiedliche Weise wirken. Mit der Verbreitung des Christentums unter den römischen Armen und Versklavten kam es zu einer **Umkehr der heidnische Tugenden**: Es sind nicht die Starken, Reichen oder Mächtigen, die Gottes Segen verdienen, sondern die Sanftmütigen, Armen und Demütigen. Moralische Gerechtigkeit besteht nicht in Vergeltung oder Rache, sondern in Vergebung und Mitgefühl. Auf diese Weise, argumentierte Nietzsche, stellt das **Christentum eine Art »Sklavenaufstand«** auf dem Gebiet der Moral dar, der es den Unterlegenen erlaubt, »geistige Macht« über die Starken auszuüben. Für Nietzsche ist die christliche Ethik daher das deutlichste Beispiel, dass der Wille zur Macht auf geniale und subtile Weise ausgedrückt werden kann – vielleicht sogar durch die Philosophie selbst.

GENEALOGIE DER MORAL

Nietzsche meint, dass auf diese Weise **moralische Konzepte** entstehen. In älteren heidnischen Kulturen, wie der des antiken Griechenlands und Roms, wurde »gut« mit Stärke, Gesundheit, Reichtum und anderen lebensbejahenden Eigenschaften in Verbindung gebracht, während »schlecht« mit Schwäche, Krankheit, Armut und so weiter verbunden war. Daraus leitete Nietzsche die Genealogie (Abstammung) unserer **modernen ethischen Konzepte** ab.

PHILOSOPHIE DER NEUZEIT

INTENTIONALITÄT

Intentionalität ist ein bestimmendes Merkmal mentaler Erfahrung, etwas, was wohl nur bewusste Wesen besitzen können.

 NAME EDMUND HUSSERL

 ZEIT 1859–1938

 HERKUNFT DEUTSCHLAND

 SCHULE PHÄNOMENOLOGIE

 HAUPTWERKE LOGISCHE UNTERSUCHUNGEN; KARTESIANISCHE MEDITATIONEN

 BEITRÄGE ERKENNTNISTHEORIE, METAPHYSIK

ZEITGENÖSSISCHE PHILOSOPHIE

PHÄNOMENOLOGIE

Die **Intentionalität** wird oft mit der **Phänomenologie** in Verbindung gebracht, einer von **Edmund Husserl** gegründeten philosophischen Schule, die sich auf das Werk seines Lehrers **Franz Brentano** (1838–1917) stützt. Statt auf die Beziehung des Geistes zu einer unabhängigen Welt zu fokussieren (dessen wahre Natur ohnehin unzugänglich ist), konzentrierte sich die Phänomenologie auf die Struktur und Natur der subjektiven Erfahrung – auf mentale Phänomene. Das beeinflusste spätere kontinentale Philosophen wie **Heidegger** und Bewegungen wie den Existentialismus, die Ansätze entwickelten, die philosophische Fragen im Hinblick auf subjektive menschliche Erfahrung und Sein untersuchten.

ÜBER-ETWAS-SEIN

Intentionalität darf nicht mit »Absicht« verwechselt werden. **Gedanken und Wahrnehmungen haben Intentionalität in Bezug auf das, worum es geht**. Ein mentales Bild meines Hundes ist nicht nur eine simple, neutrale Momentaufnahme von ihm, sondern etwas, was ihn in einem persönlichen Licht sieht – vielleicht liebevoll oder (wenn er weggelaufen ist) mit Bestürzung. Solche mentalen Objekte werden durch die Fülle unserer Überzeugungen, Wünsche, Einstellungen und Gefühle gefärbt und geformt. Wir sehen die Welt in unseren **Wünschen und Werten**.

GEIST UND DINGE

Eine Konsequenz davon ist, dass wir **Intentionalität** als ein **wesentliches Merkmal** betrachten, **das Geist von physischen Objekten unterscheidet.** Ein Stein oder ein Glas Wasser besitzt keine Absicht. Nur ein bewusster Geist, kann so wahrnehmen oder glauben oder wünschen, dass seine mentalen Repräsentationen Intentionalität besitzen. Bedeutet das aber, dass Computer (als physische Objekte) niemals eine wesentliche Eigenschaft des Geistes besitzen können? Ist echte Künstliche Intelligenz unmöglich? (Wir schauen uns das später an.)

VITALISMUS

Im Gegensatz zur modernen wissenschaftlichen Auffassung von Materie meinen die Vitalisten, dass es eine bestimmte Kraft oder ein Organisationsprinzip gibt, das das Leben von unbelebten Dingen unterscheidet.

 NAME HENRI BERGSON

 ZEIT 1874–1948

 HERKUNFT FRANKREICH

 SCHULE KONTINENTALPHILOSOPHIE

 HAUPTWERKE *DIE SCHÖPFERISCHE ENTWICKLUNG*

 BEITRÄGE METAPHYSIK

BELEBENDE PRINZIPIEN

Vitalismus kann als Ableger traditioneller religiöser, spiritueller und animistischer Lebensentwürfe angesehen werden. Was eine Sache »lebendig« macht, ist ihr **innerer immaterieller Geist**, ihre Seele. Die philosophische und wissenschaftliche Tradition des Vitalismus beginnt mit Aristoteles, der drei Arten von »Seele« unterscheidet – **vegetative Seele, Sinnenseele und Geist- oder Vernunftseele** – die jeder Ebene des Seins ihre charakteristische Form und gibt.

ÉLAN VITAL

Im Gegensatz zum Mechanismus argumentierten die Vitalisten, dass die Lebenskraft ihren eigenen inhärenten Zweck hat. Der französische Philosoph Henri Bergson meinte zum Beispiel, dass die **Natur** nicht Darwins mechanistischer natürlicher Selektion gehorchte, sondern, **durchdrungen von Elan,** spontan selbstorganisiert natürliche Formen auf kreative und nicht mechanistische Weise hervorbrachte.

MECHANISMUS

In jüngerer Zeit tauchte der Vitalismus als Gegenpol zu Descartes' mechanistischer Sicht der Materie wieder auf. Obwohl auch **Descartes** an rationale Seelen und »tierische Geister« glaubte, sah er die **biologische Materie als mechanistisch** an, die weder Bewusstsein noch Empfindung erforderte, sondern lediglich die blinde, unbewusste Bestimmung durch physikalische Gesetze.

MODERNER VITALISMUS

Die moderne vitalistische Tradition kann man in Schopenhauers **Willensbegriff**, Nietzsches **Willen zur Macht**, Bergsons *Élan vital*, im **Postmodernismus** von Michel Foucault und Gilles Deleuze und in der Lehre vom **Panpsychismus** erkennen. Sie findet sich auch in den **psychologischen Theorien** von Freud, Carl Jung und Wilhelm Reich. Der Vitalismus scheint eine extreme Ansicht zu repräsentieren, die wissenschaftlichen oder politischen Versuchen entgegentritt, das Leben – und die Menschen selbst – auf ein rationales Prinzip oder eine Reihe von Gesetzen reduzieren, ein Unterfangen, das – so die Vitalisten – zum Scheitern verurteilt ist.

UNTERBESTIMMUNG

Der französische Physiker und Philosoph Pierre Duhem argumentierte, dass wissenschaftliche Behauptungen nicht einzeln geprüft werden können, sondern nur in Bezug auf die Gesamttheorie, zu der sie gehören.

 NAME PIERRE DUHEM

 ZEIT 1861–1916

 HERKUNFT FRANKREICH

 SCHULE INSTRUMENTALISMUS

 HAUPTWERKE *ZIEL UND STRUKTUR DER PHYSIKALISCHEN THEORIEN; SAUVER LES APPARENCES*

 BEITRÄGE WISSENSCHAFTSPHILOSOPHIE, ERKENNTNISTHEORIE, METAPHYSIK

ZEITGENÖSSISCHE PHILOSOPHIE

DEN SCHEIN WAHREN

Duhem argumentierte, dass sich die Wissenschaft, von den alten Griechen bis hin zu Kopernikus, nicht so sehr mit der Beschreibung der wahren Realität (**Realismus**) befasste, sondern damit, den »**Schein zu wahren**« (Ereignisse so darzustellen, dass sie »sinnvoll erscheinen« – was auch immer die Wahrheit sein mag).

KONKURRIERENDE KOSMOLOGIEN

Die zeitgenössischen Wissenschaftler waren nach Meinung dieses Ansatzes des Instrumentalismus, angesichts der Wahl zwischen Ptolemäus' **geozentrischem** oder Kopernikus' **heliozentrischem** Bild des Universums, nicht so sehr darauf erpicht, zu erforschen, was richtig ist, sondern darauf, eine kohärentere Geschichte zu präsentieren die es uns ermöglicht, Ereignisse vorherzusagen und zu erklären – und die zu allem andern passt, was wir glauben.

ENTSCHEIDENDE EXPERIMENTE

Eine weitere Konsequenz dieser Sichtweise ist, dass Theorien als Ganzes Bestand haben oder scheitern und dass es keine »entscheidenden Experimente« geben kann, die eine einzelne **Hypothese** unabhängig von ihren Hintergrundannahmen testen können. Wenn ein Astronom des 16. Jahrhunderts Beobachtungen machte, die dem **ptolemäischen Weltbild** Probleme bereiteten, war es immer noch möglich, den **Geozentrismus** so zu flicken, dass »die Phänomene erhalten blieben« (was jahrhundertelang auch geschah). Die Bedeutung einer einzelnen Beobachtung oder eines einzelnen Experiments ist also immer relativ zum **Gesamtbild**, denn die Daten an sich sagen nichts darüber aus, welche Theorie wir annehmen sollten: Wir stehen immer vor einer **Wahl**.

KONFIRMATIONSHOLISMUS

Duhems These – die er nur auf die Physik anwenden wollte – wurde später von W. V. O. Quine aufgegriffen und erweitert, der argumentierte, dass Unterbestimmung ein allgemeines Merkmal des Wissens sei und dass **Überzeugungen nicht einzeln, sondern als Ganzes bewertet** werden müssen (was er »Konfirmationsholismus« nannte).

ZEIT

Philosophen sind seit langem fasziniert von der Natur der Zeit, von der Frage, ob die Zukunft feststeht, ob die Zeit unabhängig von Ereignissen ist oder ob die Zeit überhaupt existiert.

 NAME J. M. E. McTAGGART

 ZEIT 1866–1925

 HERKUNFT ENGLAND

 SCHULE IDEALISMUS

 HAUPTWERKE *DIE IRREALITÄT DER ZEIT*

 BEITRÄGE METAPHYSIK

ZEITGENÖSSISCHE PHILOSOPHIE

ZEIT UND VERÄNDERUNG

Denker wie **Platon und Isaac Newton** glaubten, dass die **Zeit unabhängig von Ereignissen** sei. Es könnte also Abschnitte leerer Zeit geben, in denen nichts passiert ist. Wenn ja, dann könnten (hypothetisch) Ewigkeiten zwischen dem Ein- und Ausatmen vergehen. Für Philosophen wie **Aristoteles und Leibniz** wären solche »leeren Zeiten« unmöglich, denn für sie ist **Zeit die Abfolge von Ereignissen.**

ZEIT UND WIRKLICHKEIT

Für **John McTaggart** ist die **Zeit selbst eine Illusion**. Sein drastisch vereinfachtes Argument: Ein Ereignis kann **vergangen, gegenwärtig und zukünftig** sein, aber wie könnte es alle drei gleichzeitig sein? Vielleicht können wir sagen, dass Sie das jetzt lesen, es in der Zukunft gelesen haben und es in der Vergangenheit lesen wollten? Aber das setzt die Wahrheit dessen voraus, was wir zu beweisen versuchen – dass Vergangenheit, Gegenwart und Zukunft unabhängig existieren. Man verwendet das Konzept der Zeit, um die **Realität von Zeit** zu beweisen.

ZEIT UND EXISTENZ

Ein weiteres **Zeit-Rätsel** bezieht sich auf die Existenz von Dingen in der Vergangenheit oder der Zukunft. Der **Präsentismus** geht davon aus, dass nur Dinge existieren, die »**jetzt**« sind. Aber muss es nicht etwas geben, in dem der Sturm der letzten Woche oder die Hitzewelle der nächsten Woche tatsächlich existierten, wenn man etwas darüber sagen will? In diesem Sinne argumentiert der **Eternalismus**, dass **Vergangenheit, Gegenwart und Zukunft** ständig existieren und Zeit wie ein räumliches Objekt ist – z. B. eine Straße oder ein Berg – wo »Vergangenheit«, »Gegenwart« und »Zukunft« lediglich verschiedene Orte darauf sind. Die Theorie von der Ausdehnung des Universums stimmt dem zu, außer in Bezug auf die Zukunft (die noch nicht geschaffen wurde).

MATHEMATIK

Bertrand Russell versuchte, die Mathematik auf Logik zu reduzieren, dabei half er, ein grundlegendes Paradoxon aufzudecken.

 NAME BERTRAND RUSSELL

 ZEIT 1872–1970

 HERKUNFT WALES

 SCHULE ANALYTISCHE PHILOSOPHIE

 HAUPTWERKE »ON DENOTING«; *PRINCIPIA MATHEMATICA; PROBLEME DER PHILOSOPHIE; PHILOSOPHIE DES ABENDLANDES*

 BEITRÄGE LOGIK, METAPHYSIK, ERKENNTNISTHEORIE

KLASSEN

Russells Versuch basierte auf der **Mengenlehre**. Die Zahl »1« kann als die Klasse (Menge) aller einzelnen Dinge betrachtet werden, die Zahl »2« als die Klasse aller Paare und so weiter.

1.
2.
3.

RUSSELLS PARADOXON

Aber das führte zu einem Paradoxon. Wie Fahrradräder und Zyklopenaugen sind Klassen selbst Dinge, die klassifiziert werden können. Wir können **logische Klassen** in zwei Arten unterteilen: **die, die Teil von sich selbst sind,** und **die, die es nicht sind.** Die Klasse aller Vögel ist selbst kein Vogel, aber die Klasse aller Klassen ist eine Klasse. Aber wenn wir »**die Klasse aller Klassen** schaffen, **die nicht Teil von sich selbst sind**«, dann stoßen wir auf einen Widerspruch. Ist solch eine Klasse ein Teil von sich selbst oder nicht?

DER BARBIER

Um dies zu veranschaulichen, schlug Russell eine Analogie vor. Aufgabe des Barbiers ist es, **jeden in der Stadt** zu **rasieren, der sich nicht selbst rasiert. Soll er sich selbst rasieren?** Wenn er es nicht tut, sollte er es tun (weil es seine Aufgabe ist, die zu rasieren, die es nicht tun); aber wenn er es tut, sollte er es nicht tun (weil es seine Aufgabe ist, nur die zu rasieren, die es nicht selbst tun).

UNVOLLSTÄNDIGKEIT

Russell versuchte, das Paradoxon zu lösen, indem er sagte, dass bestimmte Arten von Klassen nicht Teil von sich selbst sein können. Der Mathematiker **Kurt Gödel** zeigte jedoch ein tieferes Problem auf: **Ein mathematisches System wird immer Aussagen enthalten, die selbst nicht bewiesen werden können**, obwohl das System darauf beruht, dass sie wahr sind. Um es mit einer vereinfachten Analogie auszudrücken: Es ist unmöglich zu beweisen, dass man nicht verrückt ist, weil das bedingen würde, dass man seiner eigenen Vernunft vertraut.

NICHT-EXISTENZ

Der merkwürdige Status nicht existierender Dinge war für Philosophen lange ein Rätsel, bis Russell eine Lösung vorschlug.

DER DERZEITIGE KÖNIG VON FRANKREICH

Russell bittet uns, die Aussage zu überdenken: »Der derzeitige König von Frankreich ist kahlköpfig.« Da es keinen gegenwärtigen König von Frankreich gibt, wie bewerten wir die **Wahrheit der Aussage**? Zu sagen, dass sie einfach falsch sei, ist offenbar falsch, denn dann wir müssten wir wissen, dass es keine Möglichkeit gibt, in der der gegenwärtige König von Frankreich existiert und keine Haare hat. Aber sie scheint auch nicht sinnlos zu sein, denn wir können die Aussage zweifellos verstehen.

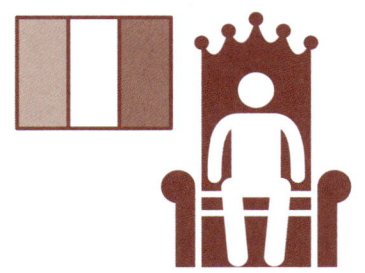

BEZEICHNEN

Das Problem ist, dass sogar fiktive Entitäten auf ihre Wahrheit oder Unwahrheit beurteilt werden müssen, um sinnvoll zu sein, meinen einige Philosophen. Sie müssen sich auf etwas beziehen oder etwas bezeichnen. Aber was? Der österreichische Philosoph **Alexius Meinong** (1853–1920) argumentierte, dass selbst **nicht existierende Entitäten eine Form des »Seins«** haben müssen, wenn nicht überhaupt physische »Existenz«. Aber mit seiner Theorie führt uns Meinong in ein geheimnisvolles Reich von Entitäten, das wohl auch unmögliche, aber vorstellbare Dinge einschließt.

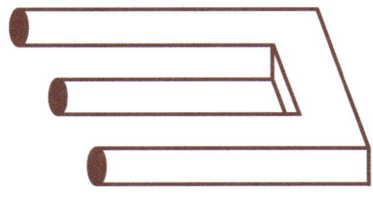
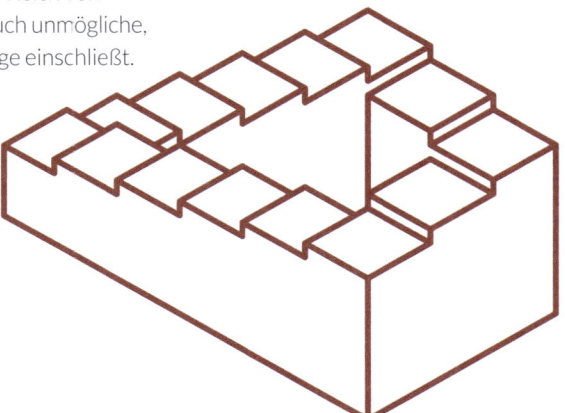

TÄUSCHUNGSMANÖVER

Was ist die Lösung? **Russell** meinte, dass hier ein Täuschungsmanöver dabei sei, denn die obige Aussage ist in Wirklichkeit nicht eine Behauptung, sondern drei: (1) Es gibt eine Person, die der gegenwärtige König von Frankreich ist. (2) Sie ist der einzige anwesende König von Frankreich. (3) Sie ist kahlköpfig. Auf diese Weise betrachtet enthält die Aussage eine **offensichtliche Unwahrheit**: (1) ist falsch, sodass wir uns keine Sorgen machen müssen, ob (3) wahr ist oder nicht. So analysiert, ist die Aussage daher **sinnvoll, aber falsch**.

ZEITGENÖSSISCHE PHILOSOPHIE

MENTALE ZUSTÄNDE

Bertrand Russell meinte, dass wir zwar nicht absolut sicher sein können, dass andere Menschen vergleichbare mentale Zustände haben wie wir, aber wir können es als sehr wahrscheinlich betrachten.

KARTESIANISCHE ZWEIFEL

Das Problem anderer mentaler Zustände scheint von **Descartes** zu stammen. Sie werden sich daran erinnern, dass er zwar behauptete, er könne nicht an der Existenz seines eigenen Geistes zweifeln, aber er hatte keine Gewissheit über die Existenz der Außenwelt – nicht einmal seines eigenen Körpers. Infolgedessen kann es wahr sein, dass andere keinen Verstand wie meinen besitzen oder dass überhaupt nur ich existiere (eine Ansicht, die als **Solipsismus** bekannt ist).

ARGUMENT AUS ANALOGIE

Russells Antwort war, dass das stärkste Argument für die Annahme, dass andere ebensolche mentalen Zustände wie meine eigenen haben, aus Analogie stammt. Ich kann beobachten, dass andere sich auf **ähnliche Weise** verhalten wie ich und da mein eigenes Verhalten mit mentalen Zuständen verbunden ist und durch sie verursacht wird, ist es vernünftig anzunehmen, dass das auch bei anderen so ist. Ich kann daher eine Analogie ziehen, indem ich mein **Wissen über die Beziehung zwischen meinem eigenen Verhalten und meinen mentalen Zuständen** und dem von anderen nutze.

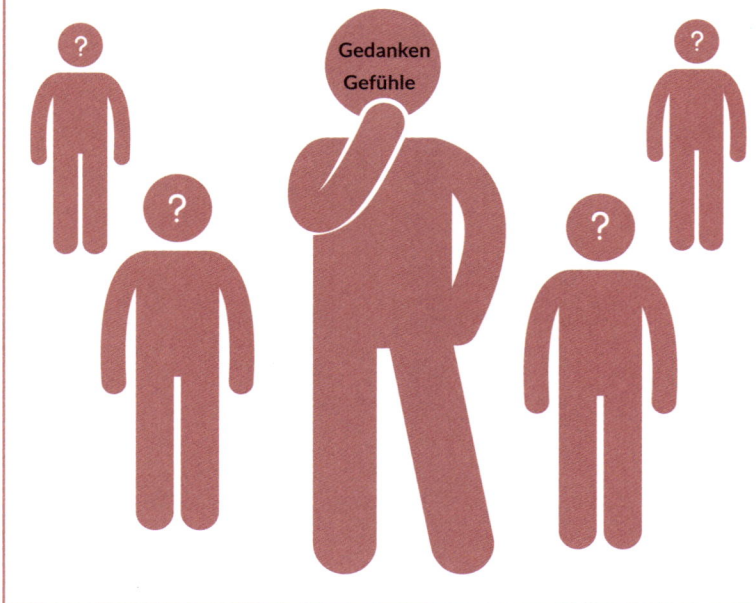

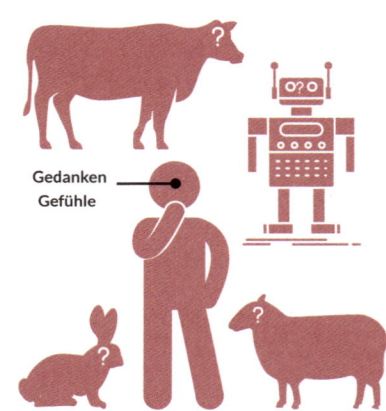

NICHT-MENSCHLICHE PERSONEN

Die vielleicht interessanteste Anwendung dieses Problems ist jedoch die Frage, ob Nicht-Menschen ähnliche mentale Zustände wie unsere eigenen besitzen können. »Denkt« oder »fühlt« ein **Hund** oder ein Affe auf gleiche Weise wie ein Mensch? Könnte ein **Computer** oder ein Roboter als »bewusst« oder »empfindungsfähig« angesehen werden? Wenn **Russell** Recht hat, dann liegt die Antwort auf diese Frage darin, **Schlussfolgerungen aus ihren Handlungen** zu ziehen, die auf einem Verständnis unseres eigenen Verhaltens und seiner Beziehung zu unseren inneren Gedanken und Gefühlen basieren.

STRUKTURALISMUS

Der Strukturalismus entwickelte sich in der Mitte des 20. Jahrhunderts und stützte sich auf das Werk des Schweizer Linguisten Ferdinand de Saussure.

 NAME FERDINAND DE SAUSSURE

 ZEIT 1857–1913

 HERKUNFT SCHWEIZ

 SCHULE STRUKTURALISMUS

 HAUPTWERKE GRUNDFRAGEN DER ALLGEMEINEN SPRACHWISSENSCHAFT

 BEITRÄGE METAPHYSIK, SPRACHPHILOSOPHIE

ZEICHEN UND BEDEUTUNG

Saussure sagte, dass **Sprachen ein System von Zeichen** seien. Diese Zeichen bestanden aus dem **Signifikant** (dem Ton oder Bild, das etwas darstellt) und dem **Signifikanten** (der Idee, auf die der Signifikant zeigt).

Signifikant

Signifikat

LANGUE UND PAROLE

Saussure erklärte diese Beziehung, indem er zwischen *langue* und *parole* unterschied. *Langue* bezieht sich auf die zugrunde liegenden Regeln und Beziehungen, die eine Sprache oder ein Zeichensystem regeln, während *parole* die tatsächlichen Wörter und Ausdrücke bezeichnet, die zur Kommunikation verwendet werden. Verschiedene Sprachen und Kulturen haben unterschiedliche paroles, können aber die gleiche zugrunde liegende *langue* teilen. **Um eine Kultur zu verstehen, müssen wir** daher **ihre Struktur verstehen.**

ANGEBORENE SPRACHE

Der Linguist **Noam Chomsky** (geb. 1928) argumentierte später aus dem Strukturalismus heraus, dass Menschen eine **angeborene universelle Grammatik** besitzen, die es ihnen ermöglicht, Sprache zu lernen. Wir erkennen, dass »Farblose grüne Ideen schlafen wütend« (um sein berühmtes Beispiel zu verwenden) grammatikalisch richtig ist, weil wir die Struktur erkennen, obwohl der Inhalt Unsinn ist.

STRUKTUR VON GESCHICHTEN

Saussures Erkenntnis wurde in zahlreichen Bereichen aufgegriffen und als Strukturalismus bekannt. Der amerikanische Anthropologe **Joseph Campbell** (1904–87) legte z.B. eine strukturalistische Herangehensweise an Religion und Mythologie an und argumentiert in **Der Heros in tausend Gestalten**, dass in allen Sagen und Mythen dieser Welt dieselbe Heldenfigur denselben Prüfungen und ausgesetzt war und mit den gleichen Archetypen von Göttern, hilfreichen Geistern und listigen Antagonisten kämpfte. George Lucas nutzte Campbells Ideen in den **Star Wars**-Filmen.

NATURALISTISCHER FEHLSCHLUSS

Der englische Moralphilosoph G. E. Moore lehnte die Idee ab, dass das ethisch Gute als Lust oder Glück (oder über andere natürliche Eigenschaften) definiert werden sollte.

 NAME G. E. MOORE

 ZEIT 1873–1958

 HERKUNFT ENGLAND

 SCHULE ANALYTISCHE PHILOSOPHIE

 HAUPTWERKE PRINCIPIA ETHICA

 BEITRÄGE ETHIK

MOTIVATION

Moralische Realisten betrachten **ethische Qualitäten** als real und nicht reduzierbar. Moralische Realisten sind entweder Naturalisten oder Nicht-Naturalisten. Philosophen wie **Platon und Kant** waren zum Beispiel Nicht-Naturalisten: Moralische Qualitäten sind Ideen oder Prinzipien. Indem ich sage: »Spenden für die wohltätige Zwecke ist gut«, meine ich nicht, dass **Philanthropie** mir Freude bereitet oder irgendeine andere natürliche Qualität (obwohl sie es auch tun könnte). Ich meine, dass es das Richtige ist, was auch immer ich dabei fühle. Für Nicht-Naturalisten ist **Lust** daher nebensächlich für das moralisch Gute, und etwas zu tun, weil es einem innerlich ein gutes Gefühl gibt, ist streng genommen nicht das richtige Motiv.

 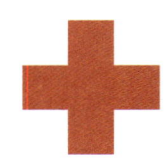 

MORALISCHER NATURALISMUS

Im Gegensatz zum moralischen Nicht-Naturalismus meint der moralische Naturalismus, dass das »Gute« als natürliche Eigenschaft erklärt werden kann. **Jeremy Bentham** zum Beispiel argumentierte, dass »gut« Vergnügen sei, und glücklich zu sein daher bedeutete, es zu maximieren. Im Gegensatz dazu lehrte **Thomas von Aquin**, dass menschliches Glück davon abhing, unsere natürliche »Funktion« zu erfüllen, die wiederum von Gottes Vorsatz abhing, unsere Natur zu erschaffen. Beide Ansätze sind auf unterschiedliche Weise naturalistisch, denn sie beziehen das moralisch Gute auf **natürliche Eigenschaften**.

DAS FRAGWÜRDIG GUTE

Moores Erkenntnis war, dass wir einem **logischen Trugschluss** unterliegen, wenn wir das Gute mit einer natürlichen Qualität wie Lust, Funktion oder Wille zur Macht gleichsetzen. Denn es ist immer möglich zu sagen: »Diesen Kuchen zu stehlen wird mir Freude bereiten – aber ist es das Richtige?« Wenn das Gute einfach Lust ist (oder was auch immer), dann ist diese Frage sinnlos.

FORMALISMUS

Der Formalismus betrachtet die Kunst ausschließlich in Form und Struktur, während andere Elemente weniger wichtig oder gar irrelevant sind.

 NAME CLIVE BELL

 ZEIT 1881–1964

 HERKUNFT ENGLAND

 SCHULE FORMALISMUS

 HAUPTWERKE ART

 BEITRÄGE ÄSTHETIK

KANT

Vermutlich war Kant der erste, der in seiner **Kritik der Urteilskraft** eine **formalistische Theorie der Kunst** formulierte. Er argumentierte, dass die Schlüsselelemente eines Kunstwerks Dinge wie **Form und Linie** (in der bildenden Kunst) und **Struktur** (in der Literatur oder Musik) seien. Andere nicht-formale Elemente, wie die Farbe eines Gemäldes, fügen einem Stück lediglich »Charme« hinzu.

SIGNIFIKANTE FORM

In der bildenden Kunst, insbesondere in der Malerei, wurde diese Sichtweise von **Clive Bell** entwickelt, dessen Vorstellung von signifikanter Form die **Kunst als ästhetische Emotion**, vermittelt durch die Verwendung von Linie, Form, Farbe und Komposition ansah. Diese Emotionen seien nicht gleichzusetzen mit positiven oder negativen emotionalen Reaktionen auf das abgebildete Subjekt (unter der Annahme, dass es sich um gegenständliche Kunst handelt).

ABSTRAKTER EXPRESSIONISMUS

Dieser formalistische Ansatz findet sich auch in den Schriften des Kunstkritikers **Clement Greenberg**, der sich für das **Action Painting** von **Jackson Pollock** einsetzte. Hier wird die Malerei auf formale, abstrakte Elemente reduziert (die oft nichts »darstellen«), um Emotionen auszudrücken.

KONTEXT

Im Gegensatz dazu argumentiert der **Formalismus**, dass wir uns nicht außerhalb eines Kunstwerks begeben müssen, um es zu verstehen. Folglich können alle **externen Assoziationen** oder Referenzen im Zusammenhang mit dem Kunstwerk **ignoriert** werden. Aber auch wenn das in Malerei oder Musik funktioniert, scheint es eine besondere Herausforderung für Werke der **Literatur** zu sein, die oft **historische und kulturelle Bezüge** enthalten. Können wir James Joyce' *Ulysses* durch seine Verwendung von Metaphern oder Wortstil allein, ohne Bezug auf die Geschichte Irlands voll und ganz verstehen?

SEIN

Die Philosophie Heideggers beschäftigt sich grundsätzlich mit der Ontologie – dem Wesen des Seins – dem wesentlichen Rätsel, von dem er behauptet, Philosophen hätten es bisher weitgehend ignoriert.

 NAME MARTIN HEIDEGGER

 ZEIT 1889–1976

 HERKUNFT DEUTSCHLAND

 SCHULE EXISTENTIELLE PHÄNOMENOLOGIE

 HAUPTWERKE *SEIN UND ZEIT*

 BEITRÄGE METAPHYSIK

ZEITGENÖSSISCHE PHILOSOPHIE

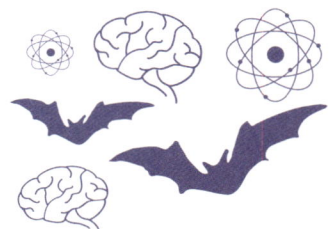

ONTOLOGIE

Ontologie ist ein Zweig der **Metaphysik**, der die grundlegende Natur dessen betrifft, was existiert. Wenn wir uns vorstellen, wie es ist, eine Fledermaus zu sein, ob das Universum letztendlich aus einer Sache oder aus vielen besteht oder ob der Geist vom Körper getrennt ist, dann suchen wir **Antworten** auf ontologische Fragen.

DASEIN

Während sich Philosophen immer mit bestimmten Arten von ontologischen Fragen beschäftigt hatten, erkannte Heidegger, dass das tiefere Problem – **die Natur des Seins selbst** – ungelöst blieb. Unter Rückgriff auf die Ideen seines Lehrers Edmund Husserl (oben besprochen) verfolgte er einen phänomenologischen Ansatz, wobei er subjektiv betrachtete, wie es für Wesen wie uns ist zu existieren. Im Gegensatz zu Tieren besitzen **Menschen** ein **einzigartiges Bewusstsein für ihre eigene Existenz**, Sterblichkeit und das Bedürfnis nach Bedeutung – eine Perspektive, die er Dasein nennt.

»IN-DER-WELT-SEIN«

Heidegger war damit Wegbereiter eines Ansatzes, der später die **existentialistische Philosophie** beeinflussen sollte. Das Dasein findet sich nicht als Zuschauer in einem Stück wieder, sondern ist bereits auf der Bühne geboren, um eine Rolle zu erfüllen. Aber für Heidegger gibt es keine solche Trennung – kein »Subjekt« und »Objekt« –, denn unsere Erfahrung der Existenz ist das **In-der-Welt-Sein, ein Zustand, der** bereits **unseren Anteil an den Dingen voraussetzt und die Natur unseres Bewusstseins formt und färbt.**

»SEIN-ZUM-TODE«

Aber was ist die Bedeutung des Stücks oder unsere Rolle darin? Heidegger liefert keine einfachen Antworten, sondern meint, wie wir unsere eigenen finden sollten: Indem wir eine Haltung – ein *Sein-zum-Tode* – annehmen, können wir uns daran erinnern, dass wir endliche, sterbliche Geschöpfe sind, deren **Wesen von der Zeit geprägt** ist, und so ein authentisches, bedeutungsvolles Leben führen.

EXPRESSIONISMUS

Der Expressionismus besagt nach R. G. Collingwood, dass die wahre Kunst im Gegensatz zum Handwerk nicht das Mittel zu einigen vorbestimmten Zwecken ist, sondern eine spontane Form des imaginativen Ausdrucks.

 NAME R. G. COLLINGWOOD

 ZEIT 1889–1943

 HERKUNFT ENGLAND

 SCHULE IDEALISMUS

 HAUPTWERKE *THE PRINCIPLES OF ART*

 BEITRÄGE ÄSTHETIK

EMOTION

Varianten dieser Ansicht wurden auch vom italienischen Philosophen **Benedetto Croce** (1866–1952) und dem russischen Schriftsteller **Leo Tolstoi** vorgebracht, aber am weitesten wurde sie vom englischen Philosophen **R. G. Collingwood** entwickelt. Wie der Formalismus argumentiert auch der Expressionismus, dass der Wert von Kunst im Ausdruck von Emotionen liegt, nicht in irgendwelchen Ideen, die sie vermittelt. Im Gegensatz zum Formalismus beschränkt sich der Expressionismus jedoch nicht auf die formalen Aspekte eines Kunstwerks.

WAHRE KUNST

Collingwood argumentiert, dass **Kunst** oft mit anderen Dingen verwechselt wird. Es kann **Kunstfertigkeit** in den Fähigkeiten eines Uhrmachers oder eines talentierten Malers liegen, eine Szene fotorealistisch darzustellen. Es kann Kunst in der Förderung politischer, sozialer oder religiöser Ziele geben oder sogar dort, wo etwas in erster Linie zur **Unterhaltung** geschaffen wird. Aber **wahre Kunst** zielt **nicht** auf diese Dinge, die Collingwood nur als »**Handwerk**« betrachtet und die Emotionen für einen bestehenden Zweck ausdrücken.

IMAGINATIVE EXPRESSION

Im Gegensatz zum Handwerk geschieht wahre Kunst, wenn **imaginativer Ausdruck** davor **unbewussten Gefühlen Gestalt verleiht**. Collingwood nähert sich dabei dem traditionellen Begriff der »**Inspiration**«, lehnt jedoch die Idee des einsamen künstlerischen Genies ab: Das künstlerische Schaffen ist Zusammenarbeit, die Einflüsse aus dem gesamten Leben und den sozialen Beziehungen des Künstlers kanalisiert und kombiniert. Das Publikum spielt bei der Entstehung des Stückes ebenso eine Rolle wie die Schauspieler und der Autor.

ZEITGENÖSSISCHE PHILOSOPHIE

SAGEN UND ZEIGEN

Wittgenstein versuchte, die Beziehung der Sprache zur Welt aufzudecken, und argumentierte dabei, dass es Grenzen dessen gibt, was Philosophen sagen können, bevor sie in Unsinn versinken.

 NAME LUDWIG WITTGENSTEIN

 ZEIT 1889–1951

 HERKUNFT ÖSTERREICH

 SCHULE ANALYTISCHE PHILOSOPHIE

 HAUPTWERKE TRACTATUS LOGICO-PHILOSOPHICUS; PHILOSOPHISCHE UNTERSUCHUNGEN

 BEITRÄGE SPRACHPHILOSOPHIE, LOGIKK, ERKENNTNISTHEORIE, METAPHYSIK

ABBILDTHEORIE

Wittgensteins philosophische Karriere wird oft in zwei Perioden unterteilt. Er entwickelte seine frühen philosophischen Ideen unter dem Einfluss von **Bertrand Russell** und arbeitete in der sogenannten analytischen Tradition, in der die Philosophie sich auf die **Sprache** konzentriert hatte (auch linguistische Wende genannt), während seine spätere Arbeit einen grundlegenden Richtungswechsel markiert. Der frühe Wittgenstein versuchte zu zeigen, dass es eine **logische Struktur in der Welt** gab, die in der Sprache offenbart wurde. Durch Aussagen machen wir »Bilder«, die aus verschiedenen Kombinationen von »logischen Atomen« bestehen, die entweder der Realität entsprechen oder nicht.

DIE FLIEGE IN DER FLASCHE

Während er später Aspekte dieser Theorie aufgab, scheint ein Thema konstant zu bleiben. Es gibt **Wahrheiten** über das Wesen der Welt, **über die nicht sinnvoll gesprochen werden kann**; sie können nur »gezeigt« werden. Zum Beispiel kann man die Regeln eines Spiels zeigen oder Beispiele geben, wie Grammatik funktioniert. Aber in jeder Erklärung kommt ein Punkt, an dem wir einfach sagen: »So ist das eben« wo man Gefahr läuft Unsinn zu reden, wenn man darüber hinaus gehen möchte. Die Aufgabe des Philosophen, wie Wittgenstein sie sah, besteht darin, uns zu helfen, solchen Unsinn zu vermeiden. In seinen späteren Schriften betont er das noch stärker und betrachtet die **Philosophie nur als eine Reihe von Rätseln und Verwirrungen**, von denen wir uns – wie eine Fliege, die in einer Flasche gefangen ist – befreien müssen, um uns auf das »wirkliche« Problem des Lebens konzentrieren zu können.

PRIVATE SPRACHE

Wittgensteins spätere Philosophie konzentriert sich auf den öffentlichen Charakter der Sprache. Er meint, dass unser Verständnis der Welt – auch unseres privaten Selbst – davon abhängt, Teil einer Gemeinschaft zu sein.

AYERS ROBINSON CRUSOE

Stellen Sie sich vor, **Robinson Crusoe** wäre nicht als Erwachsener **auf einer einsamen Insel** gestrandet, sondern allein dort **aufgewachsen**. Hätte er seine eigene Sprache entwickelt? Als »Freitag« auftauchte, hätte Crusoe ihn benennen können? In einem Gespräch mit dem englischen Philosophen A. J. Ayer argumentierte Wittgenstein, dass er das nicht hätte tun können. Ayer sah kein Hindernis dafür, dass Crusoe einfach seine eigenen »Bezeichnungen« für Dinge auswählte – seine eigene Privatsprache entwickelte –, aber Wittgenstein wies darauf hin, dass sogar der Begriff der »Bezeichnung« etwas war, was wir als Teil einer Sprachgemeinschaft lernten, und dass das Sprachenlernen selbst etwas ist, was andere erfordert. Ohne eine solche Gemeinschaft wäre Crusoe nicht nur **unartikuliert** gewesen, es hätte ihm auch jede Art von anspruchsvollem Denken gefehlt. Er wäre **einem Tier ähnlich** gewesen.

DER KÄFER IN DER SCHACHTEL

Wir können Wittgensteins Standpunkt besser verstehen, wenn wir sein berühmtes Käfergleichnis betrachten. Angenommen, sagte Wittgenstein, es hätte jeder eine Schachtel, darin wäre etwas, was wir »Käfer« nennen. Niemand kann je in die Schachtel des Anderen schauen, und jeder sagt, er wisse nur vom Anblick seines Käfers, was ein Käfer ist. Da jeder Käfer in diesem Szenario nur von seinem Besitzer gesehen werden kann, bedeutet das Wort »Käfer«, wie es öffentlich verwendet wird, einfach »das, was in meiner Schachtel ist«. Dieses seltsame Gleichnis soll verdeutlichen, dass auch **unsere »privaten« Gedanken von einer öffentlich geteilten Sprache abhängen** (Käfer = privates Selbst). Was ich als ich selbst denke, ist etwas, was ich durch Begriffe, die ich als Mitglied einer **Sprachgemeinschaft** erworben und zu beschreiben gelernt habe. Wenn ich keine öffentlichen Worte hätte, um mein innerstes Selbst zu beschreiben, hätte ich dann überhaupt eines? Wittgenstein sagt natürlich nicht, dass wir keine Wahrnehmungen haben würden; nur dass wir nicht in der Lage wären, sie zu beschreiben oder möglicherweise auch nur darüber nachzudenken.

ZEITGENÖSSISCHE PHILOSOPHIE

DAS PARADOXON DES BEWEISES

Moderne Wissenschaftler akzeptieren, dass ihre Theorien nicht schlüssig bewiesen werden können. C. G. Hempel meinte, dass es sogar ein Problem bezüglich der Beweise gibt, die eine Hypothese stützen.

 NAME CARL GUSTAV HEMPEL

 ZEIT 1905–1997

 HERKUNFT DEUTSCHLAND

 SCHULE ANALYTISCHE PHILOSOPHIE

 HAUPTWERKE STUDIES IN THE LOGIC OF CONFIRMATION

 BEITRÄGE ERKENNTNISTHEORIE, LOGIK

WISSENSCHAFTLICHE UNGEWISSHEIT

Wie das Problem der Induktion deutlich macht, können wissenschaftliche Theorien, die auf Beobachtung und dem Zusammentragen von Beweisen beruhen, nicht absolut sicher sein. Hypothese X mag heute wahr sein, aber morgen können wir eine Tatsache entdecken, die ihr widerspricht, oder eine andere Hypothese, für die es bessere Beweise gibt. Alle **wissenschaftlichen Theorien sind daher nur vorläufig**. Je mehr Beweise wir jedoch für eine Theorie haben, desto höher ist der Grad der Bestätigung und desto wahrscheinlicher ist es, dass sie wahr ist.

SCHWARZE RABEN

Nehmen wir an, ich glaube: »Alle Raben sind schwarz.« Jeder schwarze Rabe, den ich sehe, wird zu den **Beweisen**, die ich für diese Aussage habe, beitragen, sie stärker machen und die Wahrscheinlichkeit, dass sie falsch ist, verringern.

  = Alle Raben sind schwarz.

INDOOR-ORNITHOLOGIE

Eine Hypothese wird jedoch nicht nur durch positive Bestätigung bekräftigt. Wenn es stimmt, dass »alle Raben schwarz sind«, dann ist das Gegenteil auch wahr: »**Alle nicht-schwarzen Dinge sind keine Raben**.« Hempel argumentierte daher, dass jedes Mal, wenn wir etwas sehen, das kein schwarzer Rabe ist, unsere Annahme, dass alle Raben schwarz sind, bekräftigt wird. Aber das ist **absurd**, denn es bedeutet, dass (zum Beispiel) ein gelbes Auto oder ein blaues Hemd oder ein grüner Ball als Beweis für »Alle Raben sind schwarz.« gilt. Man könne also »Indoor-Ornithologie« betreiben, indem man einfach zu Hause bleibt und nur all die nicht-schwarzen Nicht-Raben bemerkt, die man rundum sieht. Oder etwa nicht?

DAS NEUE RÄTSEL DER INDUKTION

Ein weiteres Problem für die wissenschaftlichen Erkenntnisse wurde von Nelson Goodman aufgeworfen, der meinte, dass es ausreiche, dass ein induktives Argument gültig sei.

 NAME NELSON GOODMAN

 ZEIT 1906–1998

 HERKUNFT AMERIKA

 SCHULE ANALYTISCHE PHILOSOPHIE

 HAUPTWERKE FACT, FICTION AND FORECAST

 BEITRÄGE ERKENNTNISTHEORIE, LOGIK

GUT FORMULIERTE ARGUMENTE

Trotz der Entdeckung des Raben-Paradoxons hofften Hempel und Philosophen wie **Rudolf Carnap** (1891–1970), die Induktion mit der Deduktion in Einklang bringen zu können. Erinnern wir uns, dass deduktive Argumente wahr sind, wenn ihre **Prämissen** wahr sind und die Form des Arguments gültig ist (den **Regeln der Logik** entspricht). Wenn induktive Argumente auch nie sicher sein können, könnten wir nicht zumindest feststellen, welche Form sie annehmen sollten, um ihnen den höchsten Grad an **Wahrscheinlichkeit** zu geben?

»**Prämisse**: Alle bisher entdeckten Smaragde sind grün; **Conclusio**: Alle bis jetzt noch nicht entdeckten Smaragde werden auch grün sein.«

GRUE

Diese Hoffnung wurde von **Nelson Goodman** zerstört, der darauf hinwies, dass man zwei gleich gut formulierte induktive Argumente haben könnte, von denen eines **höchst unwahrscheinlich** ist. Stellen Sie sich vor, sagte Goodman, dass wir eine neue Farbe kreieren, »Grue«, die »definiert werden kann, als alles, was jemals beobachtet wurde, das grün ist, oder als alles, was noch beobachtet werden wird, das blau ist«. Dies mag seltsam erscheinen, aber Goodman wollte auf etwas Bestimmtes hinaus.

in der Vergangenheit beobachtete grüne Dinge

noch nicht beobachtete blaue Dinge

BLAUE SMARAGDE

Alle zuvor beobachteten grüne Dinge – alle Smaragde, Blätter usw., die jemals gesehen wurden – werden auch »grue« sein. Aber es ist sehr unwahrscheinlich, dass der nächste Smaragd, den ich sehen werde, blau sein wird. Das Argument ist daher schwach – und doch nimmt es die identische Form an wie das viel wahrscheinlichere Argument: »Alle bisher entdeckten Smaragde sind grün, daher werden alle in Zukunft entdeckten Smaragde auch grün sein.« Mit anderen Worten: **Wahrscheinliche und unwahrscheinliche induktive Argumente lassen sich nicht in Bezug darauf unterscheiden, wie gut sie formuliert sind.**

ZEITGENÖSSISCHE PHILOSOPHIE

KONSUMISMUS

Herbert Marcuse meinte, dass der Konsumismus moderner demokratischer Gesellschaften eine Form totalitärer Kontrolle verkörpere und nicht eine neue Welt der freien Wahl und des Reichtums reflektiere.

 NAME HERBERT MARCUSE

 ZEIT 1898–1979

 HERKUNFT DEUTSCHLAND-AMERIKA

 SCHULE KONTINENTALPHILOSOPHIE (MARXISMUS/FRANKFURTER SCHULE)

 HAUPTWERKE EROS UND KULTUR; DER EINDIMENSIONALE MENSCH

 BEITRÄGE POLITISCHE PHILOSOPHIE, GESELLSCHAFTSTHEORIE

DAS ENDE DES KLASSENKAMPFS

Marcuses Philosophie ist im Wesentlichen ein **Update des Marxismus**. Er erkannte, dass der Wohlstand, den die Konsumgesellschaft erlaubte, den traditionellen Klassenkampf von Besitzenden und Besitzlosen untergraben hatte, und dass Energien, die sonst die politische Unzufriedenheit anheizen würden, in Vergnügen und Besitztümer kanalisiert wurden.

KONSUMGLÜCK

Durch diesen Prozess identifizierten sich die Konsumenten mit den **materiellen Gegenstände**n, auf die sie konditioniert waren, und betrachteten die Autos, Küchenherde und Fernseher nahezu als **Erweiterungen ihrer selbst** und als Hinweise auf ihren persönlichen Wert.

TOTALITARISMUS OHNE TRÄNEN

Indem sie ihre Bürger mit **Vergnügungen und Besitz** ablenken, etablieren Demokratien eine **subtile Form sozialer Kontrolle**. Man arbeitet ständig dafür, sich die »falschen Wünsche« zu erfüllen, die die Konsumgesellschaft vorgibt. Diese »Bedürfnisse« werden ständig durch die eingebaute Vergänglichkeit der Produkte, die man konsumiert, erneuert, da man jeden Fernseher oder Auto oder Herd wegwirft, um etwas Besseres zu kaufen. Das kaschiert die Tatsache, dass solche Gesellschaften nicht weniger repressiv sind als kommunistische oder faschistische Diktaturen, und lediglich eine **Form der repressiven Toleranz** praktizieren, die es einem scheinbar erlaubt, sich zu verhalten, wie man will – solange dabei das Konsumsystem nicht erschüttert wird.

DIE GROSSE WEIGERUNG

Was kann die Antwort darauf sein? Marcuse meinte, dass wir eine große Weigerung brauchten, bei der die Menschen beginnen, **dem falschen Glück des Konsums den Rücken zu kehren** und sich kritisch mit dem Lebensstil auseinanderzusetzen, den er fördert.

SPONTANE ORDNUNG

Friedrich Hayek glaubte, dass, so wie die natürliche Selektion die natürliche Ordnung erklärte, die wahre soziale und wirtschaftliche Ordnung keinen zentralen Planer oder Gestalter erforderte, sondern spontan entstand.

 NAME FRIEDRICH HAYEK

 ZEIT 1899–1992

 HERKUNFT ÖSTERREICH

 SCHULE ANALYTISCHE PHILOSOPHIE

 HAUPTWERKE *DER WEG ZUR KNECHTSCHAFT*; *INDIVIDUALISMUS UND WIRTSCHAFTSORDNUNG*

 BEITRÄGE POLITISCHE PHILOSOPHIE; ERKENNTNISTHEORIE

PREISSIGNALE

Wie **Adam Smith** hielt **Hayek** den **freien Markt für den Schlüssel zu wirtschaftlichem Wohlstand**: Ohne zentrale Planung regulieren sich die Märkte selbst und sind viel effizienter und schneller, als es ein Kontrollorgan bewirken könnte. Ein globaler Stahl-Mangel zum Beispiel wird im Preis widerspiegeln und schlaue Käufer veranlassen, nach Ersatzstoffen zu suchen oder ihre eigenen zu produzieren. Solange keine zentralisierte Stromversorgung die Kosten künstlich hoch (oder niedrig) hält, können die verschiedenen Käufer, Verkäufer, Hersteller usw. entsprechend handeln und die Preissignale als Echtzeitinformationen verwenden.

SKEPTISCHE FREIHEIT

Spontane Ordnung ist nicht nur ein Merkmal der Märkte, sondern auch der sozialen und politischen Ordnung. In dieser Hinsicht identifizierte Hayek zwei allgemeine Traditionen. Die **skeptische Tradition** betont die Grenzen des menschlichen Wissens und erlaubt so **Raum für Innovation, Versuch und Irrtum**, wenn Ordnung nicht das Ergebnis bewusster menschlicher Gestaltung war, sondern sich spontan entwickelte und selbst justierte. Eine moderne dezentrale westliche Demokratie wie die USA ist hier ein Beispiel, wo es (meist) **minimale staatliche Einmischung** gibt.

RATIONALE TYRANNEI

Im Gegensatz dazu betont die **rationalistische Tradition** die menschliche Fähigkeit, Wissen zu erwerben und es für Planung und Kontrolle zu verwenden. Historisch gesehen wäre die Sowjetunion ein Paradebeispiel für diesen Ansatz, bei dem fast jeder Aspekt des sozialen und wirtschaftlichen Lebens zentral durch die Staatspolitik bestimmt wurde. Während also für Hayek der **skeptische Ansatz wahre Individualität und Freiheit** förderte, schuf der **rationalistische Ansatz eine falsche Individualität**, da totalitäre Autorität die Menschen in kollektive Rollen und uniforme Gleichheit zwang.

BEHAVIORISMUS

Obwohl B. F. Skinner Psychologe war, beeinflusste sein Konzept des Menschen als biologische Maschine, deren Verhalten programmiert werden konnte, Theorien sowohl in der Philosophie des Geistes als auch in der Bildung.

 NAME B. F. SKINNER

 ZEIT 1904–1990

 HERKUNFT AMERIKA

 SCHULE BEHAVIORISMUS

 HAUPTWERKE *THE BEHAVIOUR OF ORGANISMS; WALDEN TWO; VERBAL BEHAVIOUR*

 BEITRÄGE PHILOSOPHIE DES GEISTES

PSYCHODYNAMIK

Aufbauend auf der Arbeit des russischen Physiologen **Iwan Pawlow** entwickelte sich der Behaviorismus weitgehend als **Reaktion auf die psychodynamische Psychologie Sigmund Freuds** und seiner Anhänger. Für Freud war der Geist im Sinne der Wechselwirkung von bewussten und unbewussten Kräften zu verstehen. Als solche enthielt er private, subjektive Ereignisse, die nur durch die eigene Introspektion (nach innen schauen) einer Person zugänglich waren, diese Person teilte ihre Gedanken und Gefühle dann einem Psychologen mit, der sie interpretierte und analysierte.

Psychodynamische Psychologie

OPERANTES KONDITIONIEREN

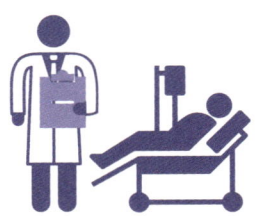

Die wissenschaftliche Methode Skinners und anderen Psychologen (methodologischer Behaviorismus) beeinflusste auch eine philosophische Theorie des Geistes (logischer oder analytischer Behaviorismus), die wir später behandeln werden. Indem er versuchte, zu zeigen, wie leicht unser **Verhalten durch positive oder negative Verstärkung beeinflusst** werden kann (operante Konditionierung), untergrub Skinner das philosophische Konzept des freien Willens. Unsere Überzeugungen und Handlungen sind keine rationalen freien Entscheidungen, sondern schlicht das **Ergebnis von Konditionierung**. Wir sind rein **biologische Maschinen, programmiert durch Gene, Erfahrung und Umwelt.**

VERHALTENSBEOBACHTUNG

Im Gegensatz dazu reduzierte der Behaviorismus – wie der Name schon sagt – **mentale Ereignisse** auf **physisch beobachtbares Verhalten**. Eine depressive Person weist bestimmte körperliche Symptome auf: verminderte Herzfrequenz, gebeugte Körperhaltung, gesenkter Blick usw. Ganz ähnlich ist es, wenn man etwas denkt oder glaubt, dann wird man sich in bestimmter Weise verhalten, sollte sich die Gelegenheit ergeben: Zu glauben, dass ein bestimmter Autor gut ist, würde bedeuten, dass ich wahrscheinlich ihr neues Buch kaufen werde, wenn ich es in einem Buchladen sehe. In diesem Fokus auf **objektive und messbare Ereignisse** versuchte der Behaviorismus, die Psychologie in eine Wissenschaft zu verwandeln.

VERIFIKATIONISMUS

A. J. Ayer meinte, dass nur Aussagen, die durch Logik gerechtfertigt oder durch Erfahrung untermauert seien, als sinnvoll angesehen werden könnten.

 NAME ALFRED JULES AYER

 ZEIT 1910–1989

 HERKUNFT ENGLAND

 SCHULE LOGISCHER POSITIVISMUS, ANALYTISCHE PHILOSOPHIE

 HAUPTWERKE SPRACHE, WAHRHEIT UND LOGIK; THE PROBLEM OF KNOWLEDGE

 BEITRÄGE ERKENNTNISTHEORIE, METAPHYSIK

DAS PRINZIP DER VERIFIKATION

Aufbauend auf **Hume** und den frühen **Wittgenstein** war **Ayer** eine Zeit lang eine Schlüsselfigur des logischen Positivismus, einer kontroversen und kurzlebigen Bewegung, die die Philosophie auf eine neue Grundlage stellen und sie von unbeweisbaren Behauptungen und metaphysischem Geschwätz befreien wollte Viele Aussagen, argumentierte Ayer, seien weder logisch begründet noch empirisch überprüfbar. Dies nannte er das **Verifikationsprinzip**.

TAUTOLOGIEN

Eine logische Wahrheit ist eine Tautologie – also **zweimal das Gleiche**. »Alle Kreise sind rund« sagt nichts Neues, denn Kreise sind per Definition runde Dinge. Es ist das gleiche, wie zu sagen, »Alle runden Dinge sind runde Dinge«, was gleichbedeutend ist mit »A = A«. Das gleiche gilt für die Mathematik: »12 = 4 + 8« sagt uns etwas über die Bedeutung von »12« (dass es das gleiche ist wie »4 + 8«).

PROBLEME DES BEWEISES

Wenn sie keine Tautologien sind, müssen **sinnvolle Aussagen durch Erfahrung nachprüfbar** sein. Das klingt sehr wissenschaftlich, führt aber schnell zu Schwierigkeiten. Die Hypothese der modernen Physik über die Existenz von Teilchen kann nur indirekt aus Experimenten abgeleitet werden. Werden solche Teilchen durch solche »Beobachtungen« »verifiziert«? Und **wann zählt genügend Beobachtung als Beweis**? Denken Sie an das Problem der Induktion. Und was ist mit dem **Überprüfungsprinzip** selbst, das weder tautologisch noch nachprüfbar erscheint?

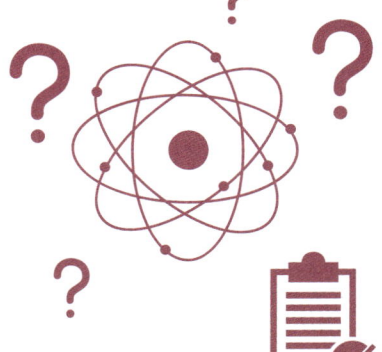

DIE OFFENE GESELLSCHAFT

Karl Popper verteidigte die Idee einer liberalen und demokratischen Gesellschaft und hob den gefährlichen Totalitarismus hervor, der in den Ideen einiger bedeutender Philosophen verborgen ist.

ZEITGENÖSSISCHE PHILOSOPHIE

LIBERALE DEMOKRATIE

Der erstmals vom französischen Philosophen Henri Bergson eingeführte Begriff vom **Ideal der offenen Gesellschaft** steht dem einer »geschlossenen« Gesellschaft gegenüber, die von nicht hinterfragter Tradition und autoritärem Dogma regiert wird. In *Die offene Gesellschaft und ihre Feinde* entwickelte Popper diese Idee weiter und argumentierte, dass Philosophien von Platon bis Hegel und Marx eigentlich Inspiration für totalitäre Repression waren.

PHILOSOPHENKÖNIGE

Für Popper ist **Platons idealer Staat** grundlegend **undemokratisch, elitär und repressiv**, da seine Bürger in starre Rollen gezwungen und auf der Grundlage einer Lüge (dass wir alle geboren sind, um verschiedene soziale Funktionen zu erfüllen) **manipuliert** werden. Statt sich der »Weisheit« von Platons Philosophenkönigen zu beugen, sollte eine wirklich gerechte Gesellschaft kritische Debatten zulassen und die **individuelle Freiheit** respektieren.

HISTORISCHES SCHICKSAL

Poppers nächstes Ziel ist **Hegel**, dessen teleologische Sicht auf die Geschichte er kritisiert. Es gibt, argumentiert er, kein bestimmtes Endziel, dem historische Ereignisse folgen, und der Glaube an ein historisches Schicksal führt uns dazu, unser Vertrauen in eine **zweifelhafte metaphysische Vorstellung** zu setzen, wie die Dinge ablaufen »müssen«.

MARX

Obwohl Popper Marx' große Sympathie für die Not der Unterdrückten anerkennt, sieht er ihn als von demselben Geist besessen wie Hegel. Tatsächlich ist eine der wichtigsten Erkenntnisse in Poppers Buch, dass er zeigt, wie sowohl Faschisten als auch Kommunisten von demselben hegelschen Glauben an ein **historisches Schicksal** getrieben wurden, das sie zur **Rechtfertigung von Unterdrückung und Verfolgung** heranziehen.

KATEGORISCHE FEHLER

Gilbert Ryle kritisiert am kartesischen Dualismus, dass die Idee, dass wir einen Geist oder ein Selbst besitzen, das sich von unseren physischen Fähigkeiten und unserem Verhalten unterscheidet, ein logischer Fehler ist.

 NAME GILBERT RYLE

 ZEIT 1900–1976

 HERKUNFT ENGLAND

 SCHULE ANALYTISCHER BEHAVIORISMUS

 HAUPTWERKE THE CONCEPT OF MIND

 BEITRÄGE PHILOSOPHIE DES GEISTES

DER GEIST IN DER MASCHINE

Eine Lösung für das Problem der Interaktion, das durch Descartes' Dualismus geschaffen wurde, besteht einfach darin, den **nicht-physischen Teil wegzulassen**. Dies ist weitgehend das, was moderne Philosophen auf verschiedene Weise getan haben. Gilbert Ryle argumentierte, dass der **Dualismus ein falsches Bild** davon schuf, was es bedeutet, eine Person zu sein, und den Geist als eine Art »Geist in der Maschine« behandelte (um seinen berühmten Satz zu verwenden).

UNIVERSITÄT OXFORD

Ryle wies darauf hin, dass die **Suche nach einer Sache namens »Geist«** getrennt von den physischen Manifestationen der Fähigkeit zu sprechen, zu denken, zu schaffen, zu handeln etc., so ähnlich war, wie alle Gebäude der Universität Oxford anzuschauen und dann erst die Universität selbst sehen zu wollen. Das sei, so Ryle, ein **Kategoriefehler**, weil vorausgesetzt wird, dass die »Universität« eine zusätzliche Sache sei, die in derselben Kategorie physischer Dinge existiere wie die Gebäude, aus denen sie besteht.

BEWEISPROBLEME

Ryle meinte, dass mentale Konzepte eher in Bezug auf unser tatsächliches oder potenzielles Verhalten verstanden oder analysiert werden können, eine Position, die als **analytischer Behaviorismus** bekannt geworden ist. Zu sagen, dass jemand wütend ist, bedeutet nicht, dass er einen inneren Zustand hat, sondern dass er zuschlagen kann, wenn er provoziert wird. Zu sagen, dass ich glaube, dass es regnen wird, könnte bedeuten, dass ich einen Regenschirm trage. Auf diese Weise wird das »Innere« zum »Außen«, und somit braucht man **keine Spiritualität** mehr.

AUTHENTIZITÄT

Angesichts der absoluten Freiheit, wie wir unser Leben leben können, meint Jean-Paul Sartre dennoch, dass einige Entscheidungen authentisch sind, während andere unaufrichtig sind.

 NAME JEAN-PAUL SARTRE

 ZEIT 1905–1980

 HERKUNFT FRANKREICH

 SCHULE EXISTENTIALISMUS

 HAUPTWERKE *IST DER EXISTENTIALISMUS EIN HUMANISMUS?; DAS SEIN UND DAS NICHTS; DER EKEL*

 BEITRÄGE ETHIK, POLITISCHE PHILOSOPHIE

EXISTENZ UND ESSENZ

Als Atheist dachte Sartre, dass es keinen Gott gibt, dem wir Treue schulden oder der uns zu einem Zweck geschaffen hat. Aber er glaubte auch nicht, dass wir durch die menschliche Natur definiert wurden. In Sartres Worten **geht unsere Existenz unserer Essenz voraus**. Im Gegensatz zu einer Uhr oder einem Auto oder einem anderen künstlichen Gerät haben wir keinen Schöpfer, der unsere Essenz definiert, wir sind daher in existenzieller Hinsicht dazu **verdammt, frei zu sein**; frei zu wählen, nicht nur, wie wir leben sollen, sondern auch, was unser Leben für uns bedeutet.

MAUVAISE FOI

Obwohl wir uns frei entscheiden können, ist es möglich, Entscheidungen zu treffen, die diese **Freiheit leugnen**, was Sartre als einen Akt der **Unaufrichtigkeit** (*mauvaise foi*) bezeichnet. Wenn ich mein gewalttätiges Temperament auf meine natürliche Veranlagung (wie es mittelalterliche Astrologen taten) zurückführe, gebrauche ich eine **Ausrede** und gebe die Verantwortung für meine Handlungen ab an eine Bestimmung, die mir von einer äußere Kraft oder einem Gedankensystem auferlegt wird. Im Gegensatz dazu argumentiert der Existentialismus, dass nicht alles, was passiert, unter unserer Kontrolle ist, wir jedoch immer die **Freiheit haben zu entscheiden**, wie wir auf diese Umstände reagieren wollen..

DIE EXISTENTIALISTISCHE TRADITION

Obwohl der Begriff oft mit ihm verbunden ist, hat Sartre viele der Ideen und Konzepte nicht selbst hervorgebracht, die wir mit Existentialismus in Verbindung bringen, sondern er und andere entwickelten diese von **früheren Denkern** mit »existentialistischen« Zügen weiter.

EXISTENTIALISTISCHE DENKER

Arthur Schopenhauer (1788–1860)
Friedrich Nietzsche (1844–1900)
Søren Kierkegaard (1813–55)
Martin Heidegger (1889–1976)
Jean-Paul Sartre (1905–80)
Albert Camus (1913–60)
Simone de Beauvoir (1908–86)

TOTALITARISMUS

Als deutsche Jüdin erlebte Hannah Arendt aus erster Hand den Aufstieg des Nationalsozialismus. Ihre Philosophie beschäftigte sich mit dem Wesen des Totalitarismus und der wahren Bedeutung der politischen Freiheit.

 NAME HANNAH ARENDT

 ZEIT 1906–1975

 HERKUNFT DEUTSCHLAND

 SCHULE EXISTENTIALISMUS; PHÄNOMENOLOGIE

 HAUPTWERKE *ELEMENTE UND URSPRÜNGE TOTALER HERRSCHAFT; VITA ACTIVA ODER VOM TÄTIGEN LEBEN; EICHMANN IN JERUSALEM*

 BEITRÄGE POLITISCHE PHILOSOPHIE

POLITISCHES ENGAGEMENT

Für Arendt war der Grundstein der politischen Freiheit nicht eine **Gemeinschaft**, die auf gemeinsamen Werten oder Traditionen basiert, sondern eine, **die das Engagement fördert**. Wie Aristoteles dachte sie, dass eine Gesellschaft am besten vor Korruption und Unterdrückung geschützt sei, wenn die Bürger ihre volle **Rolle in ihrem politischen Leben** spielten.

VITA ACTIVA

In ihrer praktischen Tätigkeit – was Arendt die *vita activa* (aktives Leben) nannte – setzen sich Menschen auf drei Wegen mit der Welt auseinander: durch **Arbeiten, Herstellen und Handeln**. Wie bei Tieren sichert die »Arbeit« des Erwerbs von Nahrung und Unterkunft unser grundlegendes biologisches Überleben. Einen Schritt höher beinhaltet »Herstellen« die produktive Tätigkeit, die erforderlich ist, um für den Menschen geeignete materielle Bedingungen zu schaffen und aufrechtzuerhalten. Aber nur durch ihre Macht zum »Handeln« können Menschen ihr **volles Potenzial** als Wesen mit **Rationalität, Identität und moralischer Integrität** zum Ausdruck bringen.

UNIFORMITÄT UND UNTERWERFUNG

Hitlers **Nazi-Deutschland** und Stalins **kommunistisches Russland** bewegten sich nach Arendt in die diesem Ideal entgegengesetzte Richtung. Anstatt zur Verwirklichung einer eigenen individuellen Identität und Rationalität beizutragen, versuchten solche totalitären Regime, **Individuen auf eine einheitliche Masse zu reduzieren**, die einer bestimmten Tradition oder einer Reihe von Überzeugungen folgen musste. Dabei versuchten Hitler und Stalin, nicht nur politische Feinde, sondern die Bevölkerung als Ganzes durch Terror zu unterwerfen, damit jeden »Widerspruch« zu beseitigen – etwas, das Arendt als Zeichen einer gesunden und freien Gesellschaft sah – und das aktive Leben auf gedankenlose Arbeit zu reduzieren.

ZEITGENÖSSISCHE PHILOSOPHIE

DER ANDERE

Das Konzept der Alterität – »Andersheit« – erscheint in verschiedenen philosophischen Kontexten, von der Entwicklung des Selbstbewusstseins, der kulturellen und sexuellen Identität bis hin zur ethischen Verpflichtung.

 NAME EMMANUEL LEVINAS

 ZEIT 1906–1995

 HERKUNFT LITAUEN

 SCHULE EXISTENTIELLE PHÄNOMENOLOGIE

 HAUPTWERKE TOTALITÄT UND UNENDLICHKEIT; ALTERITÄT UND TRANSZENDENZ

 BEITRÄGE ETHIK, METAPHYSIK

ZEITGENÖSSISCHE PHILOSOPHIE

HERR UND KNECHT

In seinem Mythos von »Herr und Knecht« sah Hegel die Anerkennung des Anderen als eine entscheidende Stufe im Wachstum des Selbstbewusstseins – sei es die psychologische Entwicklung eines Individuums, einer Rasse oder Nation in Bezug auf eine andere oder in einem anderen Zusammenhang. Zunächst stellt **das Andere eine Herausforderung** oder Begrenzung der Freiheit eines Subjekts dar, was zu einem **Kampf um Dominanz** führt, aber die Spannungen innerhalb dieser Beziehung zwingen es, sich zu entwickeln, was letztendlich die **gegenseitige Anerkennung** und das Selbstbewusstsein fördert.

DER BLICK

Jean-Paul Sartre nutzte **Alterität als Lösung für das Problem anderer Bewusstseinsebenen**: Durch ein Schlüsselloch spionierend, hören wir ein Geräusch hinter uns, schämen uns plötzlich und erleben uns selbst als Objekt des Blicks eines anderen. Der Begriff der **Objektivierung** ist auch Teil des Konzepts des »männlichen Blicks«, das die feministische Filmtheoretikerin Laura Mulvey identifiziert, durch den Frauen auf der Leinwand von männlichen Regisseuren und Filmemachern sexualisiert und stereotypisiert werden.

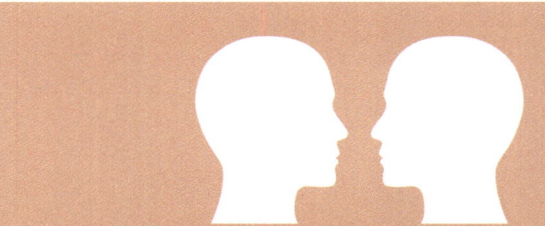

VON ANGESICHT ZU ANGESICHT

Der in Litauen geborene Philosoph Emmanuel Levinas wandte **Alterität** auf die **Ethik** an. Der Andere zwingt uns, zu hinterfragen, wer wir zu sein glauben – das Selbst oder das »Ich« –, und setzt ethische Grenzen. Es ist das Gesicht selbst, der äußere Ausdruck des Denkens und Fühlens in einer anderen Person, das uns zwingt zuzugeben, dass der Andere nicht bloß Gegenstand der Ausbeutung ist, sondern ein Wesen, dem wir Rechenschaft schuldig sind. Diese **Begegnung von Angesicht zu Angesicht** bildet daher **die Grundlage der Moral** und beweist, dass Ethik – und nicht Metaphysik oder Erkenntnistheorie – die wahre Grundlage der Philosophie ist.

NATURALISMUS

Naturalismus in der Philosophie ist die allgemeine Überzeugung, dass die physische Welt alles ist, was existiert, und dass wir daher nur Erklärungen in natürlichen Begriffen suchen sollten.

 NAME WILLARD VAN ORMAN QUINE

 ZEIT 1908–2000

 HERKUNFT AMERIKA

 SCHULE ANALYTIK

 HAUPTWERKE »ZWEI DOGMEN DES EMPIRISMUS«; *WORT UND GEGENSTAND*

 BEITRÄGE ERKENNTNISTHEORIE, METAPHYSIK, LOGIK

EMPIRISMUS

Der Begriff **Naturalismus** wird in vielen Bereichen verwendet – Ethik, Religion, Psychologie – und bei der Suche nach natürlichen Erklärungen für Phänomene ist die Wissenschaft selbst weitgehend naturalistisch. So hat der Naturalismus starke Verbindungen zur empiristischen Überzeugung, dass alles **Wissen** letztlich auf **Sinnesbeweisen** basiert.

ERKENNTNISTHEORETISCHER NATURALISMUS

Ein Pionier dieser Lehre war W. V. O. Quine, der den Naturalismus auf die Erkenntnistheorie und Wissenschaftsphilosophie anwandte und argumentierte, dass der Empirismus (wie Philosophen ihn bisher verwendet hatten) noch nicht weit genug gegangen sei und immer noch unbewiesene Überzeugungen (Dogmen) enthalte.

NETZ VON VORSTELLUNGEN

Aber wie definieren wir »analytisch«? Wenn wir sagen, »Junggeselle« und »unverheirateter Mann« sind synonym, wie sollen wir dann »Synonyme« definieren? Wenn wir sagen, dass **synonyme Begriffe** immer ausgetauscht werden können, dann ist das einfach nicht wahr – in dem Satz »Junggeselle ist ein Wort mit elf Buchstaben«, können wir »unverheirateter Mann« nicht einsetzen, ohne die Bedeutung zu ändern. Durch diese und andere Beispiele argumentiert Quine, dass selbst solche **Grundideen** nicht einfach und unabhängig sind, sondern aufgrund ihrer Bedeutung und Wahrheit **miteinander verbunden** sind – sie existieren in einem Netz von Vorstellungen, in dem selbst grundlegende Konzepte Veränderungen unterliegen können.

ANALYTISCH-SYNTHETISCH

Ein solches Dogma ist Kants Unterscheidung zwischen **analytischen Aussagen**, die aufgrund ihrer Bedeutung wahr sind, und **synthetischen Aussagen**, die von der Art und Weise abhängen, wie die Welt ist. »Alle Junggesellen sind unverheiratet« ist wahr, nur durch die Analyse der Aussage selbst (»Junggeselle« bedeutet »unverheirateter Mann«), aber »Jim ist ein Junggeselle« ist etwas, das ich überprüfen muss (Jim könnte kürzlich geheiratet haben).

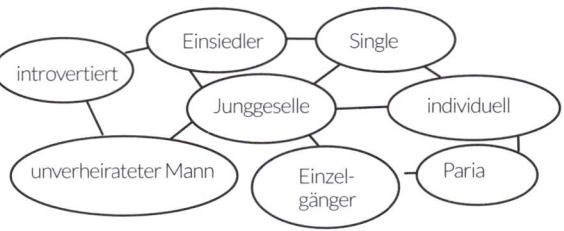

ZEITGENÖSSISCHE PHILOSOPHIE

BEGRIFFSSCHEMATA

Quines Naturalismus führte ihn auch zu skeptischen und relativistischen Ansichten über Sprache: Es ist nicht nur unmöglich zu wissen, was andere meinen, sondern sogar – in gewisser Weise – was wir selbst tun.

UNBESTIMMTHEIT DER ÜBERSETZUNG

Bei der Erforschung eines isoliert lebenden Stammes sieht ein **Anthropologe** einen der Eingeborenen auf ein Kaninchen zeigen und »gavagai« sagen. »Ah«, denkt er, »er meint Kaninchen«. Vielleicht bedeutet es »da ist ein Kaninchen« oder das abstrakte **Substantiv** »Kaninchenheit« oder ein **Verb** («es kanincht«) oder sogar »zusammenhängende Kaninchenteile« (das heißt, alle Gliedmaßen und Ohren etc. an einem Ort zusammengesetzt).

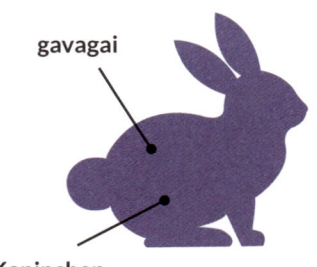

SAPIR-WHORF-HYPOTHESE

Diese Möglichkeiten klingen seltsam, aber Quines Punkt ist, dass der Anthropologe beim Versuch, zu verstehen, bestimmte **Hintergrundannahmen** über die Muttersprache und seine **Sicht auf die Welt** macht – »gavagai« ist der Name einer Sache –, indem er sein eigenes konzeptuelles Schema anwendet. Eine ähnliche Hypothese wurde vom Anthropologen Edward Sapir (1884–1939) und dem Linguisten Benjamin Lee Whorf (1897–1941) aufgestellt, die argumentierten, dass die Menschen nicht nur **verschiedene Sprachen** sprechen, sondern möglicherweise **unterschiedliche grundlegende Vorstellungen über die Realität** entwickelt haben. So behauptete Whorf, dass die Hopi-Indianer ein Konzept der Zeit besitzen, das sich radikal von der westlichen linearen Vorstellung von Vergangenheit, Gegenwart und Zukunft unterscheidet.

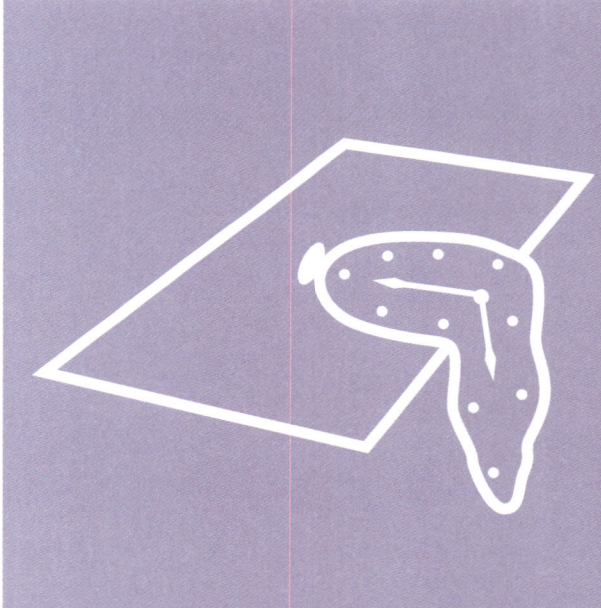

UNERGRÜNDLICHKEIT DER REFERENZ

Quines Ansatz ist jedoch grundlegender und skeptischer, denn **Schwierigkeiten bei der Übersetzung** treten nicht nur zwischen verschiedenen Sprachen auf, sondern zwischen Sprechern derselben Sprache und sogar in Bezug darauf, was ein einzelner Mensch meint. Das Problem ist nicht, dass solche Bedeutungen versteckt oder »unergründlich« sind, sondern dass es einfach keine wesentliche zugrundeliegende Wahrheit gibt, die bestimmt, worauf sich »gavagai« (oder »lapin« oder »Kaninchen«) tatsächlich bezieht. Vielmehr ist Sprache ein Netz von miteinander verbundenen Konzepten, und dieses **Gesamtschema von Ähnlichkeiten und Unterschieden erzeugt Bedeutung.**

FEMINISMUS

Während der Feminismus der ersten Welle darauf abzielte, Frauen gleiche rechtliche und politische Rechte zu geben, strebte der Feminismus der zweiten Welle weitreichendere soziale Ziele an.

 NAME SIMONE DE BEAUVOIR

 ZEIT 1908–1986

 HERKUNFT FRANKREICH

 SCHULE EXISTENTIALISMUS/FEMINISMUS

 HAUPTWERKE *DAS ANDERE GESCHLECHT*

 BEITRÄGE ETHIK, POLITISCHE PHILOSOPHIE

ZWEITE WELLE

Der Feminismus der zweiten Welle gewann mit der **liberalen Bewegung** in den westlichen Ländern in den 1960er-Jahren an Dynamik. In zunehmendem Maße erkannten Frauen, dass die Freiheit und Gleichberechtigung, die den früheren Generationen gewährt wurden, nur bestimmte Probleme wiedergutmachen und dass Frauen immer noch in der Zwangsjacke männlich definierter **Stereotypen** existierten – **Frau, Mutter, Sexobjekt** –, verstärkt durch Medien, Familie, Religion und andere soziale Kräfte.

DIE ANDERE

Der Grundstein für diese zweite Welle wurde von den Ideen der französischen Existenzialistin **Simone de Beauvoir** gelegt, deren 1949 erschienenes Buch *Das andere Geschlecht* besagte, Frauen seien historisch als »Andere« definiert worden, hätten eine **sekundäre und unterstützende Rolle** zugewiesen bekommen, die es dem männlichen Geschlecht ermöglichte, sich selbst in positiven »primäre« Begriffen zu definieren: Der Mann ist aktiv, geht zur Arbeit, ist körperlich stark, rational usw.; die Frau ist passiv, bleibt zu Hause, ist körperlich schwächer, emotional.

DIE ROLLEN DER FRAU

Der Schlüssel zu Simone de Beauvoirs Kritik an diesen traditionellen Rollen ist die existentialistische Behauptung, dass wir kein vordefiniertes Selbst haben, sondern **völlig frei** sind, uns **durch unser Handeln zu definieren** – und so stellte sie fest: »*Man wird nicht als Frau geboren, man wird dazu*«. Das erklärt auch, warum sich nicht mehr Frauen erheben und diese falschen Identitäten ablegen. Wie erwähnt argumentieren Existialisten, dass unsere völlige Freiheit Angst erzeugt und uns zu tröstenden Überzeugungen und Entschuldigungen führt, die uns vor solch einer beängstigenden Verantwortung schützen. Traditionelle weibliche Rollen bestehen fort, sagt Beauvoir, obwohl sie die **Ungleichheit verstärken**, weil sie einigen Frauen zumindest teilweise **Zuflucht vor der Angst** bieten, sich ihrer eigenen grenzenlosen Freiheit zu stellen.

DER DEMIURG

Eine Antwort auf das Problem des Bösen ist, dass die materielle Welt nicht von Gott geschaffen wurde, sondern von einem weniger kompetenten, weniger wohlwollenden oder möglicherweise sogar bösartigen Wesen.

 NAME SIMONE WEIL

 ZEIT 1909–1943

 HERKUNFT FRANKREICH

 SCHULE CHRISTLICHER SOZIALISMUS

 HAUPTWERKE SCHWERKRAFT UND GNADE; DAS UNGLÜCK UND DIE GOTTESLIEBE

 BEITRÄGE RELIGIONSPHILOSOPHIE

DER HANDWERKER

Die Idee des Demiurgen erscheint zuerst in Platons *Timaeus*, wo der Schöpfer der physischen Welt als eine **niedrigere, aber gutartige Schöpfergottheit** (griechisch *demiurgos*, »Handwerker«) dargestellt wird.

GNOSTIZISMUS

Von dort aus entwickelte sich dieses Wesen durch Neoplatonismus (siehe oben) und Gnostizismus (eine frühe Variante des Christentums) weiter und erwarb den Ruf der Unfähigkeit, Unwissenheit und sogar **Bösartigkeit**, bis die Katharer (eine mittelalterliche christliche Sekte) diese Figur mit **Satan** selbst gleichsetzten

DUALISMUS

Im Gegensatz von Geist und Materie kommt der Gnostizismus dem Dualismus nahe, der in Religionen wie dem **Manichäismus** und dem **Zoroastrismus** zu finden ist, die beide die **Existenz zweier** gleich mächtiger, aber **antithetischer Mächte** annahmen. Der Gnostizismus argumentierte, dass wir spirituelle Wesen sind, die in einem materiellen Gefängnis gefangen sind, aus dem nur ein einiger Ausweg bestand, die Illusionen der physischen Realität abzulehnen und unseren Funken der angeborenen Göttlichkeit zu entfachen.

LAST UND GNADE

In der modernen Theologie hält sich die Ansicht in der religiösen Philosophie der französischen christlichen Philosophin Simone Weil. Obwohl sie sich nicht ausdrücklich mit dieser Tradition identifiziert (obwohl sie die Katharer lobt), stellte sie sich die **physische Welt** dennoch als **völlig von Gott getrennt** vor, ein Reich des Leidens, des Schmerzes, des Egoismus, der Niedertracht und Ungerechtigkeit, das uns nur daran erinnert, was wir nicht sind, und uns anregt, nach Verbindung mit dem zu streben, was wir wirklich sind. Indem wir bewusst die »Last« dieser Kräfte akzeptieren, können wir Gottes »Gnade« erfahren.

FALSIFIKATION

Als Antwort auf den logischen Positivismus argumentierte Karl Popper, dass wissenschaftliche Erkenntnisse nicht durch positive, sondern durch negative Beweise, dass eine Theorie falsch sei, erlangt werden.

 NAME KARL POPPER

 ZEIT 1902–1994

 HERKUNFT ÖSTERREICH

 SCHULE ANALYTISCHE PHILOSOPHIE

 HAUPTWERKE *LOGIK DER FORSCHUNG; DIE OFFENE GESELLSCHAFT UND IHRE FEINDE*

 BEITRÄGE ERKENNTNISTHEORIE, POLITISCHE PHILOSOPHIE, WISSENSCHAFTSPHILOSOPHIE

DAS PROBLEM DER INDUKTION

Logische Positivisten wie A. J. Ayer hatten argumentiert, dass die einzigen sinnvollen Aussagen diejenigen waren, die logisch unbestreitbar oder **durch Erfahrung überprüfbar** waren. Auf diese Weise betrachtet, scheint es wegen des Problems der Induktion schwierig, sich irgendeinen schlüssigen Beweis vorzustellen, der Aussagen zu wissenschaftlichen Fakten stützen könnte.

FALSCHE THEORIEN

Poppers Verdienst war, zu erkennen, dass falsche wissenschaftliche Theorien uns tatsächlich so viel lehren könnten wie »wahre« und dass **Theorien immer nur vorläufig** akzeptiert werden konnten. Aristoteles' Begriff der Schwerkraft galt, bis Newtons Theorien sie verdrängten, die dann als »wahr« galten, bis Einstein sie revidierte; im Gegenzug könnte Einsteins Theorie eines Tages von neuen Theorien gestürzt werden. Wissenschaftlicher Fortschritt besteht nicht darin, Theorien zu beweisen, sondern indem sie sie **falsifizieren**, um sie durch bessere zu ersetzen.

PSEUDOWISSENSCHAFT

Was für Popper eine Theorie »wissenschaftlich« machte, war daher ihre **Überprüfbarkeit**. Konnte sie (möglicherweise) falsch sein? Welche zukünftigen Beweise oder Einsichten könnten sie kippen? Wenn es keine gab, dann war es überhaupt nicht wissenschaftlich – wie Astrologie oder die Theorien von **Marx und Freud** – und sollte als »**Pseudowissenschaft**« eingestuft werden. Natürlich bedeutete dies nicht, dass solche Theorien bedeutungslos waren, nur dass sie die wissenschaftlichen Erkenntnisse nicht voranbrachten.

EMOTIVISMUS

Eine weitere Folge des logischen Positivismus ist, dass ethische Aussagen auf den Status irrationaler Gefühle reduziert wurden.

 NAME R. M. HARE

 ZEIT 1919–2002

 HERKUNFT ENGLAND

 SCHULE ANALYTISCHE PHILOSOPHIE

 HAUPTWERKE THE LANGUAGE OF MORALS; MORAL THINKING

 BEITRÄGE ETHIK

BUH – HURRA

Ayers Behauptung, sinnvolle Aussagen seien entweder **logische Tautologien** oder müssten **empirischen Beweisen** unterliegen, machte Ethik zu einer Form emotionalen Ausdrucks. »Mord ist falsch« bedeutet einfach »Ich hasse Mord«, ein emotionales Werturteil. Aber Präferenzen wie die Unterstützung der lokalen Fußballmannschaft sind nichts, worüber man eine rationale Debatte führen könnte. Aus diesem Grund wird das als »Buh-Hurra«-Theorie der Ethik bekannt.

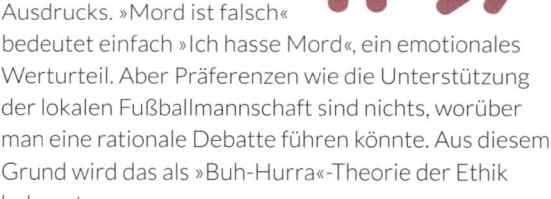

META-ETHIK

Aus offensichtlichen Gründen waren viele Philosophen über diese Entwicklung besorgt. Das ist Meta-Ethik, eine Debatte darüber, was Ethik eigentlich ist. Denker wie Kant argumentierten, dass moralische Aussagen **universalisierbar** sein sollten. Wenn ich »Stehlen ist unethisch« sage, dann ist impliziert, dass das für alle wahr sein sollte, nicht nur für mich selbst. Aber **emotionale Reaktionen** sind, genau wie der Geschmack von Essen oder Wein, keine objektiven, universellen Aussagen, sondern persönliche, subjektive Ausdrucksformen, die wahrscheinlich für verschiedene Menschen unterschiedlich sind (und daher nicht universell für alle gelten).

UNIVERSELLER PRÄSKRIPTIVISMUS

Während er mit Ayer übereinstimmte, dass es bei moralischen Aussagen **nicht um Fakten** geht, argumentierte der englische Philosoph R. M. Hare, dass wir doch eine rationale Debatte über Ethik führen können. Das liegt daran, dass man bei Ansichten wie »Stehlen ist unethisch« nicht nur eine **persönliche Vorliebe** zum Ausdruck bringt (Fan einer Fußballmannschaft). So eine Präferenz impliziert Handlungen für mich selbst und andere: Ich werde nicht nur nicht stehlen, sondern ich möchte in einer Welt leben, in der nicht gestohlen wird. Auf diese Weise können **moralische Aussagen universalisierbar** sein. Dieser Ansatz bildete die Grundlage für Hares Präferenzutilitarismus, der anstatt auf Vergnügen darauf abzielte, die Präferenzen oder persönlichen Interessen einer Person zu maximieren.

KÜNSTLICHE INTELLIGENZ

Der Mathemctiker Alan Turing meinte, dass es ausreichte, wenn eine Maschine jemandem vorspielen könne, dass sie menschlich sei, damit sie als intelligent angesehen wird.

 NAME ALAN TURING

 ZEIT 1912–1954

 HERKUNFT ENGLAND

 SCHULE BEHAVIORISMUS

 HAUPTWERKE »KANN EINE MASCHINE DENKEN?«

 BEITRÄGE PHILOSOPHIE DES GEISTES

DENKENDE MASCHINEN

Heutige Computer können Berechnungen schneller durchführen als Menschen oder solche zu denen wir nicht einmal in der Lage sind, und diese Grenze wird jeden Tag weiter zurückgedrängt. Aber ist dieses **scheinbar intelligente Verhalten** »Denken« oder nur eine **oberflächliche Nachahmung** des menschlichen Denkens?

DER TURING TEST

Um diese Frage zu klären, argumentierte der Mathematiker Alan Turing (er half, die Nazi-Geheimcodes im Zweiten Weltkrieg zu knacken), dass eine Maschine nur als menschlich durchgehen müsse, um als intelligent angesehen zu werden. Beim nach ihm benannten Turing-Test gibt ein Mensch schriftliche **Fragen an einen Menschen und an einen Computer** ein, die er beide nicht sehen kann. Beide antworten darauf. Nach einer gewissen Zeit entscheidet der Fragesteller, welcher Teilnehmer der Mensch ist. Wenn eine Maschine diesen Test besteht, meinte Turing, dann müssen wir sie als »denkend« betrachten.

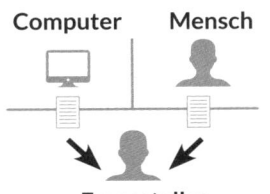

EINWÄNDE

Dieses Gedankenexperiment löste viele Kontroversen und Einwände aus. Erstens verdankt Turings Ansatz viel dem Behaviorismus und der Idee, dass es auf beobachtbares Verhalten (in diesem Fall schriftliche Kommunikation) ankommt. Egal, was »innerhalb« des Computers vor sich geht, es zählt nur, was »außerhalb« vor sich geht. Infolgedessen räumen einige Philosophen – wie John Searle (siehe später) – ein, dass das in **einem begrenzten Sinne** als **»Denken«** betrachtet werden könnte, meinen aber, dass es für »Bewusstsein« nicht ausreicht. Andere, wie der Physiker Roger Penrose, meinten jedoch, dass es bestimmte Formen des Denkens gibt, die **für immer außerhalb der Reichweite von Maschinen** bleiben werden.

Penrose sagte, dass ein Mensch z.B. könne sehen, dass A x B das gleiche wie B x A ist, unabhängig von den Werten von A und B.

> Wenn A = 3 and B = 4, dann AxB=12 und BxA=12.
>
> Wenn A=2 und B=4, dann AxB=8 und BxA=8.
>
> Wenn A=4 nd B=4, dann AxB=16 und BxA=16.

Eine Maschine könne nicht zu dieser Erkenntnis gelangen. Sie muss entweder jeden möglichen Wert von A und B berechnen (eine unendliche Aufgabe), oder die Regel muss einprogrammiert werden. Und es kann **unendlich viele solcher Regeln** geben

DAS ABSURDE

Getrieben von der Suche nach Sinn in einer bedeutungslosen Welt müssen wir, so Camus, ein Leben der Rebellion leben.

 NAME ALBERT CAMUS

 ZEIT 1913–1960

 HERKUNFT FRANKREICH / ALGERIEN

 SCHULE EXISTENTIALISMUS

 HAUPTWERKE *DER FREMDE; DIE PEST; DER MYTHOS DES SISYPHOS; DER MENSCH IN DER REVOLTE*

 BEITRÄGE ETHIK

DER MYTHOS DES SISYPHOS

Wie Sisyphos – der König aus der griechischen Mythologie, der von den Göttern auf ewig dazu verurteilt wurde, einen Felsbrocken auf einen Hügel zu rollen, nur damit er vor dem Erreichen des Gipfels wieder nach unten rollt – ist **unsere Existenz von Natur aus bedeutungslos**. Und doch scheinen wir Menschen unweigerlich getrieben zu sein, **Sinn** zu suchen. Dieser Widerspruch verleiht dem Dasein absurde Qualität.

DER FREMDE

Wie andere Existentialisten brachte auch Camus einige seiner Ideen in Romanform zum Ausdruck. Sein berühmtestes Werk, **Der Fremde**, beschreibt das Leben von Meursault, einem scheinbar durchschnittlichen Mann, der sich dennoch im Widerspruch zur Welt befindet. Seine Mutter stirbt, aber er ist nicht in der Lage, bei ihrer Beerdigung eine Träne zu vergießen. Verstrickt in Ereignisse, die er nicht versteht, erschießt er jemanden, aber bei seinem eigenen Prozess kann er keine Verteidigung oder kein Motiv vorbringen. Wie die Protagonisten in Franz Kafkas Romanen ist Meursault ein Außenseiter, allein in seiner **Erkenntnis der sinnlosen Absurdität des Lebens.**

REVOLTE

Wie stellen wir uns dieser **Absurdität**? Wir können sie nicht einfach hinnehmen, denn die beiden Dinge – der Wunsch nach Sinn und die Sinnlosigkeit der Existenz – sind letztlich unversöhnlich, was auch die Hoffnung ausschließt, dass sich unser Leben verbessert. Ein Leben, das dem Vergnügen oder dem Vergessen gewidmet ist oder der Hingabe an eine Sache, würde nur einen vergeblichen Fluchtversuch darstellen. Die **einzige Antwort ist die Rebellion**: unser Schicksal zu leugnen, indem wir ein volles, bewusstes Leben trotz seiner Sinnlosigkeit führen.

FREIHEIT

Laut Isaiah Berlin habe sich der Begriff der Freiheit im Laufe der Geschichte in zwei getrennte Richtungen entwickelt.

 NAME ISAIAH BERLIN

 ZEIT 1909–1997

 HERKUNFT ENGLAND (GEBOREN IN LETTLAND)

 SCHULE ANALYTISCHE PHILOSOPHIE

 HAUPTWERKE *FREIHEIT: VIER VERSUCHE*

 BEITRÄGE POLITISCHE PHILOSOPHIE, ETHIK

ZWEI KONZEPTE VON FREIHEIT

Berlin stellt fest, dass Freiheit als eine einheitliche Idee betrachtet werden kann, die zwei Aspekte besitzt, die für einzelne Philosophen unterschiedlich wichtig sind. Aristoteles oder Marx betonten die **Rolle des Bürgers in der Gesellschaft und seine Rechte und Pflichten**. Denker wie Hume, Locke und Mill sahen jedoch, dass das Wesen der Freiheit das **Fehlen staatlicher Einmischung** war.

NEGATIVE FREIHEIT

Als Antwort auf diese repressiven Aspekte positiver Freiheit argumentieren Libertäre, dass Individuen frei sein müssen, ihre eigenen Ziele zu verfolgen. Wenn Sie zu viel essen oder trinken wollen, was kümmert das die Gesellschaft – es sei denn, es beeinträchtigt andere, sagt Mill. Diese Sichtweise ist die Wurzel der modernen freien **Marktwirtschaft** und des **Neoliberalismus**, die behaupten, dass die Gesellschaft am meisten von **minimaler staatlicher Beeinflussung** profitiert, was Einzelpersonen und Unternehmen ermöglicht, aus Eigenem erfolgreich zu sein oder zu scheitern. Dies setzt jedoch voraus, dass jeder die **gleichen Startchancen** hat und dass auch diejenigen, die scheitern, ihr Brot verdienen. Aber ist das so?

POSITIVE FREIHEIT

Wie kann ein Individuum ohne Unterstützung und Führung im vollen Sinne frei sein? Für Platon bedeutet frei zu sein, seine Wünsche zu meistern und der Vernunft zu folgen. Aber eine solche Meisterschaft erfordert **Bildung**, die wiederum die individuelle Freiheit einschränkt – mehr Bewegung, weniger essen, Hausaufgaben machen. **Positive Freiheit beinhaltet daher Bevormundung** oder die Idee, dass andere (der Staat, Älteste, Lehrer, Experten) es besser wissen. In seiner extremen Form führt dies zum Totalitarismus (dessen Karl Popper Platon beschuldigte).

IDENTITÄTSTHEORIE

Die Geist-Gehirn-Identitätstheorie versucht, das Geist-Körper-Problem zu lösen, indem sie behauptet, dass es kein Problem gibt, weil Geist und Gehirn identisch seien.

 NAME DAVID ARMSTRONG

 ZEIT 1926–2014

 HERKUNFT AUSTRALIEN

 SCHULE ANALYTISCHE PHILOSOPHIE

 HAUPTWERKE *A MATERIALIST THEORY OF MIND*

 BEITRÄGE PHILOSOPHIE DES GEISTES, METAPHYSIK

PHYSIKALISMUS

Die **Geist-Gehirn-Identitätstheorie** entstand mit den Philosophen Ullin Place und J. C. Smart in den 1950er-Jahren, wurde aber am vollständigsten von David Armstrong entwickelt. Sie vertritt die Überzeugung, dass **mentale Prozesse** einfach **physische Gehirnprozesse** sind. Dies mag für jeden offensichtlich klingen, der religiöse oder spirituelle Auffassungen über die menschliche Natur ablehnt, aber selbst für Physikalisten wirft die Behauptung, dass der Geist das Gehirn ist, eine Reihe von kniffligen Problemen auf.

UNTERSCHIEDLICHE BESCHREIBUNGEN

Zunächst einmal haben mentale und physische Beschreibungen unterschiedliche Bedeutungen. »**Ich bin glücklich**« bedeutet nicht dasselbe wie »**diese Neuronen in meinem Gehirn sind aktiv**«. Identitätstheoretiker können jedoch argumentieren, dass dies angesichts unserer aktuellen wissenschaftlichen Erkenntnisse einfach eine Eigenheit der Sprache ist: »Dieses Wasser gefriert« bedeutet nicht buchstäblich das Gleiche wie »diese molekularen Bindungen bilden sich«, aber die Bedeutung der ersten kann auf die zweite reduziert werden, genauso wie – wenn wir das Gehirn vollständig verstehen – »Ich bin glücklich« auf »diese Gruppe von Neuronen ist aktiv« reduziert werden kann.

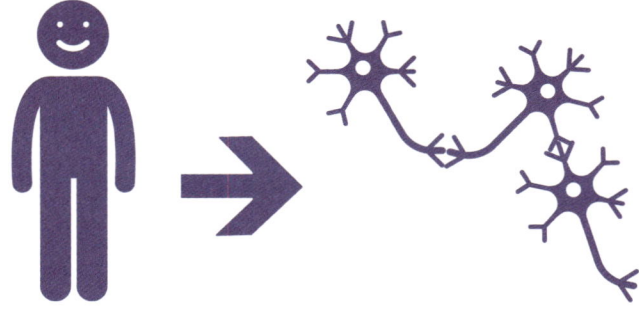

TYPEN UND TOKEN

Ein anderes Problem ist jedoch die Übereinstimmung von körperlichen und geistigen Prozessen. **Korrespondieren alle Typen von Gehirnzuständen mit allen Typen von mentalen Ereignissen**? Leuchtet bei »wütend« bei allen Menschen immer die gleiche Gruppe von Neuronen auf? Oder könnte jeder Fall (Token) meiner Wut eine andere neurologische Grundlagen haben als bei einem anderen, oder sogar eine andere als frühere Fälle (Token) meiner eigenen Wut? Es gibt offensichtlich eine enge **Beziehung zwischen Verstand und Gehirn**, doch scheint sie komplizierter zu sein, als die Identitätstheorie annimmt.

HERMENEUTIK

Das Feld der philosophischen Hermeneutik umfasst die Bandbreite der Fragen, mit denen wir konfrontiert sind, wenn wir irgendeine Form der Interpretation versuchen.

 NAME HANS-GEORG GADAMER

 ZEIT 1900–2002

 HERKUNFT DEUTSCHLAND

 SCHULE HERMENEUTIK

 HAUPTWERKE *WAHRHEIT UND METHODE*

 BEITRÄGE METAPHYSIK, ERKENNTNISTHEORIE, ÄSTHETIK

BIBELWISSENSCHAFT

Hermeneutik ist die Theorie der Interpretation. Sie entstand aus der **Bibelwissenschaft** des 19. Jahrhunderts, in der man erkannte, dass ein tieferes Verständnis der Schrift die **Würdigung des kulturellen und historischen Kontexts** erforderte, in dem Texte geschrieben wurden. Der deutsche Philosoph Wilhelm Dilthey (1833–1911) erweiterte die Hermeneutik auf alle Humanwissenschaften mit Textinterpretation.

DER HERMENEUTISCHE ZIRKEL

Ein Schlüsselbegriff ist der »hermeneutische Zirkel«. Die Bedeutung einzelner Begriffe und Sätze innerhalb eines Textes wird durch das Verständnis ihres allgemeinen kulturellen und historischen Kontexts gefärbt. Unser **Verständnis von Sätzen und Konzepten beeinflusst** und verändert jedoch unser **Verständnis des Kontexts**.

Teile und Ganzes sind miteinander verbunden, jeder Interpretationsprozess muss daher zirkulär sein.

HORIZONTE

In Anwendung dieser Erkenntnis konzentriert sich Gadamer auf die Sprache, die er als Vermittlung allen Wissens der Welt sieht. Das Aufwachsen in einer Kultur oder Tradition hält uns auch in ihr gefangen – **wir sind von unserem eigenen kulturellen »Horizont« begrenzt** – und jeder Versuch, sprachliche und konzeptionelle Werkzeuge zur Interpretation anderer Kulturen zu verwenden, ist immer von unseren eigenen, oft unbewussten Einstellungen und Überzeugungen geprägt. Dies macht eine neutrale oder objektive Interpretation unmöglich, und jeder **Interpretationsakt** muss daher immer ein **Dialog** oder eine **Synthese** sein – eine »Verschmelzung von Horizonten« –, die etwas Neues schafft.

VERORTUNG

Moderne oder philosophische Hermeneutik wird mit dem deutschen Philosophen **Hans-Georg Gadamer** in Verbindung gebracht, einem Schüler Heideggers, dessen *Sein und Zeit* selbst ein hermeneutischer Versuch war, die **Existenz im Kontext eines Wesens** zu »interpretieren«, das sich bereits in der Welt »verortet« findet und wo der Versuch, die Existenz zu interpretieren, durch die Natur der Existenz selbst vorgeformt ist.

SITUATIONISMUS

Der Situationismus sieht in der modernen kapitalistischen Gesellschaft eine Repräsentation oder ein »Spektakel«, das als Ersatz für das authentische soziale Leben dem Konsum und der Entfremdung dient.

 NAME GUY DEBORD

 ZEIT 1931–1994

 HERKUNFT FRANKREICH

 SCHULE KONTINENTALPHILOSOPHIE (SITUATIONISMUS)

 HAUPTWERKE *DIE GESELLSCHAFT DES SPEKTAKELS*

 BEITRÄGE POLITISCHE PHILOSOPHIE, SOZIALLEHRE

KOMMODIFIZIERUNG

Die **Situationistische Internationale**, gegründet vom französischen Marxisten und anarchistischen Philosophen Guy Debord, war eine radikale künstlerische und politische Bewegung, die die modernen kapitalistischen Gesellschaft kritisierte und ihr vorwarf, die Dinge des täglichen Lebens in »Waren« zu verwandeln und **falsche Wünsche** nach Produkten und Erfahrungen zu wecken, die besessen und konsumiert werden können.

DAS SPEKTAKEL

Der Kapitalismus verwandelt das Leben in ein »Spektakel«, in dem traditionelle **menschliche Beziehungen durch ihre Repräsentation ersetzt** werden. So schuf die Konsumgesellschaft durch Werbung, Massenmedien und Populärkultur ein »Spektakel«, das **Klassenunterschiede** reflektiert und verstärkt und uns dazu bringt, andere Menschen durch die Linse ihres materiellen Status zu sehen.

DER BETÄUBTE ZUSCHAUER

Das Ziel des Situationismus war es daher, den **betäubten Zuschauer** vom Spektakel der modernen Konsumgesellschaft »**aufzuwecken**«, und er setzte dafür mit verschiedene Mittel ein. *Détournement*, oder was heute als *Adbusting* bezeichnet wird, beinhaltete die Vandalisierung von Werbetafeln und Werbeplakaten, um ihre Botschaft zu untergraben. *Dérive* war die Praxis, umherzuziehen und öffentliche Räume für andere Zwecke als kommerzielle Interessen zu besetzen und zu versuchen, beim Teilnehmer eine **authentischere** emotionale und intellektuelle *Situation* zu schaffen.

REVOLUTION

Das ultimative Ziel all dessen war die Revolution – die die Bewegung als eine treibende Kraft hinter den turbulenten Ereignissen im **Mai 1968** in Paris fast erreicht hätte, als Demonstranten die Regierung von de Gaulle fast zu Fall gebracht hätten. Ein Grund, warum die Bewegung dies nicht erreicht hat, ist vielleicht, dass der Situationismus (ein Begriff, den Debord ablehnte) selbst zur **Kommodifizierung** wurde, zu einem weiteren »Ismus«, über den in Büchern geschrieben wurde …

WISSEN

Platons Definition von Wissen hielt über zwei Jahrtausende an, bis Edmund Gettier darin einen bedeutenden Fehler hervorhob.

 NAME EDMUND GETTIER

 ZEIT 1927–

HERKUNFT AMERIKA

 SCHULE ANALYTISCHE PHILOSOPHIE

 HAUPTWERKE »IST GERECHTFERTIGTE, WAHRE MEINUNG WISSEN?«

 BEITRÄGE ERKENNTNISTHEORIE

DIE DREISEITIGE DEFINITION

In seinem **Theaetetos** vertrat Platon die Auffassung, dass **Wissen drei Elemente** erfordert: Es muss bewusst wahrgenommen oder ausgedrückt werden, auf ausreichender Rechtfertigung beruhen und wahr sein. Wir können nichts wissen, was falsch ist, wofür wir keine Beweise haben oder was uns nie in den Sinn gekommen ist.

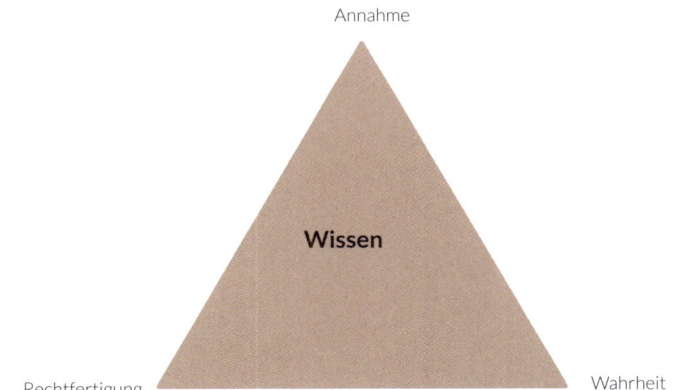

GETTIER-PROBLEME

Edmund Gettier stellte diese Ansicht mit Beispielen in Frage, die **Platons Kriterien** zu entsprechen schienen, die wir jedoch **nicht als Wissen** einstufen können. Nehmen wir zum Beispiel an, dass Jim und Tim sich für einen Job in Ihrer Firma bewerben (um Gettiers Beispiel zu vereinfachen und anzupassen). Sie hören zwei Gerüchte von einer normalerweise vertrauenswürdigen Quelle: Jim wird den Job bekommen; der erfolgreiche Kandidat trägt eine goldene Uhr. Infolgedessen glauben Sie, dass »die Person, die den Job bekommt, eine goldene Uhr trägt«. Allerdings ist das Gerücht (teilweise) falsch: Tim bekommt den Job – und es stellt sich heraus, dass er auch eine goldene Uhr trägt, was Sie aber bisher nicht wussten.

FALSCHE ANNAHMEN

Das Problem dabei ist, dass Sie eine **wahre, berechtigte Überzeugung** zu haben scheinen (»Der erfolgreiche Kandidat wird eine goldene Uhr tragen«), wobei die meisten von uns zögern würden, von »Wissen« zu reden. Warum? Sie können sagen, dass Ihre Annahme, dass Jim den Job bekommen würde, falsch war – aber Platon verlangt ja nicht, dass das Wissen nicht von falschen unterstützenden Annahmen abgeleitet wird. Es spielt auch keine Rolle, dass Ihre Golduhr-Information sich auf Jim bezog und nur zufällig auch auf Tim zutraf. Es ist nur wichtig, dass sie wahr war und Sie eine **Rechtfertigung** dafür hatten (Ihre »normalerweise vertrauenswürdige Quelle«). Lag Platon also falsch?

DER TOD DES AUTORS

Während die traditionelle Literaturkritik die Intentionen des Autors als Schlüssel zur Bedeutung seines Textes sah, meinte Roland Barthes, dass diese eigentlich irrelevant seien.

 NAME ROLAND BARTHES

 ZEIT 1915–1980

 HERKUNFT FRANKREICH

 SCHULE STRUCTURALISMUS

 HAUPTWERKE »DER TOD DES AUTORS«; MYTHEN DES ALLTAGS; DIE LUST AM TEXT

 BEITRÄGE ÄSTHETIK, GESELLSCHAFTSTHEORIE

ZEITGENÖSSISCHE PHILOSOPHIE

DER AUTOR-GOTT

Barthes argumentierte, dass wir, wenn wir eine **endgültige Interpretation** eines literarischen Textes auf der Grundlage dessen, was der Autor anscheinend beabsichtigt, bieten wollen, eine Reihe von **ungerechtfertigten Annahmen** treffen. Zunächst gehen wir davon aus, dass wir diese Absichten tatsächlich herausfinden können. Aber können wir wirklich mit Sicherheit sagen, was z.B. Balzac oder ein anderer Schriftsteller mit einer bestimmten Zeile meinte? Das setzt natürlich voraus, dass der betreffende Autor tatsächlich eine bestimmte Absicht im Sinn hatte. Dieser Ansatz, argumentiert Barthes, behandelt den Autor daher als eine Art von **Gottheit**, die ihre Botschaft aus der Höhe liefert, und die **Literaturkritik** selbst wird fast zu einer **Form der Theologie**.

DER SCHREIBER

Indem er den Tod des Autors propagiert, lehnt Barthes nicht nur diese Art der Textinterpretation ab (die »der **vorsätzliche Trugschluss**« genannt wurde), sondern wendet sich auch gegen die Idee, dass ein Text eine »autoritative« Bedeutung haben kann (Wortspiel beabsichtigt). Im Gegensatz dazu argumentiert Barthes, dass ein Text aus **vielen Bedeutungsebenen** besteht und mehrere Kräfte in seine Produktion involviert sind (soziale, kulturelle, historische, psychologische usw.). Der **Autor ist bloß ein Schreiber**, ein Mittel zur Übertragung dieser Kräfte.

VIELFÄLTIGE BEDEUTUNGEN

Darüber hinaus entlockt jeder Leser einem Text seine eigene subjektive Bedeutung, und **jede Lektüre ist die Erschaffung eines neuen Textes**, einer neuen Perspektive. Auf welcher Grundlage sollten wir angesichts all dessen einer einzigen Interpretation den Vorzug geben?

Schreiber

DAS GEHIRN IM TANK

Das skeptische Argument, dass es keine Möglichkeit gibt zu wissen, was real ist, wurde durch das Gedankenexperiment des Gehirns in einem Tank in technologische Begriffe gefasst.

 NAME HILARY PUTNAM

 ZEIT 1926–2016

 HERKUNFT AMERIKA

 SCHULE ANALYTISCHE PHILOSOPHIE

 HAUPTWERKE »BRAINS IN A VAT«; *MEANING AND REFERENCE*; *REPRÄSENTATION UND REALITÄT*; *MIND, LANGUAGE AND REALITY*

 BEITRÄGE METAPHYSIK, ERKENNTNISTHEORIE, PHILOSOPHIE DES GEISTES

SOLIPSISMUS

Von Zhuang Zi bis Descartes und darüber hinaus dachten Philosophen über das Problem nach, wie wir feststellen könnten, ob die **Welt**, die wir wahrnehmen, objektiv existiert oder ob es eine Form der **Illusion** ist, **die nur für mich existiert** (Solipsismus). Dies scheint eine weit hergeholte Möglichkeit zu sein, aber logischerweise gibt es große Schwierigkeiten, eine solche Illusion auszuschließen.

TECHNOLOGISCHE TÄUSCHUNG

Anstatt diese Idee in Träumen oder Täuschung durch böse Dämonen auszudrücken (wie Descartes tat), bat uns der amerikanische Philosoph Gilbert Harman (geb. 1938), uns vorzustellen, dass wir **körperlose Gehirne** sind, die in einem Tank mit Chemikalien aufbewahrt werden, wir sind **mit einem Computer verbunden**, der dem Gehirn elektrische Signale liefert und uns davon überzeugt, dass wir die Realität erleben, obwohl es sich tatsächlich um eine simulierte Illusion handelt (wie im Film Matrix). Könnten wir die Täuschung erkennen? Könnte es sein, dass Sie jetzt in einem solchen Zustand leben und es nicht wissen?

Gehirn im Tank

KAUSALER BEZUG

Hilary Putnam meint, dass es tatsächlich einen Weg gäbe, Skepsis zu überwinden. Wenn ich denke, »Ich bin ein Gehirn in einem Tank«, müssen sich die Worte »Gehirn« und »Tank« auf tatsächliche Gehirne und Tanks beziehen (und von ihnen verursacht werden). Aber wenn ich ein Gehirn in einem Tank bin, dann beziehen sich die Worte, die ich für diese Dinge gelernt habe, nicht auf tatsächliche Gehirne und Tanks, sondern auf **falsche Simulationen** dieser Objekte. Und **wegen der Art und Weise, wie Sprache funktioniert, muss es falsch sein, dass ich ein Gehirn in einem Tank bin**.

FUNKTIONALISMUS

Der Funktionalismus wandte den behavioristischen Ansatz auf den Geist an und argumentierte, dass der Geist nur ein System von Inputs und Outputs sei.

DIE BLACKBOX

Wegen der Probleme mit dem Behaviorismus befürworteten einige Philosophen eine komplexere Theorie, die den Geist nicht nur in Bezug auf das potenzielle oder tatsächliche Verhalten sah, sondern eher in Bezug auf ein **Informationsverarbeitungssystem**, wie ein Computer. Dinge wurden eingespeist, und Dinge kamen heraus. Wie beim Behaviorismus spielte es jedoch keine Rolle, was »drinnen« in dieser Maschine ablief, die in jeder Hinsicht als eine undurchschaubare »**Blackbox**« angesehen werden konnte. Wichtig war nur, wie die Maschine funktionierte.

PROBLEME

Während der Funktionalismus immer noch eine populäre Anschauung ist, gibt es Probleme damit, und Putnam selbst kritisierte ihn später. Vor allem die Idee, dass die **mentale Realität** nicht nur in Hinsicht auf Funktion gedacht werden kann – dass es Dinge gibt, die innerhalb der Blackbox weitergehen, die **nicht nur funktional** sind.

MULTIPLE REALISIERUNG

Eine interessante Konsequenz dieser Sichtweise – erstmals von Hilary Putnam eingeführt – ist die multiple Realisierung. Das ist die Idee, dass, wenn ein Geist einfach eine Sammlung von Ein- und Ausgängen ist, die als **Verarbeitungssystem** funktionieren, es nicht wirklich wichtig ist, woraus seine Teile bestehen – biologische Zellen, Mikrochips oder was auch immer. Wir sehen diese Vorstellung zum Beispiel in *Star Trek* und anderen Science-Fiction-Filmen, wo die Crew auf »nicht-kohlenstoffbasierte Lebensformen« trifft, was bedeutet, dass **»Leben« auf vielfältige Weise realisiert** werden kann.

DER SCHLEIER DER UNWISSENHEIT

John Rawls meinte, dass eine wirklich gerechte Gesellschaft nur erreicht werden kann, wenn diejenigen, die die Regeln festlegen, dies ohne Rücksicht auf ihre persönlichen Eigenschaften und inhärenten Vorurteile tun.

 NAME JOHN RAWLS

 ZEIT 1921–2002

 HERKUNFT AMERIKA

 SCHULE ANALYTISCHE PHILOSOPHIE

 HAUPTWERKE *EINE THEORIE DER GERECHTIGKEIT*

 BEITRÄGE ETHIK, POLITISCHE PHILOSOPHIE

VOREINGENOMMENHEIT

Doch egal wie weise, erfahren und kompetent diese Führer sind, sie verkörpern doch bestimmte Eigenschaften, Werte und Einstellungen – von ihrer **Erziehung, Religion, Geschlecht, Rasse, wirtschaftlichem Hintergrund** und so weiter. Und wenn sie es noch so gut meinen, beeinflussen diese Eigenschaften ihre Entscheidungen auf oft unbewusste Weise und sorgen für Voreingenommenheit.

PHILOSOPHENKÖNIGE

Die Regeln und Gesetze einer Gesellschaft werden oft den Händen ihrer Ältesten anvertraut, Weisen und Gelehrten, Menschen mit viel Erfahrung oder beruflichem Erfolg. Wie Platon meinte, sollten die Herrscher (seine Philosophenkönige) **das Beste in jeder Hinsicht** verkörpern, um eine Gesellschaft zu schaffen, die die Prinzipien der Gerechtigkeit und Fairness verkörpert.

URSPRUNGSPOSITION

Um dies zu vermeiden, bat Rawls uns, uns die Gesetze der Gesellschaft so vorzustellen, wie sie von Individuen geschaffen wurden, die keine solchen Eigenschaften besitzen. Sie existieren hinter einem **Schleier der Unwissenheit**, von wo aus dem sie entscheiden, wie jeder – unabhängig von seinen individuellen Eigenschaften – behandelt werden soll. Wie Hobbes' Naturzustand ist diese ursprüngliche Position keine praktische Lösung, sondern ein hypothetisches Szenario, das zeigen soll, wie Gerechtigkeit aussehen sollte. Gesetze, die ich als Gesetzgeber schaffe, müssen gelten, egal ob ich schwarz oder weiß, männlich oder weiblich, schwul oder hetero bin oder ob ich mich sonst wie definieren könnte. Wären Platons Könige so scharf auf seine Republik, wenn es die Möglichkeit gäbe, dass sie eine Arbeiterdrohne würden? Nur durch solche »Unwissenheit« können wir eine wirklich **faire und gerechte Gesellschaft** schaffen.

ZEITGENÖSSISCHE PHILOSOPHIE

PARADIGMENWECHSEL

Thomas Kuhn widersprach der Ansicht, dass die Wissenschaft schrittweise durch Verifizieren oder Falsifizieren von Hypothesen Erkenntnisse gewinnt. Er meinte, dass sich ihre Paradigmen dramatisch verschieben.

 NAME THOMAS KUHN

 ZEIT 1922–1996

 HERKUNFT AMERIKA

 SCHULE ANALYTISCHE PHILOSOPHIE

 HAUPTWERKE DIE STRUKTUR WISSENSCHAFTLICHER REVOLUTIONEN

 BEITRÄGE ERKENNTNISTHEORIE

ZEITGENÖSSISCHE PHILOSOPHIE

UNVEREINBARKEIT

Kuhn veranschaulicht seinen Standpunkt anhand der Verschiebung zwischen der ptolemäischen Behauptung, die Erde sei das Zentrum des Universums (**Geozentrismus**), und der kopernikanischen Behauptung, die Erde umkreise die Sonne (**Heliozentrismus**). Diese beiden Paradigmen, argumentierte er, seien so unterschiedlich, und die Prinzipien, die sie untermauerten, seien so widersprüchlich, dass sie völlig **unvereinbare Weltanschauungen** repräsentieren. Es war fast so, als würden sie verschiedene Sprachen sprechen, und eine Übersetzung zwischen ihnen nicht vollständig möglich war.

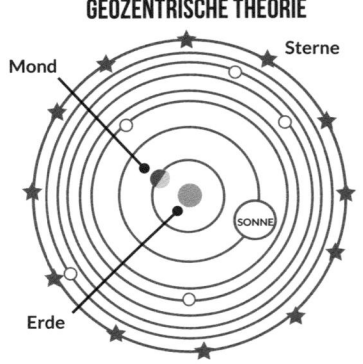

GEOZENTRISCHE THEORIE

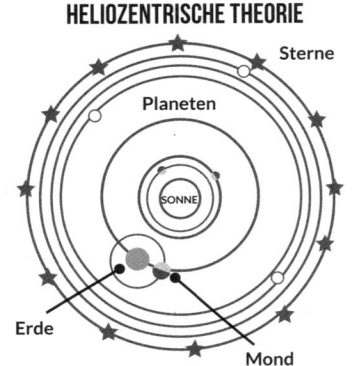

HELIOZENTRISCHE THEORIE

ANOMALIEN

Was bewirkt den Wechsel von einem Paradigma zu einem anderen? Im Nachhinein kann man leicht sagen, dass der Heliozentrismus einfach »**rationaler**« ist und eine »**bessere**« Erklärung der Ereignisse bietet. Es stimmt, dass das ptolemäische System komplizierter und unhandlicher geworden war und immer mehr Anomalien verursachte, je mehr Informationen über planetarische Bewegungen gesammelt wurden. Aber das machte es nicht unbedingt »falsch« – das Universum könnte eben sehr kompliziert sein. Doch, so Kuhn, verloren wegen der **zunehmenden Anomalien** bestimmte Wissenschaftler das Vertrauen in die Fähigkeit des ptolemäischen Systems, wissenschaftliche Probleme zu lösen.

RÄTSEL LÖSEN

Wenn ein **Paradigma allgemein akzeptiert** wird, ermöglicht es Wissenschaftlern, sich auf das zu konzentrieren, was Kuhn »normale Wissenschaft« nennt, die **alltägliche Forschung**, die die große Theorie auf kleine Probleme und Rätsel anwendet und den technologischen Fortschritt erleichtert. Nur wenn ein System diesen Rahmen nicht mehr bieten kann – wenn es zu viele Anomalien aufwirft –, hört es auf, nützlich zu sein, und es wird verlockend, es zugunsten eines anderen Systems aufzugeben, das mehr **Spielraum zur Lösung neuer Probleme** verspricht.

MACHT UND KONTROLLE

Michel Foucault argumentierte, dass die Mitglieder der Gesellschaft von den Werten und Machtverhältnissen geprägt und kontrolliert werden, die sozialen Institutionen und ihrer Sprache innewohnen.

 NAME MICHEL FOUCAULT

 ZEIT 1926–1984

 HERKUNFT FRANKREICH

 SCHULE KONTINENTALPHILOSOPHIE (POSTSTRUCTURALISMUS)

 HAUPTWERKE WAHNSINN UND GESELLSCHAFT; ÜBERWACHEN UND STRAFEN; SEXUALITÄT UND WAHRHEIT

 BEITRÄGE POLITISCHE PHILOSOPHIE, GESELLSCHAFTSTHEORIE

GROSSES AUSSONDERN

In seinem frühen Werk über den Wahnsinn argumentiert Foucault, dass »**Wahnsinn**« kein natürliches Konzept sei, sondern **von sozialen Kräften konstruiert** wurde. Im sogenannten **Zeitalter der Vernunft** vom 17. bis zum 19. Jahrhundert identifizierte und inhaftierte man im »großen Aussondern« Individuen, die verschiedene Formen abweichenden Verhaltens aufwiesen und schuf so eine Klasse von »Geisteskrankheiten«, die die neuen, strengere Kriterien der Rationalität und Vernunft spiegelten.

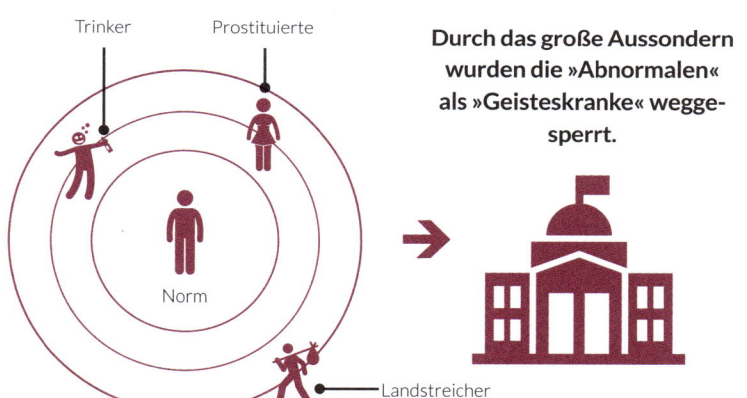

Durch das große Aussondern wurden die »Abnormalen« als »Geisteskranke« weggesperrt.

WILLE ZUR MACHT

Das bedeutet nicht unbedingt, dass »Wahnsinn« oder »Geisteskrankheit« nicht existieren, sondern lediglich, dass das Konzepte sind, deren Bedeutung und Anwendung **sozial konstruiert** und daher weder objektiv noch endgültig sind. Beeinflusst von Nietzsches Begriff des Willens zur Macht, versuchte Foucault zu zeigen, wie solche Konzepte und Perspektiven die **Werte der Mächtigen** widerspiegeln.

PANOPTIKUM

Das Interessante an Foucaults Theorie ist, dass **politische und soziale Macht nicht offen ausgeübt** wird, sondern in den politischen, wissenschaftlichen 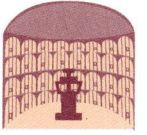 und kulturellen Strukturen der Gesellschaft »vergraben« ist. In einer späteren Arbeit über Kriminalität verwendet Foucault als Metapher für diese Art der Kontrolle Jeremy Benthams Panoptikum, ein »ideales« Gefängnis, in dem die Insassen von einem zentralen Wachturm aus überwacht werden. Diese »Kontrolle« erfolgt jedoch nicht direkt, sondern so, dass die Insassen, nie wissen, wann sie beobachtet werden, weil der Wärter versteckt ist. In ähnlicher Weise impliziert Foucault, dass die **Machtstrukturen** nicht immer direkte Mittel verwenden, sondern uns vielmehr ermutigen, **uns selbst zu »kontrollieren«** und zu überwachen, indem wir die Werte und Konzepte verinnerlichen, die wir lernen, um in der Gesellschaft zu funktionieren.

SEX

Foucault bestritt die traditionell akzeptierte »Repressionshypothese« und argumentierte, dass Sexualität nicht so sehr »unterdrückt«« als »geschaffen« und durch einen Anstieg des sexuellen Diskurses geprägt sei.

DIE REPRESSIONSHYPOTHESE

Philosophen wie Herbert Marcuse (siehe oben) argumentierten, dass sexuelle Repression in Verbindung mit dem Kapitalismus entstand und die Schaffung von flexiblen Arbeitern und Verbrauchern erforderte, deren **Sexualität für kommerzielle Zwecke kanalisiert** werden konnte, eine Einschränkung, die sich in letzter Zeit nur leicht gelockert hat.

BEICHTSTUHL

Im Gegensatz dazu wies Foucault darauf hin, dass die angeblich zunehmende sexuelle Unterdrückung mit der **Zunahme an wissenschaftlichen Studien über Sex** zusammenfiel. Während wir in diesem Sinne die viktorianische Ära oft als eine repressive Periode betrachten, in der Sex ein Tabuthema war, geht es eigentlich um eine zunehmende Beachtung all dessen, was mit Sex zu tun hat, durch Ärzte, Pädagogen und Gesetzgeber. Diese Berufe sind aber nur **weltliche Entsprechungen des Priesters**, dem der Sünder die intimsten Einzelheiten seines Lebens beichten muss.

SEXUELLE NORM

Foucaults Ansicht wird (zum Beispiel) von konservativen Philosophen wie Roger Scruton (1944–2020) abgelehnt, die »normale« oder »moralisch akzeptable« Formen der Sexualität solchen Dingen wie Homosexualität, oder Masturbation als Perversionen gegenüberstellten, die das narzisstische Versagen widerspiegeln, sich wirklich mit dem »Anderen« zu befassen (was sie als charakteristisch für reife Sexualität ansehen). Während Foucault **Geschlecht** und **sexuelle Identität als Produkte sozialer Kräfte** sieht, sieht Scruton sie als **biologische Determinationen**.

KONSTRUIERTE SEXUALITÄT

Foucault argumentiert daher, dass in dieser Zeit Medizin, Bildung und Recht »Sexualität« schaffen und formen (ähnlich wie Wahnsinn und Kriminalität). Für Foucault sind **sexuelles Verhalten** und »Präferenz« keine inhärenten Eigenschaften eines Individuums, die biologisch bestimmt sind, sondern **sozial konstruiert** und in verschiedenen Kulturen und Perioden unterschiedlich ausgeformt.

ABTREIBUNG

Judith Jarvis Thomson argumentiert, dass, selbst wenn ein Fötus ein inhärentes Recht auf Leben hat, dieses meist durch die Rechte einer Frau an ihrem eigenen Körper aufgehoben wird.

 NAME JUDITH JARVIS THOMSON

 ZEIT 1929–

 HERKUNFT AMERIKA

 SCHULE ANALYTISCHE PHILOSOPHIE

 HAUPTWERKE »A DEFENSE OF ABORTION«

 BEITRÄGE ETHIK, METAPHYSIK

DER BERÜHMTE GEIGER

Sie wachen in einem Krankenhausbett auf, durch verschiedene Schläuche mit einem berühmten Geiger verbunden, der ohne Zustimmung Ihre Nieren benutzt (seine haben versagt, und Sie haben seine super seltene Blutgruppe). Wären Sie verletzt oder empört? Würden Sie die Schläuche sofort abziehen, obwohl er sterben wird? Aber **es ist Ihr Körper**! Mit der gleichen Begründung könnte man Abtreibung erlauben.

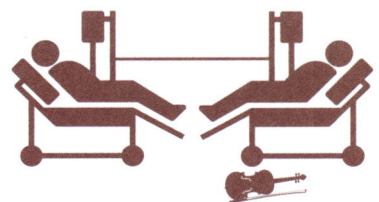

DAS HERANWACHSENDE KIND

Sie sind in einem Haus mit einem schnell heranwachsenden Kind, das Sie schließlich erdrücken wird (denken Sie an *Alice im Wunderland*). Hätten Sie das Recht, jemand anderen zu bitten, dem ein Ende zu machen, auch wenn es zum Tod des Kindes führt? Hier ist das Haus der Körper der Frau, und externe Hilfe wäre medizinische Abtreibung. Thomson argumentiert, der Zugang zur Abtreibung ist eine **Ausdehnung der Rechte einer Frau über ihren eigenen Körper** (sie besitzt das Haus).

MENSCHENSAMEN

»Menschensamen« schweben in der Luft, die zu Personen heranwachsen, wenn sie in ein Haus kommen. Diejenigen, die das möchten, öffnen ihre Fenster; diejenigen, die das nicht tun, schließen sie oder setzen ein Gitter vor ihre Fenster, um frische Luft zu genießen. Wenn ein Menschensamen dennoch durch die Maschen kommt, sollte dem Hausbesitzer das Recht verweigert werden, ihn zu entfernen? Wie für Menschensamen und Maschen, so für Föten und Empfängnisverhütung. **Zustimmung zum Sex (offene Fenster) ist keine Zustimmung zur Schwangerschaft**. Wie diese drei Gedankenexperimente nahelegen, sollte eine Frau, außer aus trivialen Gründen, das Recht auf Abtreibung haben.

RELIGIÖSE SPRACHE

Antony Flew kombinierte den evidenzbasierten Ansatz des logischen Positivismus mit dem Falsifikationismus von Karl Popper, um zu argumentieren, dass religiöse Sprache und Glaube weitgehend bedeutungslos waren.

 NAME ANTONY FLEW

 ZEIT 1923–2010

 HERKUNFT ENGLAND

 SCHULE ANALYTISCHE PHILOSOPHIE

 HAUPTWERKE *THE PRESUMPTION OF ATHEISM;* »THEOLOGY AND FALSIFICATION«

 BEITRÄGE RELIGIONSPHILOSOPHIE

ZEITGENÖSSISCHE PHILOSOPHIE

DER UNSICHTBARE GÄRTNER

Sie gehen mit einem Freund an einem Grundstück vorbei. Ihr Freund meint, es ist ein »Garten«, aber Sie weisen darauf hin, dass alles wild und ungepflegt erscheint. Die Diskussion geht weiter, aber selbst wenn Sie Kameras und Bewegungsmelder einrichten (die nichts finden), bleibt Ihr Freund **immun gegen ihr Argument** und behauptet schließlich, dass der Gärtner auch unsichtbar und unkörperlich sein kann. Ist Ihr Freund **irrational**?

BEDEUTUNG UND FALSIFIKATION

Flew bezieht sich hier auf religiöse Sprache und Glauben. Wenn ein Gläubiger sagt: »Gott liebt uns«, kann ein Atheist auf all das Böse und die Tragödie hinweisen, die die allmächtige Gottheit scheinbar zulässt. Widerlegt das nicht seine Liebe? Der Gläubige, der standhaft bleibt, ist wie der Fürsprecher für den unsichtbaren Gärtner. Aber wenn **Beweise nicht relevant** sind, sind dann solche **religiösen Behauptungen** nicht **bedeutungslos**?

KEIN WAHRER SCHOTTE

Ein verwandter Punkt wird von Flew in seinem Beispiel von »Kein wahrer Schotte« gemacht. Wenn jemand behauptet, dass Schotten nicht lügen, aber mit Beweisen des Gegenteils konfrontiert wird, kann er immer noch behaupten, dass »kein wahrer Schotte« lügen würde (was bedeutet, dass das fragliche Individuum kein »wahrer« Schotte ist). Sowohl im Gärtner- als auch im Schotten-Beispiel meint Flew, dass es möglich sein muss, **sinnvolle Behauptungen zu falsifizieren**. Aber müssen wir die **religiöse Sprache** auf diese Weise interpretieren? Vielleicht ist sie eher ein Wertausdruck oder eine poetische Antwort auf das Leben. Und auch wenn sie nicht falsifiziert werden kann, macht sie das nicht sinnlos, sondern stellt sie lediglich auf eine Ebene mit **Kunst, Ethik oder anderen »nichtwissenschaftlichen« Gebieten.**

DEKONSTRUKTION

Die Dekonstruktion argumentiert, dass jeder Versuch, eine einzelne Perspektive als »wahr« darzustellen, immer zu einem partiellen und widersprüchlichen Bild der Realität führen wird.

 NAME JACQUES DERRIDA

 ZEIT 1930–2004

 HERKUNFT FRANKREICH (ALGERIEN)

 SCHULE POSTMODERNISMUS (DEKONSTRUKTION)

 HAUPTWERKE GRAMMATOLOGIE; DIE SCHRIFT UND DIE DIFFERENZ

 BEITRÄGE METAPHYSIK, ERKENNTNISTHEORIE, SPRACHPHILOSOPHIE, ÄSTHETIK

APORIE

Die Dekonstruktion, eine Bewegung, die mit den postmodernen Philosophen Jacques Derrida und Paul de Man (1919–83) verbunden ist, kann als Reaktion auf die Annahme gesehen werden, dass wir in Bezug auf jedes Thema einen maßgeblichen Standpunkt einnehmen können. Ein einzelner Zugang wird immer partiell und voreingenommen sein und Aporien, **blinde Flecken** oder Punkte von nicht lösbaren Schwierigkeiten, **Vorurteilen oder Widersprüchen** enthalten, die seinem Schöpfer nicht bewusst sind.

REDE UND SCHRIFT

Die Grundlage dafür ist Derridas Auffassung von Sprache. In der westlichen intellektuellen Tradition, bemerkt er, wird das **Schreiben oft als der arme Verwandte der Rede** dargestellt – eine Kopie, eine bloße Aufzeichnung. Aber, meint er, eine solche Unterscheidung ist eigentlich symptomatisch für eine tiefere Tendenz im westlichen Denken, die Dinge in **Binärsysteme** zu unterteilen, die immer eine Beziehung der Überlegenheit implizieren. So setzt Platon die Vernunft über das Verlangen; Descartes sieht den Geist, die Quelle der Gewissheit, als getrennt vom Körper, der dem Zweifel unterliegt. Demgegenüber versucht Derrida zu zeigen, dass wir die Realität nicht nur nicht in solche binären Gegensätze aufteilen dürfen, sondern dass wir dadurch die **Natur des anderen Elements verzerren und abwerten**.

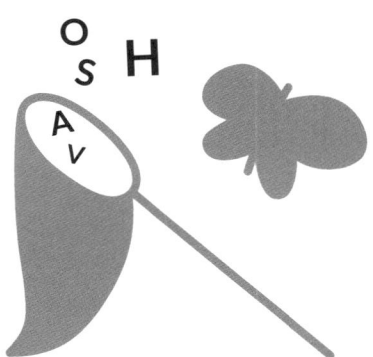

FREIES SPIEL

Aber wenn man die Autorität der Philosophie leugnet, untergräbt das nicht auch Derrida? Er widerspricht und argumentiert, dass er nicht seine eigenen Ansichten propagiert, sondern lediglich die Standpunkte anderer »dekonstruiert«, indem er das »freie Spiel« der Sprache offenbart und zeigt, wie durch **verschiedene Kontexte** und verschiedene Assoziationen die fixen **Bedeutungen**, die Philosophen gerne vertreten, durch die Natur der Sprache selbst **untergraben** werden.

ANTIREALISMUS

Antirealisten bestreiten, dass die Philosophie auf eine wahre Beschreibung einer bewusstseinsunabhängigen Welt abzielt und einen Spiegel der Realität bereithält.

 NAME RICHARD RORTY

 ZEIT 1931–2007

 HERKUNFT AMERIKA

 SCHULE NEOPRAGMATISMUS

 HAUPTWERKE DER SPIEGEL DER NATUR; CONSEQUENCES OF PRAGMATISM; KONTINGENZ, IRONIE UND SOLIDARITÄT

 BEITRÄGE ERKENNTNISTHEORIE, ETHIK

ZEITGENÖSSISCHE PHILOSOPHIE

KORRESPONDENZ

Berkeleys **Idealismus** (siehe oben) stellt sich der sogenannten **Korrespondenztheorie** der Wahrheit entgegen, in der unsere Wahrnehmungen, Überzeugungen und Urteile wahr sind oder nicht davon abhängen, ob sie der Realität entsprechen. Aber wenn wir, wie Berkeley argumentierte, nie über unsere eigenen Gedanken und Wahrnehmungen hinauskommen können, dann können wir niemals direkten Zugang zu einer **bewusstseinsunabhängigen Realität** haben, mit der wir sie vergleichen könnten.

NEOPRAGMATISMUS

Der amerikanische Philosoph Richard Rorty, der den Postmodernismus mit dem Pragmatismus von C. S. Peirce verband, entwickelte eine radikalere Form des Antirealismus. Rortys Neopragmatismus sieht **Denken und Sprache** nicht als Repräsentationen der Welt, sondern – wie Peirce argumentierte – **als Werkzeuge**, um damit umzugehen. Und so wie postmoderne Literaturkritiker jede autoritative Lektüre eines Textes ablehnen, der unterschiedlichen Kontexten und subjektiven Reaktionen unterworfen ist, sagte Rorty, könne es keine »wahre«, von mehreren möglichen subjektiven Standpunkten unabhängige Realität geben. »Wahr« ist dann der **Standpunkt, der am besten passt**, um ein bestimmtes Ziel zu erreichen.

VARIANTEN DES ANTIREALISMUS

Diese Schlussfolgerung ist die Grundlage des Antirealismus, der viele Formen annehmen kann. **Moralischer Antirealismus** leugnet, dass ethische Normen eine reale, unabhängige Existenz außerhalb sozialer Sitten haben. Der **wissenschaftliche Antirealismus** behauptet, dass die Wissenschaft uns nicht ein »wahres« Bild davon gibt, wie die Welt tatsächlich ist, sondern nur eines, das uns hilft, sie vorherzusagen und zu manipulieren. Auch wenn einige Philosophen den Antirealismus als **Ausdruck von Skepsis** betrachten, muss das nicht notwendigerweise so sein, und nicht-skeptische Ausprägungen des Antirealismus finden sich bei so unterschiedlichen Philosophen wie Kant und Wittgenstein.

GLAUBE

Philosophen und Theologen unterscheiden sich darin, wie sie religiösen Glauben definieren, einige argumentieren sogar, dass er trotz völliger Abwesenheit von Beweisen aufrechterhalten werden kann.

 NAME ALVIN PLANTINGA

 ZEIT 1932–

 HERKUNFT AMERIKA

 SCHULE ANALYTICSCHE PHILOSOPHIE

 HAUPTWERKE GOD AND OTHER MINDS; GEWÄHRLEISTETER CHRISTLICHER GLAUBE

 BEITRÄGE RELIGIONSPHILOSOPHIE

ZEITGENÖSSISCHE PHILOSOPHIE

BEGRÜNDETER GLAUBE

Wie wir gesehen haben, dachte Thomas von Aquin, dass die **Vernunft** eine Rolle dabei spielen könnte, einem Gläubigen zu helfen, den Glauben zu rationalisieren; William James betrachtete die Vernunft als stark von **nicht-rationalen Faktoren** beeinflusst; während Pascal und Kierkegaard in unterschiedlichem Maße, den Glauben als **unabhängig von jeder rationalen Rechtfertigung** betrachteten.

REFORMIERTE ERKENNTNISTHEORIE

Ein etwas anderer Ansatz kam von Alvin Plantinga, der argumentierte, dass es **vernünftig** sein könne, **an Gott zu glauben**, auch wenn es **unzureichende Beweise** oder Rechtfertigungen gibt. Unter Verwendung eines Ansatzes namens reformierter Erkenntnistheorie argumentiert Plantinga, dass ein Glaube gerechtfertigt ist, wenn unsere kognitiven Fähigkeiten richtig funktionieren (wir sind nicht verrückt oder krank) und diese Fähigkeiten geeignet sind, **wahre Überzeugungen** zu produzieren (wenn wir die Vernunft als zuverlässigen Leitfaden betrachten können).

BASALER GLAUBE

Vereinfacht dargestellt lautet Plantingas Argument, dass, wenn religiöse Überzeugungen Teil einer allgemein vernünftigen und konsistenten Weltanschauung sein können, es keine Rolle spielen sollte, dass es keine schlüssigen Beweise zu ihren Gunsten gibt. In diesem Sinne erfordern solche Überzeugungen möglicherweise **keine externe Rechtfertigung** und können als wirklich grundlegend angesehen werden. Ein basaler (grundlegender) Glaube ist etwas, auf das wir uns **verlassen, das wir aber nicht beweisen können** – wie unsere Annahme, dass die Welt existiert und dass wir nicht träumen.

FIDEISMUS

Das Problem dabei, argumentieren einige, ist, dass es den nur durch den Glauben allein gerechtfertigt religiösen Glauben (was man Fideismus nennt) **immun gegen rationale Argumente** zu machen scheint. Aber wäre das wirklich so anders als unser Glaube an eine äußere Welt?

DAS CHINESISCHE ZIMMER

Während viele Philosophen mit dem Computermodell des Geistes sympathisieren, argumentiert John Searle, dass Computer und Gehirne grundlegend unterschiedlich sind.

 NAME JOHN SEARLE

 ZEIT 1932–

 HERKUNFT AMERIKA

 SCHULE ANALYTISCHE PHILOSOPHIE

 HAUPTWERKE *DIE WIEDERENTDECKUNG DES GEISTES; DIE KONSTRUKTION DER GESELLSCHAFTLICHEN WIRKLICHKEIT*

 BEITRÄGE PHILOSOPHIE DES GEISTES, METAPHYSIK

SPRECHEN SIE CHINESISCH?

Stellen Sie sich vor, Sie befinden sich in einem **Raum mit zwei Luken** an beiden Enden. Ein Förderband bringt **chinesische Symbole** durch eine Luke; Sie schauen diese in einem Buch nach, das Ihnen sagt, welche chinesischen Symbole Sie durch die andere Luke senden sollen. Heißt das, dass Sie Chinesisch können?

REGELN VS. BEDEUTUNG

John Searle – und die meisten Leute – würden Nein sagen. Sie folgen einfach blind Regeln. Aber wenn das bei Menschen der Fall ist, was ist dann mit Computern? Künstliche Intelligenz wird von **Algorithmen** angetrieben, die einfach Sätze von Anweisungen sind: Wenn dies, dann das. Das können sehr komplizierte und geniale Algorithmen sein, aber die Maschine muss sie nicht »verstehen« um sie auszuführen. Tatsächlich, argumentiert Searle, können **Maschinen** in diesem Sinne nie »verstehen«. Sie »denken« (in einem eingeschränkten Sinn – was **schwache KI** genannt wird) –, aber nicht im vollsten, bewussten Sinn (starke KI). Aber warum?

QUALIA UND INTENTIONALITÄT

Zwei Hauptunterschiede zwischen künstlicher und menschlicher Intelligenz sind *Qualia* und Intentionalität (an anderer Stelle behandelt), von denen letztere hier am relevantesten ist. Wenn ich etwas sage oder denke, steckt eine bestimmte **Absicht oder Bedeutung** dahinter. Das macht meine »Chinesisch-Show« zu einer bedeutungslosen Show. Wenn mich jemand fragt: »Was hast du heute vor?«, und ich antworte: »Ich gehe zu einem Konzert im Park«, stehen **Gefühle, Assoziationen und Wünsche** hinter meinem Satz. Und weil Computer regelbasierte, unbewusste Maschinen sind, die solche Gefühle und Absichten nicht haben (und wahrscheinlich auch nicht haben können), und weil die menschliche Sprache und das menschliche Denken mehr beinhalten als nur das Befolgen von Regeln, wird **künstliche Intelligenz niemals ein wahres Selbstbewusstsein** erreichen.

PATRIARCHAT

Eine Komponente des Feminismus der zweiten Welle ist die Idee, dass die Ungleichheit der Frauen in die Struktur der Gesellschaft selbst eingebettet ist, die aufrechterhalten wird, um patriarchalen männlichen Interessen zu dienen.

 NAME KATE MILLETT

 ZEIT 1934–2017

 HERKUNFT AMERIKA

 SCHULE FEMINISMUS

 HAUPTWERKE *SEXUS UND HERRSCHAFT*

 BEITRÄGE POLITISCHE PHILOSOPHIE, ETHIK

SEXUS UND HERRSCHAFT

Ein **Patriarchat** ist eine männerdominierte Gesellschaft oder Organisation, in der Männern mehr Macht und Status zugestanden wird als Frauen. In ihrem bahnbrechenden Werk *Sexus und Herrschaft* analysiert die amerikanische feministische Schriftstellerin und Aktivistin **Kate Millett** die patriarchale Natur der westlichen Gesellschaft und Kultur und zeigt, dass der sekundäre Status von Frauen nicht auf eine inhärente biologische Minderwertigkeit zurückzuführen ist, sondern auf ein Wertesystem, das von und für männliche Interessen aufrechterhalten wird. Mit anderen Worten, **Ungleichheit ist kulturell, nicht biologisch**.

PHALLOZENTRISMUS

Millett stellte fest, dass selbst solche **Intellektuelle**, die oft als revolutionär angesehen wurden, weil sie sexuelle Prüderie und Heuchelei bekämpften, in vielerlei Hinsicht **reaktionär** waren, wenn es um die Beziehungen zwischen den Geschlechtern ging. Mit ihrer überwiegend **männerzentrierten Sicht** auf die Welt waren sie – wie andere feministische Denker es nannten – **phallozentrisch** (ein Begriff, der aus der Psychoanalyse stammt). In ihrer Welt bestand die Hauptaufgabe der Frau immer noch darin, männliche Ambitionen zu unterstützen.

LITERARSCHER CHAUVINISMUS

Millett zielte auf männliche literarische Ikonen des 20. Jahrhunderts wie **Norman Mailer, D. H. Lawrence** und **Henry Miller** und merkte zum Beispiel an, dass Mailers weibliche Charaktere oft Gegenstand von Gewalt und Brutalisierung sind, während Lawrence' Einsatz für sexuelle Befreiung traditionelle Geschlechtsrollen unangetastet lässt, da er sich hauptsächlich auf männliche Sexualität und Befriedigung konzentriert. Besonders **verachtet** Millett den Vater der Psychoanalyse **Sigmund Freud**, der bekanntlich den weiblichen Wunsch nach mehr Status und Rechten als Ausdruck von »Penisneid« abtat, ein angebliches Stadium der weiblichen Entwicklung im Kindesalter, in dem Mädchen Angst wegen des Fehlens männlicher Genitalien erleben.

ZEITGENÖSSISCHE PHILOSOPHIE

QUALIA

In einem einflussreichen Gedankenexperiment argumentierte Thomas Nagel, dass es größere Probleme gibt, die Natur des Geistes zu erklären, als frühere materialistische Philosophen gedacht hatten.

 NAME THOMAS NAGEL

 ZEIT 1937–

 HERKUNFT AMERIKA

 SCHULE ANALYTISCHE PHILOSOPHIE

 HAUPTWERKE »WIE IST ES, EINE FLEDERMAUS ZU SEIN?«; *LETZTE FRAGEN; DER BLICK VON NIRGENDWO*

 BEITRÄGE PHILOSOPHIE DES GEISTES, ETHIK, METAPHYSIK

ZEITGENÖSSISCHE PHILOSOPHIE

BEWUSSTSEIN EINER FLEDERMAUS

Wie ist es, eine Fledermaus zu sein? Mit dieser Frage hob Nagel hervor, was damals wenig beachtet war. Wenn wir uns vorstellen, an fledermausähnlichen Aktivitäten teilzunehmen – herumfliegen, Insekten essen –, ist das Problem, dass das Sehvermögen der Fledermäuse extrem begrenzt ist und sie hauptsächlich durch Echoortung navigieren. Sie senden Klicks aus und messen die Zeit, die der Schall benötigt, um von nahen Objekten zurückzuprallen. Aber das ist jeder menschlichen Erfahrung so fremd, dass wir letztlich einfach zugeben müssen, dass wir keine Ahnung haben, wie Fledermaus-Erfahrung ist.

QUALIA

Diese schwer fassbaren Aspekte des Bewusstseins sind seitdem als *Qualia* bekannt geworden: besondere **Gefühle und Qualitäten, die Wahrnehmungen begleiten**. Typische Beispiele sind Gerüche, Farben, Empfindungen – Dinge, die schwer in Worte zu fassen sind und die in gewissem Sinne für jeden Einzelnen sehr persönlich sind. Aber wenn die *Qualia* der Fledermaus für uns einfach unvorstellbar sind, deutet das nicht darauf hin, dass die mentalen *Qualia* selbst Aspekte des Bewusstseins darstellen, die nicht festgelegt werden können und die – wie Nagel meinte – keine materialistische Philosophie erklären kann?

PHÄNOMENALES BEWUSSTSEIN

Basierend auf Nagels Erkenntnis teilte der Philosoph David Chalmers später das Bewusstsein in zwei Arten: psychologisch und phänomenal. **Psychologisches Bewusstsein** beinhaltet potenziell objektive Inhalte (Worte, Berechnungen usw.) und kann wohl auf einem Computer repliziert werden; **phänomenale Inhalte** scheinen jedoch immer schwer fassbar zu bleiben – nicht nur die von Fledermäusen, auch die von Menschen.

LIBERTARISMUS

Der libertäre Philosoph Robert Nozick sah die Pflicht des Staates in möglichst minimaler Einmischung in die Freiheit seiner Bürger.

 NAME ROBERT NOZICK

 ZEIT 1938–2002

 HERKUNFT AMERIKA

 SCHULE ANALYTISCHE PHILOSOPHIE

 HAUPTWERKE ANARCHIE, STAAT, UTOPIA; PHILOSOPHICAL EXPLANATIONS

 BEITRÄGE POLITISCHE PHILOSOPHIE, ERKENNTNISTHEORIE

MINIMALSTAAT

In der Terminologie von Isaiah Berlin (siehe oben) priorisieren Libertäre negative Freiheit: ein **Fehlen staatlicher Einmischung**. Dementsprechend, wenn auch etwas verwirrend, kann ein Libertärer ein linker Anarchist sein, der an die Abschaffung von Besitz, Eigentum und Staat selbst glaubt, oder ein rechter Monarchist, der die einzig legitime Rolle des Staates in der Garantie des Eigentums und der natürlichen Rechte sieht. Wir betrachten **Anarchie** anderswo, also schauen wir uns hier den Minimalstaat von Robert Nozick an.

DISTRIBUTIVE JUSTIZ

Nozicks Zeitgenosse John Rawls fragte, wie eine Gesellschaft, in der einige mehr haben, als sie jemals brauchen werden, während anderen sogar das Nötigste fehlt, jemals als fair angesehen werden kann. Er sah es daher als Pflicht des Staates, diesen **Reichtum umzuverteilen**, um **soziale Gerechtigkeit** zu schaffen.

ANSPRUCHSTHEORIE

Nozick jedoch stellte folgendes Frage: Wenn Sie Ihren Reichtum und Ihr Eigentum durch Talent, harte Arbeit oder kluge Investitionen aufbauen, was berechtigt den Staat, Sie höher zu besteuern, um Ihren Reichtum an diejenigen zu verteilen, die (vielleicht) nicht so talentiert und fleißig sind, oder nicht so umsichtig bei ihren Investitionen? Sollten Sie nicht **Anspruch auf die Früchte Ihrer Arbeit** haben?

BERECHTIGTE UNGLEICHHEIT

Nozicks **Anspruchstheorie** besagt, dass, solange Sie Ihr Eigentum erworben, geerbt oder fair gekauft haben, es für den Staat eine Verletzung Ihrer natürlichen Rechte wäre, es Ihnen wegzunehmen. Es mag unfair erscheinen, dass einige mehr haben als andere, aber solange alles offen und ehrlich zugegangen ist, ist das nicht »ungerechter« als die Tatsache, dass ich größer als Sie bin oder Sie ein schnellerer Läufer als ich.

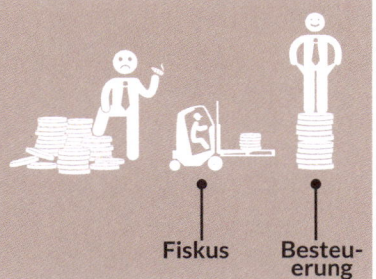

Fiskus — Besteuerung

DIE LUSTMASCHINE

Robert Nozick lehnte den ethischen Hedonismus ab, die Vorstellung, dass Menschen nur von Lust und Schmerz getrieben werden, denn eine simulierte Realität totalen Glücks würden wir ablehnen.

SIMULIERTE REALITÄT

Um seinen Standpunkt zu verdeutlichen, bittet uns Nozick, folgende Entscheidung zu überlegen: Wollen wir in einer simulierten Realität leben, in der alle unsere **Wünsche erfüllt** werden, wir aber wissen, dass es **unecht** ist; oder ein gewöhnliches Leben führen, in dem einige oder die meisten unserer **Wünsche nicht erfüllt** werden, wir aber wissen, dass alles, was wir erreichen, **real** ist. Nozick meint, dass wir uns gegen die Lustmaschine entscheiden würden, weil Glück und Erfüllung mehr ist als nur Vergnügen.

ROTE UND BLAUE PILLEN

Wer schon einmal den Film *The Matrix* gesehen hat, wird hier Neos Wahl zwischen den blauen und roten Pillen erkennen; **zwischen simulierter Zufriedenheit und realer, aber variabler Existenz**. Wenn Sie denken, dass die Wahl einfach ist und dass Sie von künstlichem Glück schnell müde werden würden, dann könnten Sie auch annehmen, dass die künstliche Realität von der realen Sache nicht zu unterscheiden wäre. Im Augenblick der Entscheidung, würden Sie wissen, dass die **Erlebnisse falsch** sein werden, aber wenn Sie dann darin eintauchen, würden sie sich echt anfühlen.

BEDEUTSAME ERFAHRUNG

Nozick glaubt jedoch, dass man **immer die Realität wählen** würde. Wie Mill argumentierte, suchen Menschen nicht nur nach Lust, sondern nach **komplexen Erfahrungen und Leistungen**, die Spaß machen. Ein Künstler will nicht nur Ruhm oder Geld, sondern Anerkennung und kreative Erfüllung, die wiederum Ruhm und Geld (oder andere Formen der Freude) bringen können. Und vor allem wollen wir uns als Personen entwickeln, um bewundernswerte Qualitäten und Eigenschaften (Ausdauer, Einfallsreichtum, Mitgefühl) zu erwerben, die uns etwas bedeuten. Diese mögen uns auch **Freude bereiten**, aber ohne sie wäre die Freude leer – genau wie die simulierten Erlebnisse, die sie erzeugten.

ZOMBIES

Daniel Dennett argumentiert, dass es kein »hartes Problem« des Bewusstseins gibt, weil die Dinge, die das Problem verursachen – Qualia – gar nicht existieren.

 NAME DANIEL DENNETT

 ZEIT 1942–

 HERKUNFT AMERIKA

 SCHULE ANALYTISCHE PHILOSOPHIE

 HAUPTWERKE *PHILOSOPHIE DES MENSCHLICHEN BEWUSSTSEINS; DARWINS GEFÄHRLICHES ERBE*

 BEITRÄGE PHILOSOPHIE DES GEISTES, RELIGIONSPHILOSOPHIE

CARTESIANISCHES THEATER

Dennett kritisiert Theorien des Geistes in der Nachfolge von Descartes, die er als cartesianisches Theater bezeichnet. Nach Descartes wird mentale Erfahrung so gedacht, als ob eine **winzige Version von uns selbst vor einem Bildschirm** säße, auf dem sie unsere Sinneserfahrung, Gedanken und mentalen Bilder beobachtet.

Mehrfache Entwürfe

Dennett stellt dem das Bewusstseinsmodell der mehrfachen Entwürfe gegenüber. Statt eines zentralen Orts, an dem das Bewusstsein existiert, sieht er das Nervensystem in einen **ständigen Prozess des Scannens** selbst involviert, in dem es mehrere »Entwürfe« oder »Geschichten« erschafft, die das Selbst bilden. **Das Selbst** ist also kein »Ding«, das irgendwo existiert, sondern **ein Prozess** – eine Art Erzählung, die wir uns ständig selbst erzählen.

DAS HARTE PROBLEM

Das »harte Problem« des Bewusstseins – wie qualitative Erfahrungen (*Qualia*) aus **quantitativen physikalischen Prozessen** entstehen können – ist nur ein weiterer Teil dieser Geschichte. *Qualia* selbst existieren genauso wenig wie der kleine Mann in unserem Kopf.

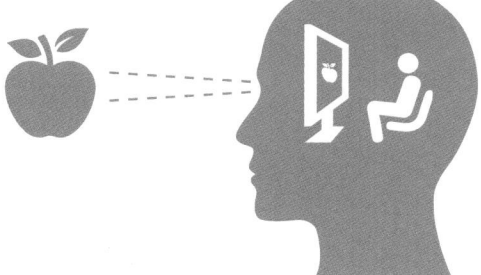

Philisophischer Zombie ohne *Qualia* — Person mit *Qualia*

PHILOSOPHISCHE ZOMBIES

Dagegen argumentieren Philosophen wie David Chalmers, dass **eine Person ohne *Qualia*** nicht mehr wäre als ein **Zombie**. Da das eine inkohärente Idee wäre, gäbe es keine Möglichkeit solcher »philosophischer Zombies« (Menschen, die wie wir gehen und sprechen, aber keine qualitativen mentalen Zustände besitzen). Dennett widerspricht: Da *Qualia* eine **Illusion** sind, die vom Nervensystem erzeugt wird, sind **wir alle** tatsächlich »**Zombies**«.

ZEITGENÖSSISCHE PHILOSOPHIE

HYPERREALITÄT

Das Konzept der Hyperrealität wird oft mit dem französischen Soziologen Jean Baudrillard in Verbindung gebracht, der argumentierte, dass die moderne Technologie es unmöglich mache, das Reale vom Fiktiven zu unterscheiden.

 NAME JEAN BAUDRILLARD

 ZEIT 1929–2007

 HERKUNFT FRANKREICH

 SCHULE POSTSTRUCTURALISMUS

 HAUPTWERKE SIMULACRES ET SIMULATION; DER GOLFKRIEG HAT NICHT STATTGEFUNDEN

 BEITRÄGE ERKENNTNISTHEORIE, ÄSTHETIK, METAPHYSIK

POSTSTRUKTURALISMUS

Der (weiter oben besprochene) **Strukturalismus** vertrat die Ansicht, dass eine Kultur durch ihre zugrundeliegende Struktur verstanden werden muss, insbesondere durch ihre Sprache, Bräuche und Symbole. Dagegen lehnten sich die **Poststrukturalisten** – zu denen auch Baudrillard gehört – mehrfach auf.

ZEICHENTAUSCHWERT

Baudrillard war von Marx beeinflusst, für den eine Sache einen **Gebrauchswert** hatte. Ein Dosenöffner ist nützlich zum Öffnen von Dosen und hat dementsprechenden Wert. Geld hat an sich wenig Wert (wie Papier oder Metall), kann aber gegen Lebensmittel, Kleidung oder andere Dinge mit Gebrauchswert eingetauscht werden, hat also einen **Tauschwert**. Baudrillard geht noch einen Schritt weiter und argumentiert, dass in einer modernen Konsumgesellschaft die Dinge für ihren **Zeichentauschwert** als Ausdruck von Status, Raffinesse und Geschmack geschätzt werden. Zusätzlich zu seinem Preis und seiner Eigenschaft, uns warm zu halten, informiert ein Designerkleidungsstück andere – auf eine undefinierbare Weise – über unsere Position in der sozialen Hackordnung.

SPIEGELKABINETT

Baudrillards spätere Philosophie geht noch einen Schritt weiter. In unserer konsumorientierten, technologischen und mediengesättigten Gesellschaft leben wir zunehmend in einer **Welt der Zeichen**. Wenn wir von Dosenöffnern über Geld zur Designerkleidung gehen, bewegen wir uns weg von dem, was real ist, bis letztendlich die »Realität« verschwindet, versteckt unter der Welt der Zeichen und ihrer Werte, die wir geschaffen haben. Das ist **das Hyperreale**, ein Spiegelkabinett, in dem es nur Reflexionen und keine Originale gibt und die Unterscheidung zwischen »real« und »künstlich«, »wahr« und »falsch« verschwindet.

DER TELETRANSPORTER

In einem berühmten Gedankenexperiment argumentierte Derek Parfit, dass psychologische Kontinuität für die persönliche Identität unzureichend sei.

 NAME DEREK PARFIT

 ZEIT 1942–2017

 HERKUNFT ENGLAND

 SCHULE ANALYTISCHE PHILOSOPHIE

 HAUPTWERKE *REASONS AND PERSONS; ON WHAT MATTERS*

 BEITRÄGE PHILOSOPHIE DES GEISTES, ETHIK

PSYCHOLOGISCHE VERBUNDENHEIT

Parfit stimmt mit Locke darin überein, dass der Besitz der **gleichen Erinnerungen und Persönlichkeitsmerkmale** jemanden im Laufe der Zeit zur **gleichen Person** macht. Doch während solche psychologische Verbundenheit – die überlappende Verbindung solcher Erinnerungen und Erfahrungen – »mich in der Zukunft« zur gleichen Person machen kann, wie ich jetzt bin, gibt es mögliche Szenarien, in denen eine solche Person nicht nur ich selbst sein kann.

RELATION R

Da »du sein« im Allgemeinen als Argument für Einzigartigkeit dient, der Transporter aber zwei von »dir« erschaffen würde, kann mit Parfits Argument gezeigt werden, dass es – wenn wir nur bestimmte Konfigurationen von physischen Atomen sind – so etwas wie **persönliche Identität nicht geben kann**. Alles, was wir haben, ist die fortdauernde Existenz dessen, was Parfit »Relation R« nennt, eine bestimmte **Konfiguration von Erinnerungen und Erfahrungen**, die durch ihre zugrundeliegenden physikalischen Eigenschaften fortbestehen.

ATOMARE DUPLIKATION

Stellen Sie sich vor, es gibt einen **Teletransporter**, der die Konfiguration Ihrer Atome scannen und diese Informationen zum Mars übertragen kann, wo »Sie« aus Marsatomen wieder zusammengesetzt werden. Wäre diese Person »Sie«? Sie würde die gleichen Erinnerungen haben (die die gleichen physischen Gehirnzustände besitzen), und Ihr Körper wäre in organisatorischer Hinsicht identisch, bis hin zu jedem Follikel und jeder Sommersprosse.

GEDANKEN-UPLOAD

Ähnliche Gedankenexperimente sind in der Science Fiction üblich. Die Hoffnung der Transhumanisten, dass wir eines Tages in der Lage sein werden, **Gedanken** zu kopieren und **auf Computer** hochzuladen, impliziert eine ähnliche »Duplikation«. Aber sollte so etwas jemals möglich werden, wird das einige Probleme schaffen – für die persönliche Identität, für Moral und Gesetz und für fast jeden Aspekt des sozialen Lebens.

DAS PROBLEM DER NICHTIDENTITÄT

Philosophen kämpfen weiterhin mit den Verpflichtungen, die wir zukünftigen Individuen schulden, die noch keine Identität besitzen, denn es scheint besser zu existieren als nicht, egal unter welchen Umständen.

UTILITARISTISCHE KALKULATION

Das Problem, das Derek Parfit, Robert M. Adams und Thomas Schwartz unabhängig voneinander identifizierten, ist, dass selbst ein Leben, das kaum lebenswert ist, immer noch **besser ist als gar keines**. Es ist eine seltsame Entscheidung, aber würden Sie lieber nie geboren worden sein oder ein Leben führen, das, obwohl es manchmal hart und miserabel ist, immer noch lebenswert ist? »**Solange es lebenswert ist**«, könnten Sie sagen, »**entscheide ich mich zu leben**!«

DIE WIDERLICHE SCHLUSSFOLGERUNG

Angesichts der wachsenden **Überbevölkerung** und der **Umweltkrise** scheint ein solches Argument das Nichtstun zu rechtfertigen. Wenn wir etwa versuchten, die Weltbevölkerung zu kontrollieren, dann werden jene Menschen, die sonst geboren worden wären, tatsächlich nicht entstehen. Und nicht nur aus deren Perspektive, sondern auch aus der des globalen »Glücks«, scheint die dadurch Welt ärmer zu sein. Die Anwendung einer solchen **utilitaristischen Berechnung** scheint uns daher zu der »widerlichen Schlussfolgerung« (wie Parfit es nennt) zu führen, dass wir **keine moralische Verpflichtung** haben, die beiden Probleme anzugehen.

SICHT DER BETROFFENEN

Nach Ansicht einiger Philosophen ist die Antwort darauf, Moral **nicht** in Form von Handlungen zu interpretieren, die »**gut oder schlecht für jemanden**« sind. Wenn Sie sich an Mills (oben behandeltes) *Prinzip des Schadens* erinnern, dann ist das eigentliche Kriterium der Moral, ob eine Handlung schlecht für jemand anderen ist oder nicht. Wenn wir die **Vorstellung aufgeben, dass unser Handeln ungeborenen Menschen nützen oder schaden kann**, dann können wir vielleicht Überbevölkerung und Klimawandel guten Gewissens in den Griff bekommen. Eine andere Option wäre, die **utilitaristische Berechnung aufzugeben**, die das Leben einer zukünftigen Person in der Regel als lebenswert ansieht. Aber jede Option bringt Probleme mit sich.

ELIMINATIVER MATERIALISMUS

Der eliminative Materialismus argumentiert, dass das wissenschaftliche Verständnis des Gehirns letztendlich genau die Konzepte ersetzen wird, die wir verwenden, um mentale Zustände zu beschreiben.

 NAME PAUL CHURCHLAND

 ZEIT 1942–

 HERKUNFT AMERIKA

 SCHULE ANALYTISCHE PHILOSOPHIE

 HAUPTWERKE »ELIMINATIVE MATERIALISM AND THE PROPOSITIONAL ATTITUDES«; *DIE SEELENMASCHINE. EINE PHILOSOPHISCHE REISE INS GEHIRN*

 BEITRÄGE PHILOSOPHIE DES GEISTES, ERKENNTNISTHEORIE

WISSENSCHAFTLICHER FORTSCHRITT

Der Fortschritt der Wissenschaft hat uns dazu gebracht, zahlreiche **Konzepte und Erklärungen**, die einst respektabel und weit verbreitet waren, aber sich **als unbegründet oder unnötig** erwiesen haben, »zu **eliminieren**«. Ein Beispiel dafür wäre der leuchtende **Äther**, eine Substanz, die einst als Medium für notwendig gehalten wurde, durch das das Licht reisen konnte. Aber mit Einsteins neuer Vorstellung von **Raumzeit** konnte der Äther verworfen werden.

ALLTAGSPSYCHOLOGIE

In ähnlicher Weise argumentieren Philosophen wie Paul und Patricia Churchland und Daniel Dennett, dass alltägliche Begriffe wie »**Glaube**«, »**Verlangen**«, »**Angst**« und so weiter Konzepte sind, die eines Tages **durch robustere wissenschaftliche Äquivalente ersetzt** werden. Solche Vorstellungen sind eine Form der »Alltagspsychologie«, argumentieren sie, resultierend aus populären, naiven und letztlich falschen Vorstellungen davon, was der Geist ist und wie er funktioniert.

THEORIEN

Das ist natürlich eine radikale Sichtweise. Es ist wahr, dass viele Menschen falsche Meinungen über die Welt haben, aber gilt sich das auch für die Konzepte, die wir verwenden, um unser eigenes und das Verhalten anderer zu beschreiben, unsere Überzeugungen und Wünsche? **John Searle** argumentiert, dass **psychologische Alltagssprache** in Wirklichkeit **nicht** »**theoretisch**« ist. Wenn ich sage: »Ich habe Schmerzen«, schlage ich keine Theorie vor, die sich als falsch erweisen könnte; ich drücke aus, wie ich mich fühle, damit die Leute mir helfen. Außerdem könnte ich mich irren, wo oder warum ein bestimmter Schmerz existiert, aber nicht, dass ich ihn fühle.

PORNOGRAFIE

Die heutige Liberalisierung der Einstellungen gegenüber Sex in vielen Ländern hat einen stärkeren Fokus auf die Frage gebracht, ob Pornografie jemals ethisch sein kann.

 NAME CATHARINE A. MACKINNON

 ZEIT 1946–

 HERKUNFT AMERIKA

 SCHULE FEMINISMUS

 HAUPTWERKE *FEMINISM UNMODIFIED; TOWARD A FEMINIST THEORY OF THE STATE*

 BEITRÄGE ETHIK, POLITISCHE PHILOSOPHIE

SEXUELLE AUSBEUTUNG

Ein historischer Überblick darüber, was verschiedene Kulturen als »pornografisch« betrachtet haben, zeigt radikal unterschiedliche und sich verändernde Einstellungen zu Sex und Anstand. Aus bestimmten radikalfeministischen Perspektiven haben dieselben liberalen Kräfte, die die weibliche **Emanzipation gefördert** haben, ironischerweise auch der **sexuellen Erniedrigung und Ausbeutung von Frauen** ein rechtliches und kulturelles grünes Licht gegeben. Darüber hinaus sind solche Darstellungen mit dem Aufkommen des Internets und neuer Formen der Medientechnologie jetzt leichter zugänglich, sodass sie kaum zu kontrollieren sind.

BÜRGERRECHTE

Die zunehmende Bedeutung dieses Themas für den Feminismus wurde von der amerikanischen Rechtswissenschaftlerin Catharine MacKinnon hervorgehoben, die zusammen mit der Aktivistin Andrea Dworkin, argumentierte, dass **Pornografie als Verletzung der Bürgerrechte** angesehen werden sollte, da sie routinemäßig die Zufügung von Schmerz und Demütigung, Gewalt und allgemeine Erniedrigung von Frauen beinhaltet. Darüber hinaus führen die kommerziellen Anreize zur Herstellung von Pornografie oft zu anderen illegalen Handlungen wie Menschenhandel und sexuellem Missbrauch.

PRO-SEX-FEMINISMUS

Dagegen argumentierten einige Feministinnen der dritten Welle, dass es nicht einer Gesetzgebung bedürfe, die Pornografie zurück in den Untergrund zwingt, sondern einer offenen Debatte. Wir müssen Bedenken in Bezug auf Missbrauch und Ausbeutung mit der Erkenntnis in Einklang bringen, dass »**Pornografie**« sogar einen **legitimen und gesunden Teil der weiblichen Sexualität** bilden kann. Die amerikanische Journalistin und Aktivistin Ellen Willis (1941–2006), die den Begriff »Pro-Sex-Feminismus« prägte, argumentierte, dass die Ansichten MacKinnons und Dworkins die negative Idee verstärken, dass Frauen passive Opfer männlicher sexueller Begierden sind statt aktiv Handelnde mit eigenen Wünschen.

SPEZIESISMUS

Als Utilitarist entwickelte Peter Singer Benthams Ansicht weiter, dass Tierrechte auf ihrer Fähigkeit zu leiden begründet werden sollten und dass jede Diskriminierung der Tiere eine Form von Speziesismus sei.

 NAME PETER SINGER

 ZEIT 1946–

 HERKUNFT AMERIKA

 SCHULE ANALYTISCHE PHILOSOPHIE

 HAUPTWERKE ANIMAL LIBERATION; PRACTICAL ETHIK; THE LIFE YOU CAN SAVE

 BEITRÄGE ETHIK, TIERRECHTE

DISKRIMINIERUNG

Peter Singer argumentierte, dass wir **Tiere nicht diskriminieren** sollten, nur weil sie nicht von der gleichen Spezies sind wie wir. Das ist ein radikales Argument, das Tiere auf die **gleiche moralische Ebene** wie Menschen stellt und das die Behauptung, dass Tiere keine Vernunft besitzen, für irrelevant hält.

Geschlecht   Rasse   Spezies

ETHISCHER VEGANISMUS

Eine solche Einstellung scheint uns zu ethischem Veganismus oder der Vorstellung zu verpflichten, dass **Tiere nicht für Nahrung, Kleidung, medizinische Experimente oder Unterhaltung** ausgebeutet werden sollten. Die Position verpflichtet uns jedoch nicht dazu, Tiere wie Menschen zu behandeln. Arten unterscheiden sich in ihren Bedürfnissen: Was eine unethische Behandlung eines Menschen wäre (absichtlich ihm Kleidung oder Schutz vorenthalten), gilt zum Beispiel für ein Pferd oder eine Kuh nicht.

MORALISCHE PFLICHTEN

Natürlich teilen viele nicht-utilitaristische Philosophen diese Ansichten nicht. Zum Beispiel argumentiert der englische Philosoph Roger Scruton, dass wir keine Verpflichtung haben, **Tiere** als moralisch Gleichberechtigte zu behandeln, weil sie **unfähig sind, ihre moralischen Pflichten uns gegenüber zu erfüllen**, da viele Tiere sich nicht »moralisch« verhalten und Menschen gerne als Nahrung verwenden würden. Das berechtigt uns auch, sie so zu nutzen, wie wir es wünschen. Das führt natürlich dann zur Frage, ob das auch für menschliche »Gesetzesbrecher« gelten sollte.

EFFEKTIVER ALTRUISMUS

Der mit Peter Singer und William MacAskill (geb. 1987) assoziierte effektive Altruismus besagt, dass wir die Pflicht haben, so möglichst viel für die Nächstenliebe zu tun, um möglichst viel Leid zu lindern.

ZEITGENÖSSISCHE PHILOSOPHIE

STRATEGISCHES GEBEN

Während Altruismus für die meisten moralischen Konzepte einer »guten Person« von zentraler Bedeutung ist, argumentiert effektiver Altruismus, dass karitative Spenden strategisch jenen Ursachen zukommen sollten, die den **größten Einfluss auf globalen Schmerz und Leid** haben werden.

KONSEQUENZEN

Die Begründung dafür ist der Utilitarismus von Singer und MacAksill. Für jemanden wie **Kant** ist eine moralische Handlung nicht nach ihren Folgen zu beurteilen, sondern nach der **Einhaltung des moralischen Gesetzes**. Somit unterscheidet sich das Spenden für den karitativen Zweck A nicht von dem für Zweck B (vorausgesetzt, beide sind echt wohltätig), denn beides sind gute Taten. Für die **Utilitaristen** jedoch, wie für andere **Konsequentialisten**, hieße das, die Menge an Schmerz und Entbehrung zu ignorieren, die der **klügere Ansatz** lindern würde. Vielleicht ist Zweck A besser als B, oder vielleicht dient er einem größeren und dringenderen Bedürfnis. Also sollten wir diese Option bevorzugen.

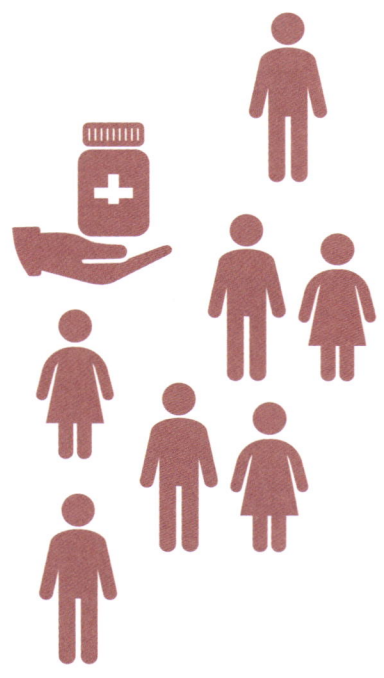

NEUTRALITÄT

Eine weitere Konsequenz dieses Ansatzes ist, dass **karitative Spenden neutral in Bezug auf Ursachen, Völker** und (in Singers Fall) sogar Arten sein sollten. Es sollte keine Rolle spielen, welches spezielle Anliegen davon profitiert, wo die Empfänger leben oder ob sie Menschen oder Tiere sind, sondern nur, dass der **größte Nutzen** dabei entsteht. Wenn Ihr Geld im Vergleich zu anderen Anliegen am meisten der Not der antarktischen Pinguine zugute kommt, dann – so Singer – sollte es dafür ausgegeben werden sollte statt für die Obdachlosen in Ihrer Nachbarschaft.

EINKOMMEN

Wie viel sollten wir denn **spenden**? Singer meint, dass es so viel sein sollte, wie man sich leisten kann, ohne sich in einen gleichwertigen Leidenszustand zu versetzen – in seinem Fall ein Drittel seines Gehalts.

PANPSYCHISMUS

Da qualitative mentale Eigenschaften ein Problem für das physikalistische Konzept des Geistes darstellen, nehmen einige Philosophen an, dass das physische Universum als Ganzes mentale Eigenschaften besitzt.

 NAME DAVID CHALMERS

 ZEIT 1966–

 HERKUNFT AUSTRALIEN

 SCHULE ANALYTISCHE PHILOSOPHIE

 HAUPTWERKE *THE CONSCIOUS MIND*

 BEITRÄGE PHILOSOPHIE DES GEISTES

ANIMISMUS

Die Vorstellung, dass **Bewusstsein** nicht nur eine Eigenschaft von Menschen und bestimmten Tieren ist, sondern sich in die **weitere physische Welt** erstreckt, ist alt. Viele frühe Religionen waren animistisch, nahmen Bewusstsein und Absicht in Felsen und Bäumen an, sowie die Existenz von frei schwebenden nicht-physischen **Geistern**.

PHILOSOPHISCHE ÄQUIVALENTE

Der **Panpsychismus**, wie er manchmal genannt wird, hat jedoch auch eine lange philosophische Tradition, die von Platon bis Schopenhauer und in der Neuzeit auf Denker wie Thomas Nagel, David Chalmers und – zuletzt – Philip Goff zurückgeführt werden kann.

NICHT-EMERGENZ

Ein Hauptmerkmal des Panpsychismus ist Nicht-Emergenz. Wenn **mentale Erfahrungen** nicht auf rein physikalische Eigenschaften reduziert oder als illusionär erklärt werden können, dann müssen wir erklären, wie sie **aus unbelebter Materie** hervortreten (»emergieren«). Aber was, wenn solche Eigenschaften nicht emergent, sondern bereits irgendwie in der Materie vorhanden sind? Wenn bewusste Erfahrung real ist und »nichts aus dem Nichts kommen kann«, dann muss das Bewusstsein eine **bereits existierende Basis** haben.

MIKRO UND MAKRO

Heißt das, dass Flöhe Bewusstsein haben oder Amöben oder vielleicht sogar Steine? Der australische Philosoph David Chalmers meint, dass solche Dinge wie Bakterien *mikrophänomenales Bewusstsein* haben, das heißt, sie haben in begrenztem Sinne subjektive Erfahrungen, wohingegen das menschliche Bewusstsein *makrophänomenal* ist. Mit dieser Unterscheidung erweitert Chalmers die Definitionen von Leben und Bewusstsein, versucht aber, die alltägliche Annahme zu bewahren, dass – in menschlicher Sicht – ein Stein immer noch ein Stein ist.

← Mikrophänomenales Bewusstsein — Makrophänomenales Bewusstsein →

ZEITGENÖSSISCHE PHILOSOPHIE

DAS TROLLEY-PROBLEM

Mit der Einführung des Trolley-Problems formulierte Philippa Foot ein ethisches Dilemma, das eine tiefe Uneinigkeit zwischen verschiedenen Ansätzen der Ethik hervorhob.

 NAME PHILIPPA FOOT

 ZEIT 1920–2010

 HERKUNFT ENGLISH

 SCHULE ANALYTISCHE PHILOSOPHIE

 HAUPTWERKE VIRTUES AND VICES AND OTHER ESSAYS IN MORAL PHILOSOPHY; NATURAL GOODNESS

 BEITRÄGE ETHIK, PHILOSOPHIE DES GEISTES

DIE LEHRE VON DER DOPPELTEN WIRKUNG

Foot diskutiert das Trolley-Problem in Bezug auf die Abtreibung, wenn es um die Lehre der doppelten Wirkung geht: Eine **Handlung, die einen vorhersehbaren Schaden beinhaltet, ist zulässig, solange dieser Schaden nicht direkt beabsichtigt ist**. Wenn eine Abtreibung das Leben einer Frau rettet, ist der Tod des Fötus eine unvermeidliche indirekte Folge. Der Schlüssel ist die Intention, nicht das Ergebnis.

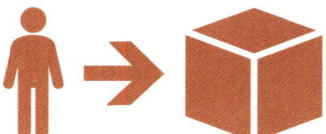

Beabsichtigtes Ergebnis   Indirekter, aber vorhersehbarer Schaden

DAS GLEIS WECHSELN

Fuß beschreibt eine **außer Kontrolle geratene Straßenbahn**. Wenn der Fahrer den Kurs hält, sterben fünf Männer, die auf der Strecke arbeiten; wenn er abbiegt, stirbt ein Mann. Was soll er tun?

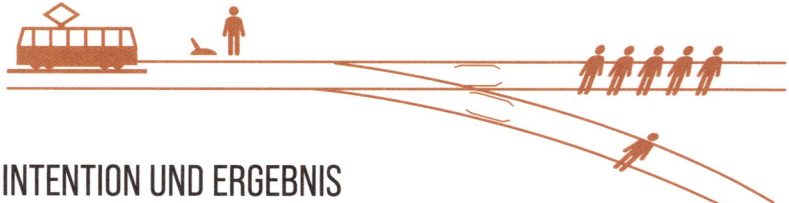

INTENTION UND ERGEBNIS

Das Dilemma verdeutlicht den Unterschied zwischen Deontologie und Konsequentialismus. Der **Deontologe** glaubt, dass es immer falsch ist, Leben zu nehmen; durch das Wechseln der Gleise beabsichtigt der Straßenbahnfahrer effektiv den Tod einer einzelnen Person. Hier, wie bei der Lehre von der doppelten Wirkung, sind die **Absichten wichtig** für die Beurteilung der Moral. Doch ist nicht das Nicht-Handeln nicht auch eine Entscheidung? Der **Konsequentialist** wird daher gegen die Doppelwirkung argumentieren: **Ergebnisse sind wichtiger** als Absichten. Es ist richtig, ein Leben zu opfern, um fünf zu retten.

KOMPLIKATIONEN

Foots Gedankenexperiment hat in letzter Zeit eine neue Bedeutung in Bezug auf die Frage, welches »moralische System« wir in **selbstfahrende Autos** programmieren sollten. Besonders besorgniserregend ist, dass es, wie ein Überblick über die laufende Debatte zeigt, **keinen Konsens** über die richtige »Lösung« des Foot-Dilemmas zu geben scheint.

EPHIPHÄNOMENALISMUS

Eine mögliche Antwort auf das Problem der Geist-Körper-Interaktion liegt in der Annahme, dass unsere bewussten mentalen Erfahrungen keine kausale Rolle spielen.

 NAME JAEGWON KIM

 ZEIT 1934–2019

 HERKUNFT SÜDKOREA/ AMERIKA

 SCHULE ANALYTISCHE PHILOSOPHIE

 HAUPTWERKE SUPERVENIENCE AND MIND; MIND IN A PHYSICAL WORLD; PHYSICALISM, OR SOMETHING NEAR ENOUGH

 BEITRÄGE PHILOSOPHIE DES GEISTES, METAPHYSIK, ERKENNTNISTHEORIE

DAS DILEMMA DES PHYSIKALISTEN

Nach dem Philosophen Jaegwon Kim steht der Physikalist vor einem Dilemma. Entweder sind **qualitative mentale Zustände** nicht real (die Position Daniel Dennetts) oder ihre Realität muss als eine mysteriöse Tatsache der mentalen Erfahrung akzeptiert werden.

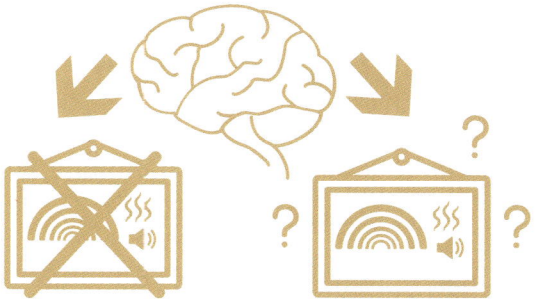

ILLUSORISCHE KONTROLLE

Kim sieht die Lösung in einer Art **Epiphänomenalismus**: Während das physische Gehirn mentale Eindrücke verursacht, hat unsere mentale Realität keine kausale Wirkung. Das ermöglicht es uns, den Geist wissenschaftlich zu behandeln (Neuronen beeinflussen sich gegenseitig durch körperliche Ursache und Wirkung), aber **auf Kosten der mentalen Kontrolle**: Auf mysteriöse Weise sind mentale Eindrücke einfach ein Nebenprodukt physischer Prozesse und geben uns nur die Illusion der Kontrolle.

ZWEI SPRACHEN

Obwohl Kim zunächst eine Version der Identitätstheorie vertrat, gab er sie schließlich auf. Die **Sprache der Gehirnzustände ist und wird niemals mit der der mentalen Zustände gleichwertig** sein: »Diese Gruppe von Neuronen feuert« kann niemals dasselbe bedeuten wie »Ich denke, dass das Auto schön, aber viel zu teuer ist«. Die beiden Sprachen sind zu grundlegend verschieden. Wenn wir aber den Versuch aufgeben, mentale Zustände in **physische Gehirnzustände** zu übersetzen, und zugeben, dass mentale Zustände in gewisser Weise »real« sind, untergräbt das die Rolle, die das physische Gehirn spielt: Egal was physische Neuronen tun, der Geist verhält sich nach seinen eigenen Regeln (Handeln, Wählen, Mögen, Fühlen) – und damit sind wir zurück beim **kartesischen Dualismus**.

GESCHLECHT

Moderne Feministinnen unterscheiden zwischen Sex, Sexualität und Geschlecht und kritisieren, dass die Gesellschaft Normen auferlegt, um Verhalten und Identität zu beschränken.

 NAME JUDITH BUTLER

 ZEIT 1956–

 HERKUNFT AMERIKA

 SCHULE POSTMODERNISMUS/FEMINISMUS

 HAUPTWERKE *DAS UNBEHAGEN DER GESCHLECHTER; KÖRPER VON GEWICHT*

 BEITRÄGE ETHIK, POLITISCHE PHILOSOPHIE, METAPHYSIK

NORMEN

Wenn wir zwischen **biologischem Geschlecht** (männlich/weiblich), **Sexualität** (sexuelle Orientierung) und **Geschlecht** (Männlichkeit/Weiblichkeit) unterscheiden, dann entspricht die traditionelle soziale Norm dem, dass eine Frau heterosexuell und weiblich und ein Mann heterosexuell und männlich sein sollte. Diese Normen werden häufig herangezogen, um **Konformität** durchzusetzen und **Nichtkonformität** auszuschließen und zu marginalisieren.

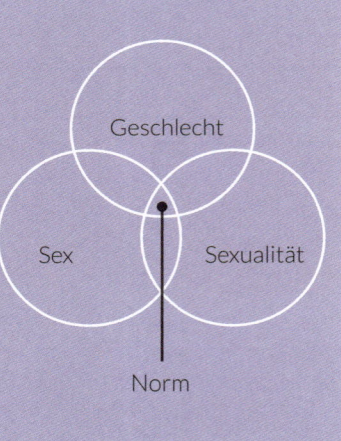

SEX UND VERHALTEN

In ihrer Analyse versuchten Feministinnen der zweiten Welle wie **Gayle Rubin** (geb. 1949) sich gegen die Vorstellung zu wehren, dass Sexualität, Verhalten oder Identität einer Person durch ihr biologisches Geschlecht bestimmt werden sollte. Vielmehr sind die Erwartungen an das, was für eine Frau »normal« ist, **kulturell, nicht von Natur aus bestimmt** und stimmen oft überein mit für Männer dienlichen Idealen. Eine gute Hausfrau zu sein, **steht nicht in den Genen**.

PERFORMATIVITÄT

Während die amerikanische feministische Philosophin **Judith Butler** zustimmt, dass solche Unterschiede **gesellschaftlich determiniert** sind, treibt sie die Argumentation weiter voran und meint, dass alle diese Begriffe – Geschlechtsidentität, Sexualität und biologisches Geschlecht – performativ sind. Damit meint sie, dass sie **kulturell konstruierte »Rollen«** sind, die wir gezwungen werden, anzunehmen und zu übernehmen. Butler sagt, dass all diese Unterscheidungen keine ultimative Grundlage haben und argumentiert, dass wir nicht nur keine wesentliche Geschlechtsidentität, sondern überhaupt **keine Kernidentität** besitzen – es ist alles nur eine Show, eine Performance. Und sogar das biologisches Geschlecht ist nur eine **willkürliche binäre Unterscheidung**, nicht mehr als eine »Geschichte«, die wir über den Körper erzählen, der sich kulturell im Lauf der Geschichte entwickelt hat.

TRANSHUMANISMUS

Der Transhumanismus meint, dass die Technologie den Menschen nicht nur erlaubt, länger zu leben, sondern auch zu transzendieren, was es bedeutet, Mensch zu sein.

 NAME NICK BOSTROM

 ZEIT 1973–

 HERKUNFT SCHWEDEN

 SCHULE ANALYTISCHE PHILOSOPHIE

 HAUPTWERKE »ARE YOU LIVING IN A COMPUTER SIMULATION?«; *SUPERINTELLIGENZ*

 BEITRÄGE PHILOSOPHIE DES GEISTES, ETHIK

AUGMENTATION

Die **Transhumanisten** glauben, dass die **Technologie** neben der Heilung genetischer Störungen und der Ausrottung von Krankheiten das menschliche Leben weit über seine derzeitigen Grenzen hinaus vielleicht sogar bis zu einer Art **Unsterblichkeit** verlängern wird – durch **biologische Mittel** (genetische Manipulation, Nachwachsen und Transplantation von Organen, Reparatur von Zellen mit winzigen »Nanobots«), **technologische Implantate** (Transplantation künstlicher Gliedmaßen, Erweiterung der geistigen und körperlichen Fähigkeiten durch Implantation von Computerchips) oder rein **digitale Methoden** (Gehirn scannen und Bewusstsein auf einen Computer »hochladen«).

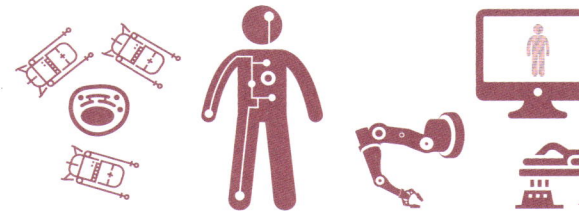

DIE SIMULATIONSHYPOTHESE

Dieser Prozess birgt auch Gefahren: Helfen uns diese superintelligenten Maschinen oder verwandeln sie uns in Akkus? Unter der Annahme, dass die Menschheit überlebt, argumentiert Bostrom, dass zukünftige **Posthumans** solche Technologie verwenden werden, um **Simulationen der Vergangenheit** durchzuführen, so wie unsere Wissenschaftler versuchen, das Leben des Neandertalers zu visualisieren. Aber diese Technologie wird so mächtig sein, dass sie es erlauben wird, das Bewusstsein selbst zu simulieren. Mit anderen Worten, die Menschen, die in der Simulation »leben«, würden sich »lebendig« fühlen. Und wenn das möglich ist und die Technologie unweigerlich an einen solchen Entwicklungsweg gebunden scheint, können wir dann wissen, dass wir nicht **jetzt schon in einer solchen Simulation** leben?

SINGULARITÄT

Solche Möglichkeiten scheinen weit hergeholt, aber Transhumanisten wie Nick Bostrom argumentieren, dass angesichts der aktuellen Trends im technologischen Fortschritt zumindest einige dieser Szenarien wahrscheinlich werden – und vielleicht früher, als wir denken. **Und zwar dann, wenn einmal Computer intelligentere Versionen von sich selbst machen** können – also mit dem Eintreten der sogenannten technologischen Singularität. Das wird einen Prozess des exponentiellen Wachstums auslösen, in dem diese intelligenteren Computer noch intelligentere Computer schaffen können – und so weiter, auf unbegrenzte Zeit.

GLOSSAR

Antirealismus: die Leugnung, dass unsere Gedanken und Wahrnehmungen einer objektiven Realität entsprechen.

Aufklärung, Zeitalter der: eine kulturelle Periode vom 17. bis 19. Jahrhundert, in der die menschliche Rationalität als Grundlage des Wissens betont wird.

Deduktion: eine Form der Argumentation, bei der, falls sie gültig ist, und die Prämissen wahr sind, die Schlussfolgerung sicher ist.

Deontologie: ein Ansatz, der die Ethik in Bezug auf Pflicht und Verpflichtung zur Einhaltung moralischer Regeln oder Prinzipien sieht.

Determinismus: die Ansicht, dass alle Handlungen durch eine Ursache (z. B. physisch, genetisch, Umwelt) festgelegt und bestimmt sind.

Dialektik: eine Argumentationsform, die zwei gegensätzliche Positionen einbezieht; bei Hegel und Marx der Konfliktprozess, der den historischen Fortschritt vorantreibt.

Dualismus: der Glaube, dass es zwei grundlegende Substanzen oder Prinzipien gibt; in der Philosophie des Geistes, der Glaube, dass der Geist eine vom physischen Körper separate Substanz von oder eine Eigenschaft des physischen Körpers ist.

Empirie: der allgemeine Ansatz, der Wissen als im Letzten aus sensorischer Erfahrung begründet und daraus bestehend ansieht.

Erkenntnistheorie: der Zweig der Philosophie, der sich mit Wissen beschäftigt, was es ist und wie es bestätigt werden kann.

Existentialismus: eine Bewegung des 20. Jahrhunderts, die die Rolle individueller subjektiver Anliegen in philosophischen Fragen betont.

Fundationalismus: die Ansicht in der Erkenntnistheorie (z. B. Descartes), die davon ausgeht, dass alles Wissen letztlich auf unbestreitbaren Wahrheiten basieren muss.

Funktionalismus: eine Sichtweise der Philosophie des Geistes, die mentale Zustände in Bezug auf die Funktion erklärt, die sie ausüben.

Idealismus: in der Metaphysik und Erkenntnistheorie die allgemeine Ansicht, dass wir keine unabhängige Realität wahrnehmen, sondern nur unsere eigenen Eindrücke; in der Politik und den internationalen Beziehungen die Überzeugung, dass die Außenpolitik die innenpolitischen Ideale eines Staates widerspiegeln sollte (vgl. Realismus).

Induktion: eine Form der Argu-mentation, bei der die Schluss-folgerung über die Prämissen hinausgeht; daraus resultierende Unsicherheit erzeugt das Problem der Induktion.

Infiniter Regress: ein fehlerhaftes Argument, in dem die Rechtfertigung für jede Aussage eine weitere Rechtfertigung erfordert (und unendlich weiter).

Intentionalität: eine Eigenschaft mentaler Erfahrungen, die sich auf das bezieht, worum es »geht« (subjektive Einstellung oder Perspektive).

Kohärenz: die Ansicht, dass unsere Überzeugungen in dem Maße gerechtfertigt sind, dass sie kohärent (passend) mit unseren anderen Überzeugungen sind.

Libertarismus: In der Metaphysik bezeichnet dies den Glauben, dass wir einen freien Willen haben; in der Politischen Philosophie eine Theorie, die die maximale Freiheit des Individuums und die minimale staatliche Autorität befürwortet.

Metaphysik: der Zweig der Philosophie, der sich mit der ultimativen Natur der Wirklichkeit befasst.

Monismus: die Ansicht (z. B. Spinoza, Parmenides), dass alles, was existiert, letztlich eine einzige Substanz ist.

Moralischer Realismus: die Ansicht, dass moralische Urteile sich letztlich auf reale unabhängige Eigenschaften beziehen.

Naturalismus: der Glaube, dass die natürliche Welt alles ist, was existiert; im Bereich der Ethik, dass »Gut« eine natürliche Eigenschaft (z.B. Lust) ist.

Naturphilosophie: die frühen wissenschaftlichen Theorien der altgriechischen (vorsokratischen) Philosophen; ein anderer Name für die Naturwissenschaften.

Naturrechte: die Ansicht (z.B. Locke), dass Menschen inhärente Rechte besitzen, unabhängig von Gesetzen oder Konventionen.

Nihilismus: die Leugnung, dass das Leben oder die Welt eine inhärente Bedeutung oder ein Ziel hat.

Ontologie: ein Zweig der Metaphysik, der sich mit der Natur des Seins und dem, was letztlich existiert, beschäftigt.

Paradoxon: Ein scheinbar stichhaltiges Argument, das dennoch zu einem Widerspruch führt.

Pessimismus: die allgemeine Überzeugung (z.B. Schopenhauer), dass die menschliche Existenz insgesamt negative Qualität hat.

Phänomenologie: eine Bewegung, die sich philosophischen Problemen im Hinblick auf unsere subjektive Erfahrung der Welt nähert.

Physikalismus: der Glaube, dass nur physische Materie existiert; in der Philosophie des Geistes, dass der Geist nur das physische Gehirn ist.

Postmodernismus: eine allgemeine Bewegung (insbesondere) kontinentaler Philosophen, die die Möglichkeit der Wahrheit und Objektivität in Frage stellt.

Qualia: die subjektiven Aspekte der geistigen Erfahrung (z.B. Gerüche, Farben); auch »phänomenales Bewusstsein« genannt.

Rationalismus: der allgemeine Ansatz, der Wissen letztlich als aus rationalen Ideen gerechtfertigt und aus solchen bestehend sieht.

Realismus: in der Politischen Philosophie der Glaube, dass alle Nationen aus Eigeninteresse handeln (vgl. Idealismus). In der Erkenntnistheorie und Metaphysik die Überzeugung, dass eine reale Welt unabhängig von unseren Überzeugungen existiert.

Relativismus: die Ansicht, dass »objektive« Wahrheiten oder Werte nur relativ zu etwas anderem sind.

Skeptizismus: der allgemeine Ansatz, der unsere Behauptung, etwas zu wissen, anzweifelt und in Frage stellt.

Solipsismus: der Glaube, dass »nur ich existiere«.

Tautologie: eine Aussage, die wegen ihrer Form notwendigerweise wahr ist (z. B. »A = A«).

Teleologisch: mit einem inhärenten Zweck, Ziel oder Design.

Theodizee: ein Versuch, Gottes Natur und Existenz angesichts des Bösen und des Leidens zu rechtfertigen.

Totalitarismus: eine repressive Regierungsform, die die individuelle Freiheit im Interesse des Staates einschränkt.

Tugend-Ethik: die moralische Theorie, die vorschlägt, dass Güte und Glück von der Kultivierung tugendhafter persönlicher Eigenschaften herrühren.

Universalien: allgemeine Eigenschaften oder Ideen, die bestimmte Dinge besitzen oder die sich auf sie beziehen (z.B. rotes Auto).

Utilitarismus: die Theorie, dass moralische Handlungen das Glück (Lust, Präferenz) für die Mehrheit maximieren.

Verhaltenstheorie: Die Theorie, dass mentale Prozesse in Form von tatsächlichem oder potenziellem Verhalten erklärt werden können.

Zirkularität: ein Argument, das sich in gewisser Weise auf die Wahrheit dessen stützt, was es beweisen soll.

WEITERFÜHRENDE LEKTÜRE

Philosophische Texte können ziemlich abschreckend sein. Hier ist eine Liste einiger der besser lesbaren Primärquellen, zusammen mit einigen ansprechenderen und lebendigeren Beispielen von Sekundärliteratur.

Primärquellen

Der letzte Tag des Sokrates, Platon

Ist der Existentialismus ein Humanismus?, Jean-Paul Sartre

Meditationen, René Descartes

Der Fürst, Niccolò Machiavelli

Das Daodejing, Lao Tse

Sekundärliteratur

Philosophie des Abendlandes, Bertrand Russell

Probleme der Philosophie, Bertrand Russell

Philosophy: The Basics, Nigel Warburton

Das Café der Existenzialisten, Sarah Bakewell

Wie soll ich leben?: oder Das Leben Montaignes, Sarah Bakewell

Think, Simon Blackburn

Was würde Aristoteles sagen?, Edith Hall

DANKSAGUNG

Mein Dank gilt allen, die an der Produktion dieses Buches beteiligt waren: meinem Herausgeber Slav Todorov und allen bei Welbeck für ihre vorbildliche Arbeit; Chris Stone für seine stoische Geduld, Unterstützung und Führung; Nick Fawcett für sein akribisches Lektorat und seine freundliche Korrektur meiner vielen Übertretungen (grammatikalisch und sachlich); und Dynamo Limited für die Übersetzung meiner oft schlecht durchdachten Vorschläge in schöne Illustrationen und Designs – ich hoffe, es war nicht zu schlimm.